张 岱 年 全 集

——增订版——

中国唯物主义思想简史
宋元明清哲学史提纲
（外一种）

张岱年 著

中华书局

图书在版编目(CIP)数据

中国唯物主义思想简史;宋元明清哲学史提纲:外一种/张岱
年著.—增订版. —北京:中华书局,2018.4
(张岱年全集)
ISBN 978-7-101-13035-5

Ⅰ.①中… Ⅱ.张… Ⅲ.①唯物主义-思想史-中国②哲学
史-中国-宋代-清代 Ⅳ.①B201②B21

中国版本图书馆 CIP 数据核字(2018)第 001863 号

书　名	中国唯物主义思想简史　宋元明清哲学史提纲(外一种)
著　者	张岱年
丛 书 名	张岱年全集
责任编辑	邹　旭
出版发行	中华书局
	(北京市丰台区太平桥西里 38 号　100073)
	http://www.zhbc.com.cn
	E-mail:zhbc@ zhbc.com.cn
印　刷	北京市白帆印务有限公司
版　次	2018 年 4 月北京第 1 版
	2018 年 4 月北京第 1 次印刷
规　格	开本/920×1250 毫米　1/32
	印张 12½　插页 3　字数 271 千字
印　数	1-2500 册
国际书号	ISBN 978-7-101-13035-5
定　价	62.00 元

张岱年先生，1952年摄于清华新林院西，照片远处可见北大水塔

《中国唯物主义思想简史》、《张载——十一世纪中国唯物主义哲学家》初版书影

《张岱年全集》（增订版）出版说明

张岱年（1909—2004），字季同，别署宇同。原籍河北省献县（今属沧州市），生于北京。父张濂，为光绪朝进士、翰林院编修；兄张崧年（张申府），著名哲学家。张岱年先生1933年毕业于北京师范大学教育系，同年入清华大学哲学系任教。30年代中期，撰写完成重要哲学著作《中国哲学大纲》。抗战期间滞留北平，1943年秋起任教于私立中国大学。1946年重返清华大学任教。1952年院系调整后调任北京大学哲学系教授，1978年起担任中国哲学史教研室主任。曾任中国哲学史学会会长、名誉会长，中华孔子研究会会长，清华大学思想文化研究所所长，中国社会科学院兼职研究员等职务。

张岱年先生曾对自己的哲学研究做以概括总结："我的学术研究，可分为三个方面：一中国哲学史的阐释；二哲学问题的探索；三文化问题的探讨。"（《平生学术宗旨》）张先生注重阐释中国哲学史传统中的唯物论与辩证法思想及人本精神，并首倡关于中国哲学范畴与价值观的考察,其《中国哲学大纲》以哲学问题为纲,"审其基本倾向,析其辞命意谓,察其条理系统,辨其发展源流",力图展示中国传统哲学之理论体系;在哲学问题的探索上,张先生将唯物、理想、解析综合于一,将现代唯物论及逻辑分析方法与中国传统哲学的思想精粹结合,建立起自己"综合创新"的独特的"新唯物论"哲学体系,撰写于 1942 至 1948 年间的《天人五论》标志着这一体系的基本形成,并在日后不断深化发展;在文化问题上,张先生提出"文化综合创新论"的见解,既反对全盘西化,亦不赞同国粹主义,其所谓"综合",既包括中西文化之综合,也包括中国固有文化中不同学派的综合,并以唯物辩证法为理论基础。张先生在中国哲学研究领域卓越的典范性、奠基性、开创性贡献为学界所公认,为后人留下众多宝贵的思想资源。

张岱年先生著述宏富,出版的专著及论文集主要有《中国哲学大纲》、《天人五论》(收于《真与善的探索》)、《张载——十一世纪中国唯物主义哲学家》、《宋元明清哲学史提纲》、《中国唯物主义思想简史》、《中国伦理思想发展规律的初步研究》、《中国伦理思想研究》、《中国哲学史史料学》、《中国哲学史方法论发凡》、《中国古典哲学概念范畴要论》、《求真集》、《中国哲学发微》、《玄儒评林》、《文化与哲学》、《思想·文化·道德》、《文化论》、《晚思集》等。清华大学出版社曾于 1989 至 1995 年陆续出版《张岱年文集》六卷本,而后河北人民出版社又于 1996 年出版《张岱年全集》八卷本,惜因当时种种条件所限,《文集》、《全集》对张先生作品收录未周,尚有遗珠之憾。2014 年,经张先生家属的授权与协助,我们开始对张岱年先生著作重新进行全面的收集整理,计划用几年时间分批出版《张岱年全集》(增订版),以冀形成张先生全部著作的一个完整版本。

现将增订版《全集》编辑过程中我们所做的主要工作介绍如下:

1.增补。

增订版《全集》在《文集》、《全集》的基础上,通过家属提供和社会征集,将整理收录张先生大量未曾面世的手稿,包括学术论文(以 1949 年以前及晚年为主)、随笔札记、授课讲义、书信、日记、译著等,以及若干已发表而原版《全集》未收的作品。

2.新编。

增订版《全集》大体上分为专著、论文、杂著三大类。其中,论文部分以张先生自编之诸选集为纲,而将相应年代的零篇文章附于其中,如张先生有《求真集》,专收早年论著,则将 1949 年之前学术论文均附入此集中,而以"求真集新编"为书名。各类杂著亦依内容及体裁重新分类编排,其中札记手稿数量尤夥,且多以零篇残句形式保存,我们在家属协助下加以编选,与原《研思札记》等合并成集。

3.校勘。

增订版《全集》以河北人民出版社 1996 年版《全集》为工作本,搜集众本详加比勘,并充分利用现存手稿及誊清稿对校,复核引文,斟酌审定,必要之处出校记说明。以呈现张先生著作原貌为基本原则,尊重作者用语习惯,除明显的排印错误及引文问题外,不妄加改动。引文出处标注格式亦在各书内部予以统一。

4.编制索引。

为便于读者查找,各卷均编制人名、书篇名索引。

《全集》中各著作版本情况及内容体例不一,整理时根据各书具体情况酌情处理,敬请参阅各卷前《编校说明》。

在增订版《全集》编辑过程中,张尊超、刘黄二位先生亲力亲为,整理张先生未刊遗稿,并对我们的工作给予充分信任及大力支持;同时我们也有幸得到了陈来、杜运辉、李存山、刘笑敢、衷尔钜等诸位先生的中肯建议,以及学术界、出版界众多朋友的支持帮助,在此致以衷心的感谢。限于水平,书中或有疏漏失考及编排不当之处,敬请读者指正。

中华书局编辑部

2016 年 7 月

本卷编校说明

　　《中国唯物主义思想简史》撰写于1956年,次年由中国青年出版社出版,1981年修订再版。修订本改动幅度较大,体现了张岱年先生二十余年间对中国唯物主义思想的进一步深入研究,如增补初版所没有的《管子》、柳宗元、方以智等相关内容,并在《老子》、庄子、王廷相等章节中融入了新的研究心得。《张岱年文集》第四卷(清华大学出版社,1992年)、《张岱年全集》第四卷(河北人民出版社,1996年)均收录本书初版。

　　《宋元明清哲学史提纲》原为张先生于20世纪50年代撰写的《中国哲学史讲授提纲》第三部分,最初连载于1957至1958年的《新建设》杂志,后选入自编《求真集》(湖南人民出版社,1985年),成书时有部分文字及观点修改。收入《文集》第四卷,《全集》第三卷。

　　《张载——十一世纪中国唯物主义哲学家》是张先生应湖北人民出版社之约而写的一本介绍张载生平及主要思想的小册子,

1956年出版。收入《文集》第四卷,《全集》第三卷。

此次出版,《中国唯物主义思想简史》以1981年修订本为底本,参校1957年初版;《宋元明清哲学史提纲》、《张载——十一世纪中国唯物主义哲学家》均以《全集》本为工作本,并分别以1985年《求真集》收录版及1956年湖北人民出版社版对校。编校中统一引文及注释体例,订正历次排印中的文字标点讹误,并编有人名、书篇名索引,以便读者查找。

总 目 录

中国唯物主义思想简史

目　次

前 记

　　本书是关于中国从上古时代到近古时代的唯物主义思想的简单通俗的介绍。中国古典唯物主义思想的内容是丰富的复杂的,其中包括了许多专门的问题。在这里,却只是描画出一个轮廓,对于最重要的唯物主义哲学家的最重要的思想作一些比较浅显的说明,这当然不足以穷尽中国古典唯物主义的全部内容;然而对于最重要的,却也力求做到无所遗漏。

　　本书的范围是从西周末年到清代中期鸦片战争以前,也就是从公元前 780 年到公元后 1840 年以前。这大约二千六百年间的主要唯物主义思想,都简单地讲到了。从 1840 年起,中国历史进入一个新的时期。由于半殖民地半封建社会中的新兴资产阶级的软弱性,在这个时期里,唯物主义虽然也有一定的发展,却采取了比较曲折、比较错综的形式,不像过去封建时代的唯物主义哲学那样明显和完整;因而也就比较不容易作出简单赅括的叙述。那是需要专书来讲述的。1919 年五四运动前后,中国的无产阶级登上了历史舞台,这以后的唯物主义思想的发展就是马克思主义在中国的传播,达到了光辉灿烂的成果,其情况更与以前的时期有本质的不同。那就更需要另有专书来阐明了。

　　本书是应中国青年出版社之约而写的。假如没有中国青年出版社的提议与催促,本书是不可能写出来的。在这里我应该表示衷心的感谢。同时我还希望能得到读者同志们的批评。

张岱年

一九五六年十月四日于北京大学

修订本序言

　　一九五六年,我应中国青年出版社之约,写了一本通俗性的《中国唯物主义思想简史》。时间过了二十多年,我对于中国唯物主义思想发展的见解也有一些变化。中国青年出版社的同志们建议将旧作修订再版,我也愿借此机会纠正旧作中的缺点和错误,于是就略加增改,成为这个修订本。

　　这次修订,有哪些改动呢?

　　旧作认为《老子》的哲学是唯物主义,当时把《老子》所谓道解释为天地未分的混然整体。近年来重新考察这个问题,觉得把《老子》的道解释为天地未分的混然整体,证据并不充足。《老子》所谓道,仍应解释为最高原理,也就是绝对观念之类,所以《老子》哲学应是一种客观唯心主义。但《老子》提出的"自然"观念对于以后唯物主义的发展却起了积极的作用,这也是应该肯定的。近年来仍有不少同志认为《老子》哲学是唯物主义的,这个问题还是一个争论未决的问题。

旧作没有讲《管子》书中的唯物主义思想，这次依照自己对于《管子》书的理解，补写了《管子》一节。

旧作认为庄子哲学是唯物主义的，现在我认为庄子和《老子》一样，都是客观唯心主义。但是《庄子》书的"外篇"中确实有唯物主义思想，也是不容否认的。《庄子》一节，略加修改。

旧作认为郭象的哲学思想也是唯物主义的。近几年来，学术界关于郭象思想，争论很多。我现在的看法是，郭象强调"物各自造"，应该说是一种多元论，这种多元论是动摇于唯物主义与唯心主义之间的。但是郭象对于"有生于无"的批判，还是有唯物主义的含义的。书中关于郭象的叙述，也作了一些修改。

旧作关于唐代，主要讲了刘禹锡，未讲柳宗元，这次稍加补充。

旧作认为周敦颐的"太极"学说是一种不明确的唯物主义，近年以来，我认为周敦颐的学说应属于客观唯心主义，所以把周敦颐一节删去了。

明代唯物主义者王廷相对于理气问题、认识来源问题，都有重要的贡献。旧作讲得太简略，今稍加详。

旧作没有谈到方以智，这次补写了方以智一节。方以智《物理小识》中的唯物主义思想具有特色，他晚年虽然转到唯心主义，但是他早年的唯物主义仍是有重要意义的。

这次修订，主要就是作了以上的补充修改。至于汉初贾谊、《淮南》，魏晋时代的嵇康、杨泉，南北朝时的何承天，宋代沈括，明代吕坤、宋应星，清初的熊伯龙等，也都宣扬过唯物主义观点，但都没有重要的创见，就都略而不论了。

　　中国过去是否有一个唯物主义传统呢？这两年来有人对此提出疑问。我认为，历史上每一个时代都有一二个唯物主义的代表人物，这就可以肯定确实有一个唯物主义传统了，中国过去没有唯物主义的名称，但这不是没有唯物主义传统的理由。王守仁宣扬"心学"，"心学"即是主观唯心主义。没有人提出"物学"或"气学"的名称。王廷相曾标举"实学"二字，如说："《正蒙》，横渠之实学也。"（《慎言》）我们可以用"实学"作为唯物主义的名称。从今天的观点看来，过去的唯物主义学说不免简略，但唯物主义是哲学思维的正确方向，应是确定无疑的。

　　十九世纪以来，多数资产阶级哲学史家都在贬抑唯物主义的价值，那是唯心主义者的偏见。我们应该旗帜鲜明地肯定唯物主义在历史上的重要地位。

张岱年

一九八一年四月二十五日

第一章 引言——唯物主义是中国哲学发展的主流

一 唯物主义的意义

中国是世界上文化发达最早的国家之一。中国的文化是丰富多采的,并且曾经对于世界作出了巨大的贡献。

在中国的文化中,哲学占有重要的地位。中国哲学也有一个长期的发展过程。

什么是哲学?哲学就是世界观,就是人们对于自然界、人类社会和人类认识的总看法。

日月星辰,山河大地,草木鸟兽,都是自然而然的,都是不依靠人类认识而自己存在的,总起来叫作自然界。人们的有组织的集体生活叫作社会生活。人们对于自然界和自己的社会生活的观察与理解,叫作认识。

关于自然界的总看法叫作宇宙观,也叫作自然观。关于人类社会生活的研究包括历史观与人生观。人生观也叫作伦理学说。关于人类认识的研究叫作认识论，包括方法论。哲学就包括宇宙观、历史观、人生观、认识论这几个部分，总称为世界观。

世界观这个名词有广狭两个意义。狭义的世界观就是对于自然界的看法。广义的世界观是总括宇宙观、历史观、人生观、认识论等在内的一般的名称。

"宇宙"是中国的一个老名词。"上下四方曰宇。往古来今曰宙。"（这两句话最初见于《尸子》，《尸子》是一部战国时代的著作。）宇是全部空间，宙是全部时间。宇宙就是全部空间全部时间所包括的全部内容，也就是广大无限的整个世界。宇宙观就是对于全宇宙或者整个世界的总看法。

历史观是关于人类历史的总看法。人类历史的总趋向是什么？历史有没有规律？人类历史的基本规律是什么？这些就是历史观所研究的问题。

人生观是关于人类生活的总看法。在人类的生活中什么是最重要的事情？人类要怎样生活才算是好的？什么叫作道德？道德的基本标准是什么？这些就是人生观或者伦理学说所研究的问题。

在认识的过程中，人们常常发生争执。这个人的意见与那个人的意见不同。于是就注意到这类的问题：人们的认识的性质是什么？怎样的认识才算是正确的？人们能不能得到关于世界的正确认识？人类获得知识的过程是怎样的？这些便是认识论或方法论所要研究的主要问题。

宇宙观，历史观，人生观，认识论，这些部分并不是彼此不相干的,而是相互密切关联的。在中国哲学中,这些部分不是彼此分离的,而是相互结合的,形成一个统一的总体。但是不同的问题仍然有不同的性质,我们还是可以加以区别的。

中国哲学的历史和别的国家的哲学一样,是唯物主义的发生发展的历史,也就是唯物主义和唯心主义相互斗争相互影响的历史。

什么是唯物主义,什么是唯心主义呢?

人们在生产活动中,在日常生活中,都承认自然界中的事事物物是不依靠人们的认识而自己在那里存在着的。人们能够认识它们,并且能够以自己的劳动来改造它们。人们在生产活动中,在日常生活中,都承认自然界是本来就有的,在没有人类的时候,自然界早就存在着了。这些在生产活动中,在日常生活中必然承认的看法就是唯物主义的基本看法。唯物主义就是认为自然界是在先的,是根本的,而人类的精神、思惟、观念是在后的,是后于自然界的。

然而,并不是一切人都是这样主张的。上古时代的人们对于自然界和人类自己都不了解,他们以为人不但有一个身体而且还有一个“灵魂”。身体的种种活动都是灵魂在那里发生作用;在人死以后,灵魂还存在着。他们认为不但人有灵魂,而且日月山河等等也都有“精灵”在那里主宰着。日月山河的主宰叫做“神”。神是很多的,但是正如人间有一个国王一样,神的世界也有一个首领叫作“上帝”,也叫作“天”。上古时代的人们认为这个天或上帝就是全世界的最高主宰。这些就是上古时代的宗教的看法。唯心主义和宗教在本质上是一致的。唯心主义认为世界有一个最高的"精神"在那里主宰着,这个精神是有意志有目的的,有认识作用的;自然界是不能离开精神而独立的。这样,唯心主义认为精神是根本的主要的,而自然界是从属于精神的。

唯物主义根据许多事实证明了:人是有精神作用的,然而没有灵魂。人的精神是人的身体的一种属性,是以身体的正常状态为条件的。假如没有身体,就不会有精神了。至于自然界,那是自己存在自己变化的,更没有什么神或者上帝在那里作主宰。神或者上帝都只是人们的幻想,实际是不存在的。人是自然界的一部分,人对于自然界的认识是后于自然界的。

唯物主义就是承认自然或者物质是第一性的,而精神或者认识是第二性的。唯心主义却颠倒过来。

唯物主义就是照世界的本来面目来了解世界,唯心主义就是把自己的幻想加在世界之上。

唯物主义肯定物质在先。与物质意义相同或者相近的名词还有:客观实在,客观存在,物体,现象等。这些都是我们今天常用的名词。而中国古代的哲学家们所用的这类名词也有好几个,就是:"实","有","物","器","象","气"。"实"就是实在的东西,就是我们所谓客观实在。"有"就是存在,也即是客观存在。"物"是一件一件的物体。"器"也是一件一件的物体。"象"是现象,即客观存在着的现象。这些都是容易了解的。比较不易了解的,然而却是很重要的,是"气"这个观念。我们今天也用这个"气"字。我们都知道,一般的物体有三种状态,即气体、液体、固体。空气、水蒸气,都是气体。气体是流动的,没有固定形状的,不一定看得见的。中国古代哲学中的"气"的观念,本来是从气体的现象抽引出来的,然而却又把意义扩大了,便成为与今天所谓物质意义大致相同的观念。物质和物体是不同的:物体是一件一件看得见摸得着的东西,还有许多看不见摸不着的客观存在,它们往往是那些看得见摸得着的东西的基本构成部分,这是我们必须承认的。这样,物质是一个一般的观念,其中包括我们的感觉器官容易感到的东西,也包括我们的感觉器官不容易感到的客观实在。"气"就是这样一个一般的观念。中国古代哲学中所谓"气",可以说具有三个特点。第一,气是不依靠人的认识而独立存在的东西。气可能看得见,但不一定看得见,它的存在决不依靠人们的认识。第二,气是构成一切物体的东西,一切特殊的物体都是气所构成的。山河大地,星云雨露,草木鸟兽,以至人类的身体,都是气所构成的。第三,气是体现运动变化的东西。世界上充满了运动变化,但是没有空虚的运动变化,一定是有某一东西在那里运动变化,那个在那里运动变化的东西就是气。这样,古代哲学家所谓气就接近于我们今天所谓物质了。

在研究中国古代唯物主义的学说以前,先了解一下中国古代唯物主义的基本术语的意义,当是有益的。

二 唯物主义在哲学发展史中的地位

唯物主义是真理,因为它是和实际的情况相符合的。人类的生产实践不断地证明唯物主义的正确性。

唯物主义是哲学思想发展中的主导力量。哲学的发展就是哲学方面真理的扩充与累积的过程。在哲学方面,真理的扩充与累积主要是由唯物主义哲学家们所执行的。所以,应该承认,哲学史是唯物主义发生发展的历史。唯物主义是哲学发展的主流。

唯心主义在基本上是错误的,但也不是完全荒谬的。它提出了一些疑难的问题,例如人的认识往往包含主观的成分,客观实在的真相往往是不易辨别的。它也看到一些事实,例如人类的精神是有改造客观实际的能动性的。但是唯心主义过分夸大了它所见到的一些疑难问题,它更过分夸大了它所认识的一些事实,就陷于错误了。

唯物主义批判了唯心主义的错误,因而更进一步地阐明了真理。唯物主义是在与唯心主义对立斗争的过程中发展并且成熟起来的。

我们说唯物主义是哲学发展的主流;这并不是说,唯物主义在过去的历史上经常是占统治地位的哲学。在历史上占统治地位的哲学倒往往是唯心主义。占统治地位的哲学就是替统治阶级的利益作辩护的哲学。在奴隶制时代,统治阶级是奴隶主阶级。在封建时代,统治阶级是封建地主阶级。这些都是剥削者阶级。当封建地主阶级争取政治权力的时候,也曾经宣扬唯物主义;但到它已经夺得了政治权力之后,就转向唯心主义了。因为唯心主义是麻痹人民的斗争意识的有效工具。所以,在中国的长期的封建时代中,唯心主义经常是占统治地位的。但是,在封建统治阶级的知识分子中也有比较同情人民的思想家。这些思想家要求减轻对于人民的压迫与剥削,要求照顾人民的生活。他们的思想基本上是从客观实际出发的,他们提出了或者推进了唯物主义的哲学。

我们知道,马克思主义的辩证唯物主义与历史唯物主义是唯物主义的最高形式,是人类几千年来自然科学社会科学及哲学的精确的总结,它开辟了哲学思想的新的时代。我们既然学习了马克思主义哲学,何必还要研究唯物主义发展的历史呢?

马克思主义哲学是唯物主义思想的创造性的总结,其中包含了过去唯物主义中重要的有价值的东西。但是,假如我们对于唯物主义的历史没有认识,我们是不是就能够了解这个伟大的总结所包含的丰富的内容呢?那恐怕是不可能的。从前有一个比喻。一个老年人说了一句话,一个小孩子可以照样说出这一句话。但是老年人说那句话的时候,其中包含了他的一生的甘苦经验。而小孩子说的时候,就仅仅是一句简单的话了。假如我们没有研究过唯物主义的发展过程,我们就不会了解那最高的总结中的深刻而丰富的含义。

所以,研究唯物主义发展的过程,对于了解马克思主义辩证唯物主义与历史唯物主义的理论是有帮助的。

中国共产党和毛泽东同志号召我们,要继承和发扬中国古代文化中的一切优秀的历史遗产。假如我们了解了中国唯物主义的历史,我们就会认识到,中国的唯物主义也有丰富的内容,而我们的民族自豪感确有合理的根据。

第二章　先秦时代的唯物主义（上）

一　中国唯物主义思想的起源

根据现存的史料看,中国的哲学可以说导源于西周时代。到了春秋战国时代,哲学思想呈现了空前活跃的状态。当时出现了许多不同的学派,各自提出独特的见解。这就是中国历史上的第一次"百家争鸣"。

周代社会是奴隶制社会。在西周末年,奴隶主与自由民的矛盾曾经达到尖锐化的程度,这个事实刺激了思想的发展。春秋时代是从奴隶制向封建制过渡的时期。在奴隶制社会的内部,发生了封建的生产关系的萌芽,而且逐渐成长起来。新兴地主,独立手工业者,商人,都起来进行政治活动,阶级关系表现了复杂错综的局面。阶级斗争的复杂化反映在思想领域中,便是彼此对立的不同学派的出现。在战国时代,唯物主义有高度的发展。

根据现存的史料,中国古代唯物主义可以说萌芽于西周的末期。周幽王二年(公元前780年)太史伯阳父提出了以"天地之气"与"阴阳"的观念来解释地震的言论。他说:"天地之气是有一定次序的。假如次序发生错误,那是人们扰乱了它的缘故。阳潜伏在下而不能出来,阴受逼迫也不能上升,就会发生地震了。"(《国语·周语上》。原文是:"夫天地之气,不失其序。若过其序,民乱之也。阳伏而不能出,阴迫而不能烝,于是有地震。")这从阴阳的交互关系来说明地震发生的原因,基本上是唯物主义的见解。但是伯阳父又认为人民能扰乱天地之气的次序,又预言西周将亡国,这就保留着原始宗教思想的残余了。

什么是"天地之气"呢?天上的云彩,地上的露水,以及天地中间常起的风,在古代都叫作气。天地之气是有多种多样的,但基本上分成为阴阳二气。什么是阴阳呢?我们观察各种现象,就会发现,每种东西都有正反两面。山就有正面和背面,人的身体也有正面和背面。正面就叫作阳,背面就叫作阴。风云雨露等,有些是从上面下降的,有些是从下面上升的。从上而下的属于阳,从下而上的属于阴。日光非常强烈,照耀一切,叫作太阳。月光暗淡,在夜间出来,和日成一个对照,叫作太阴。此外,人类和鸟兽都有两性的区别。人有男女,鸟有雄雌,兽有牡牝。这也可以说是一阳一阴。古代的人更看到,人都是父母生成的,鸟兽的雌雄配合便生出新的一代。于是得出一个结论:一切东西都是一阴一阳交互配合而生成的。阴阳是世界中生成万物的基本力量。太史伯阳父就是认为阴阳是引起事物变化的基本力量。这是中国最早的唯物主义思想,它基本上是从自然现象本身中寻求关于自然变化的解释的。

　　大约在同一时期,又出现了五行的观念。五行就是水火木金土。古代人认为,这是世界上最基本的元素,一切东西都是这五种元素配合成功的。西周末年,史伯说过:"从前的王把土与金木水火参杂配合起来,就制成各种东西。"(《国语·郑语》。原文是:"先王以土与金木水火杂,以成百物。")这就是承认,土与金木水火配合,就可以造成各种物体。《尚书》的《洪范》篇提出了关于五行的比较详细的学说。它说:"五行,一是水,二是火,三是木,四是金,五是土。水是湿润下面的,火是向上燃烧的,木是有曲有直的,金是可以随意改变形状的,土就可以种庄稼。"(原文是:"五行,一曰水,二曰火,三曰木,四曰金,五曰土。水曰润下,火曰炎上,木曰曲直,金曰从革,土爱稼穑。")这说明了五行的基本特征。《洪范》篇记载周武王灭商以后访问商朝的贤人箕子谈话的情况。这篇大约是西周晚期的作品。在春秋时代,五行观念是相当流行的。不过,五行的学说还不是纯粹的唯物主义。史伯谈到土金木水火的一段话中曾经提到"天",他认为天是人间的最高主宰。《洪范》篇也讲"帝"是人间的最高主宰。两者都保持了古代宗教的基本信仰。我们只能说,五行的学说是具有唯物主义倾向的思想。

　　阴阳五行本来是中国最早的唯物主义观念。但是后来到了汉代,唯心主义者也采用了阴阳五行的观念。他们认为阴阳五行是上帝所安排的,同时又运用五行的观念解说一切事物与现象,硬说某种东西属金,某种东西属水,等等,把五行之间的关系勉强地套在各种事物的关系上。于是阴阳五行观念失去了原有的光彩,而与宗教迷信结合起来。这是后来的转变。

二 早期儒家的无神论观点

在春秋时代,有许多人喜欢讲"天道"。所谓天道就是日月星辰等天象运行变化的过程及其与人事成败的幻想的关系。当时的人们认为日月星辰的运行变化与人间的吉凶祸福有一定的关系。例如,当时人相信,假如在某一地区发现了彗星,那个地区就要发生火灾。这样,关于天道的学说,一方面包涵天文学的知识,另一方面又包涵许多迷信。在古代,天文学本来是和占星术分不开的。到春秋的后期,有些先进的人士开始怀疑关于天道与人事的联系的观念。鲁昭公十八年(公元前524年),郑国发生大火灾,当时已有人根据星象预言火灾。郑国大政治家子产却不以为然,他说道:"天道远,人道近,那不是人们所能达到的,怎样会知道呢?"(《左传》昭公十八年。原文是:"天道远,人道迩,非所及也,何以知之?")这种怀疑关于天道的迷信的态度是有唯物主义的意义的。

春秋末年把贵族独占的学问传授给平民的著名思想家是孔子(公元前551—前479年),他也是不赞成谈论天道的。孔子平常不谈天道,他的学生子贡说:"老师讲人性与天道的话,是我们听不到的。"(《论语·公冶长》。原文是:"夫子之言性与天道,不可得而闻也。")他虽然在遇到困难的时候,发出呼天的感叹话,但在讲学的时候很少谈到天。他这种态度和子产是一致的。

孔子还有比子产更进一步的地方。子产还相信鬼神的存在,孔子对于鬼神却持怀疑的态度。他不赞成谈论鬼神。孔子虽然看重祭祀的仪式,却又说:"祭祀祖先,就好像祖先存在一样。祭神,就好像有神存在一样。"(《论语·八佾》。原文是:"祭如在,祭神如神。")神与祖先的灵魂只是存在于想象之中。应该承认,孔子的思想中已经有了无神论的因素。孔子的宇宙观可以说是从有神论到无神论的过渡形态。

在认识论方面,孔子曾经提出一些有唯物主义倾向的论点。他说明了"学"与"思"的相互联系,并且指出,学是比较根本的。"学"是学习与经验,其中包括感性认识与从别人学来的知识。"思"是思惟,也即推理活动。孔子说过:"学而不思,就全无心得。思而不学,将困殆而无结果。"(《论语·为政》。原文是:"学而不思则罔,思而不学则殆。")学问与思惟是必须并用的,但是二者之中学是比较根本的。孔子更讲道:"我曾经整天不吃饭,整夜不睡眠,专心思惟,结果毫无益处,不如学习啊!"(《论语·卫灵公》。原文是:"吾尝终日不食,终夜不寝,以思,无益,不如学也。")他根据亲身的经历,深切地说明了学的重要性。孔子肯定了学的重要,所以他注重"多见"、"多闻"(《论语·述而》)。"见"是直接的经验,"闻"是听取别人的言语议论。应该承认,孔子是看重感性认识的。他的学说对于唯物主义的认识论有一定的贡献。

关于社会生活,孔子提出了先"富"后"教"的观点。他到卫国去的时候,看见人口很多,就说:"人口很多呀!"弟子冉有问道:"人口已经很多了,应该更作什么呢?"孔子说:"让他们富有。"又问:"假如已经富有了,还要再作什么呢?"孔子说:"教导他们。"(《论语·子路》。原文是:"子适卫,冉有仆。子曰:庶矣哉!冉有曰:既庶矣,又何加焉?曰:富之。曰:既富矣,又何加焉?曰:教之。")这就是认为,应该先解决人民的物质生活问题,然后再进行教化。在这一思想中,包含有唯物主义的成分。

孔子的哲学思想,总的说来,还是唯心主义的。但是他的哲学思想中的一些唯物主义观点,对于以后的唯物主义的发展,曾经起了推动的作用。

信仰孔子学说的人叫作儒家。在孔子以后,到战国的初年,一部分儒家就明确地提出无神论的见解了。根据现存的材料,第一个宣扬无神论的人是公孟子,他明确宣称"无鬼神"。可惜他的详细学说已经失传了。(公孟子讲"无鬼神",见《墨子·公孟》篇。据考证,公孟子即是孔子弟子曾参的弟子公明高。)

孔子的先富后教的观点,在战国时期,被孟子所发挥。孟子(大约生活于公元前372—前289年之间)的宇宙观与认识论基本都是唯心主义的,他是儒家中的唯心主义的主要代表。但是,关于社会生活,他却继承并且发展了孔子的富先教后的观点。他指出,物质生活的改善是实行教化的先决条件。他讲道:"明智的君主制定人民的田产,一定要使人民上足以孝敬父母,下足以养活妻子,在好年成的时候可以吃得饱饱的,遇到凶年,也不致于饿死。然后再教人民依照道德标准实行。所以人民顺从他,就很容易了。现在制定人民的田产,上不足以孝敬父母,下不足以养活妻子,好年成也很困苦,遇到凶年就不免要死亡。这样,挽救生命避免死亡还恐怕没有力量哩,哪里有闲暇从事于礼义呀!"(《孟子·梁惠王上》。原文是:"……明君制民之产,必使仰足以事父母,俯足以畜妻子,乐岁终身饱,凶年免于死亡。然后驱而之善,故民之从之也轻。今也制民之产,仰不足以事父母,俯不足以畜妻子,乐岁终身苦,凶年不免于死亡。此惟救死而恐不赡,奚暇治礼义哉!")他又说:"人民离开水火不能生活。黄昏夜晚,叫人家的门户,寻求水喝,或者寻求火种,那没有不肯给的。这是因为,水火是最丰足的了。圣人治理天下,使人民的粮食像水火那样丰足。粮食像水火一样丰富,那末,人民还有不仁慈的么?"(《孟子·尽心上》。原文是:"民非水火不生活,昏暮叩人之门户,求水火,无弗与者。至足矣。圣人治天下,使有菽粟如水火。菽粟如水火,而民焉有不仁者乎?")他这样说明了物质生活对于道德教育的重要性。这种观点包含了唯物主义的因素。

孟子基本上是一个唯心主义者,但他的思想中也含有唯物主义成分,这也是值得注意的。孟子虽然宣扬"天命",但不谈论鬼神,这也是和孔子一致的。

三　道家的"自然"、"莫为"观点

在春秋末战国初的时期,出现了后来称为道家的思想家,其较早的代表著作,就是《老子》上下篇。传说这本书是和孔子同时的老聃写的。据传说,老聃是周国的"守藏室之史",即管理藏书的史官。孔子到周国去,曾经问礼于老聃。后来老聃写成"上下篇"的书。但是这个传说缺乏充分的证据。有人认为《老子》上下篇是曾经见过秦献公的太史儋所写的。据记载,周太史儋在周烈王二年(公元前374年)曾经到秦国和秦献公谈话。有人说:太史儋就是写《老子》书的人。(《史记·老庄申韩列传》:"或曰:儋即老子。")又有人认为,《老子》上下篇是曾经在齐国"稷下"讲学的环渊写的,环渊是稷下先生之一,曾经写过"上下篇"的书。《老子》上下篇可能就是环渊所写。这些说法都有理由,但是也都没有决定性的证明。从《老子》全书来看,其中许多文句显然是战国初年人的手笔。大概《老子》书中保存了春秋时代的老聃的遗说，而《老子》的全文乃是战国时期继承老聃思想的人所写定的。这里，我们应该了解春秋末到战国中期一般著作的编写情况。当时的许多书都是某一学派的学者们的长时期的集体著作，既不是一人写成的，也不是一时写成的，而是前后许多人继续编写的成果。《老子》上下篇的情况大概也是如此。

老子对于唯物主义的发展有一定的贡献，他否定了古代关于天的宗教信仰。老子的宇宙观包括两个方面：一方面，他否定了天的最高权威，这表现了唯物主义的倾向；另一方面，他又提出道为世界最初根源的学说，这又转向客观唯心主义了。但老子的哲学对于以后唯物主义的发展起了一定的作用，所以在唯物主义发展史上还有一定的地位。

老子研究了天地的起源的问题，设想了天地形成以前的情况。在我们头上的，空阔广大的，是天。天包括日月星辰和广大的空间。在我们脚下的，宽阔辽远的，是地。古代人不晓得地只是太空中的一个星球，而把地和天对照起来，认为是两个最大的东西，是万物的根本。但天地是否永恒的呢？老子以为，天地不是本来就有的，还有那天地没有形成阶段，那时天地未分，只是混然的一个。这混然的一个没有上下之分，只是浑沌的整体。这混然未分的整体，老子称之为"一"。

"一"就是混然未分的原始的总体。但是这个"一"还不是最根本的，最根本的是道。《老子》说："道生一，一生二，二生三，三生万物。万物负阴而抱阳，冲气以为和。"（四十二章）一是原始的整个，二是天和地，三是阴气、阳气和冲气。老子说明他所谓道说："有一个混然的东西，在天地以前，就已经存在了。既没有声音，也没有形状。独自存在着，不增不减；循环不已地运动着，永无休止。可以作为天下万物的母体。吾不晓得它的名字，称呼它为道，勉强给它取一个名字叫作大。大就逝去了，逝去就距离很远了，很远就转到反面了。所以道大，天大，地大，人也大。世界中有四大，而人占其中的一个。人效法地，地效法天，天效法道，道效法自己，它是自然而然的。"（《老子》二十五章。原文是："有物混成，先天地生，寂兮寥兮，独立而不改，周行而不殆，可以为天下母。吾不知其名，字之曰道，强为之名曰大。大曰逝，逝曰远，远曰反。故道大，天大，地大，人亦大。域中有四大，而人居其一焉。人法地，地法天，天法道，道法自然。"）道是最根本的，道是天地万物的最初的根源。这一章没有提到"道生一"之"一"，而仅说道"先天地生"，这是《老子》思想中不一致之处。

道是自然的，从道分出天地来，从天地生出万物来，都是自然而然的。老子说："道常无为而无不为。"（三十七章）无为就是没有目的，没有意志，没有意识。道是无为的；而天地万物又都从道分化出来，所以道又是无不为的。

老子否定了天的崇高的主宰的地位，他提出了"自然"的观点。他认为，万物的生成变化都是自然而然的。他说："天地是不仁慈的，万物自生自灭。圣人是不仁慈的，百姓也自生自灭。天地中间，就好像风箱一样啊！虽然空虚，却没有穷尽的时候；运动不已，越动就越有东西出来。"（五章。原文是："天地不仁，以万物为刍狗。圣人不仁，以百姓为刍狗。天地之间，其犹橐籥乎！虚而不屈，动而愈出。"）万物都有成有毁，万事层出不穷。但并非有一个有意识的主宰在那里安排它们。这便是老子的"自然"观点。

老子所谓道指最高原理。道的观念是从天道观念转化而来的。天道是天的规律，从属于天；老子认为道在天地之先，天从属于道。这样，道就成为超越物质世界之上的抽象观念了。老子肯定事物的变化运动都有它的规律。事物的规律，老子叫它作"常"。他指出了"知常"的重要："知常就是明智。不知常，胡作乱动，一定有不良的结果。"（十六章。原文是："知常曰明。不知常，妄作凶。"）老子这样强调认识规律的重要。但他把最高规律抬高到物质世界之先、之上，就转到唯心主义了。

老子提出"自然"的观点，否认了天的最高的主宰地位，他明确指出，天是"不仁"的，没有情感；万物的生成都是自然而然的。这一观点，还是有非常重要的意义的。

战国时期，还有一个思想家叫作季真，提出"莫为"的学说。《庄子·则阳》篇提到"季真之莫为，接子之或使"，莫为就是认为天地万物都是无所为的，即没有目的的。这是一种唯物主义的观点，可惜详细内容已经失传了。

四 《易大传》的唯物主义宇宙观

先秦儒家有一部重要典籍——《易大传》，其中也含有唯物主义思想。《易大传》是西周时代的《易经》的解说，其中包括《彖传》、《象传》、《文言传》、《系辞传》、《说卦传》、《序卦传》、《杂卦传》。传说这些都是孔子所写的。据《史记》说，孔子晚年研究《易经》，写成这些著作。宋代以来，有许多人怀疑这个传说。从《易大传》的本文看，其中有许多带"子曰"的文句。"子曰"就是孔子说。既然引述了孔子说的话,显然《易大传》全文不是孔子自己写的了。但是这些"子曰"文句也证明了《易大传》和孔子有密切的关系。大概《易大传》是孔子的二三传的弟子所写成的。写成的年代大约在战国初期。

《易大传》发挥了西周末年以来的"阴阳"观念。以"太极"、"阴阳"来说明世界万物的生成与变化。

阴阳是二种性质。在《易大传》中,具有阳性的物体叫作"阳物",具有阴性的物体叫作"阴物"。最大的阳物是天,最大的阴物是地。天地就是万物的父母。

阳的特征是"刚",是"健"。刚是进取性,健是主动性。阴的特征是"柔",是"顺"。柔是服从性,顺是受动性。简单地说,阳就是运动,阴就是静止。阳就是正面,阴就是反面。

天地未分的原始的整体叫作"太极"。"太"是最先最大的意思。"太极"就是天地万物的最初根源。

《易大传》讲世界生成的次序道:"变化的总过程有一个太极,就生出两仪,两仪生出四象,四象生出八卦。"(《易大传·系辞上传》。原文是:"易有太极,是生两仪,两仪生四象,四象生八卦。")太极是世界总过程的开始。两仪即是天地。四象即是春夏秋冬四时。八卦是乾☰,坤☷,震☳,巽☴,坎☵,离☲,艮☶,兑☱。乾是天,坤是地,震是雷,巽是风,坎是水,离是火,艮是山,兑是泽。乾坤可以称为父母,震巽坎离艮兑是子女。雷风水火山泽是天地中间最显著的现象,《易大传》认为这六种现象是其他事物的基础。

由太极生出天地,有天地就有四时,四时运行,就变出雷风水火山泽来,雷风水火山泽就演化出万物万事。这是《易大传》的世界生成学说。

原始的阳气,叫作"乾元";原始的阴气,叫作"坤元"。《易大传》说:"伟大的乾元呀,万物依靠它起始,是统率着天的。"又说:"最好的坤元呀,万物依靠它产生,是顺从天的。"(《彖上传》。原文是:"大哉乾元,万物资始,乃统天。"又:"至哉坤元,万物资生,乃顺承天。")乾元是万物从之"起始"的,坤元是万物从之"产生"的。"起始"与"产生"的区别也就是父和母的区别。《易大传》是从父母生子女的事实来推论天地生万物的。

《易大传》更从人类和其他动物的生殖活动的情况来说明所谓乾坤的情况。它说:"那乾,在静止的时候是团形的,在运动的时候是直的。""那坤,在静止的时候是闭合的,在运动的时候就开放了。"(《系辞上传》。原文是:"夫乾,其静也专,其动也直。""夫坤,其静也翕,其动也辟。")《易大传》还说过:"天和地密切结合起来,万物就变得纯粹了。男女两性的精气配合起来,万物就变化而生成了。"(《系辞下传》。原文是:"天地絪缊,万物化醇。男女媾精,万物化生。")《易大传》在基本上是从两性的结合来讲万物的生成的。每一生物是由它的父母生成的;全世界的万物就是由天地生成的了。

万物都是天地所生成的。《易大传》说:"有了天地,然后万物生出来了。充满于天地中间的就是万物。"(《序卦》。原文是:"有天地然后万物生焉。盈天地之间者唯万物。")又说:"有天地然后有万物,有万物然后有男女,有男女然后有夫妇,有夫妇然后有父子,有父子然后有君臣。"(《序卦》)有男女然后才有夫妇关系。而父子君臣的关系又都是有夫妇关系以后才有的。《易大传》在这里肯定,先有天地万物,然后才有人的家庭和社会诸关系。这种看法是合乎事实的。

阴阳是普遍的。天地是一阳一阴,男女是一阳一阴,一切有正面与反面的现象都可以说包含了一阳一阴。《易大传》指出,阴阳的交互作用就是世界中一切变化的原因。它说:"乾坤就是变化的奥藏呀! 乾坤对立起来,变化就存在其中了。假如乾坤毁坏,那就看不见变化。假如看不见变化,那末乾坤也就几乎止息了。"(《系辞上传》。原文是:"乾坤其易之缊邪? 乾坤成列而易立乎其中矣。乾坤毁则无以见易,易不可见则乾坤或几乎息矣。"按,乾坤即阳与阴,易指变化。)变化的根源就在于阴阳二者的交互作用。这交互作用叫作"相推"。《易大传》说:"刚柔相推而生变化。"(《系辞上传》)又说:"刚柔相推,变在其中矣。"(《系辞下传》)阳是刚的,阴是柔的。一阴一阳,一刚一柔,相互推移,就发生变化了。

《易大传》也讲所谓道,它以为道就是一阴一阳相互推移的规律。《易大传》说:"一阴一阳之谓道。"(《系辞上传》)"一阴一阳"的"一"、"一"两字就表示:阴阳是彼此对立的,又是相互联结的,彼此相互转化,相互推移。正反两面相互转化、相互推移的规律就叫作道。这阳阴相互转化相互推移的规律是没有形体的。《易大传》说:"形而上的叫作道,形而下的叫作器。"(《系辞上传》。原文是:"形而上者谓之道,形而下者谓之器。")所谓"形而上"就是没有形体的,也就是抽象的。器即是具体的东西。与具体的东西不同,一阴一阳的变化规律是没有形体的,叫作道。具体的东西叫作器。

《易大传》指出,《易经》所表示的变化是非常复杂的。"《易经》的书是不可远离的,它的道理是多变的。变动不停,在六个位置上循环流动。上下没有一定,刚柔互相转化。不可以设立固定的公式,只有随它变到哪里就是哪里。"(《系辞下传》。原文是:"《易》之为书也不可远,为道也屡迁。变动不居,周流六虚。上下无常,刚柔相易。不可为典要,唯变所适。"六虚指卦爻的六位而言。)《易经》卦象所表示的变化就是这样复杂的。

《易大传》强调万物的变化是非常复杂的,是多种多样不可穷尽的。一阴一阳,一刚一柔,相互转化,相互推移,就引起无穷的变化。变化非常复杂,不可完全预测。这可以说是很微妙的。《易大传》用一个专门名词来表示变化的微妙,这个名词是"神"。这所谓神不是宗教所信仰的神,不是指有意识的精灵,也不是指人类的精神作用,而是表示变化的复杂微妙。《易大传》说:"阴阳的交互作用是非常复杂不可预测的,叫作神。"(《系辞上传》。原文是:"阴阳不测之谓神。")又说:"为了表示万物的妙处,就说个神字。"(《说卦》。原文是:"神也者妙万物而为言者也。")又引孔子的话道:"了解变化的过程的人,就了解神的所为了啊!"(《系辞上传》。原文是:"子曰:知变化之道者,其知神之所为乎!")神就是变化的复杂微妙。一阴一阳交互作用引起无穷的变化,这就是神。

《易大传》肯定了世界的复杂丰富和变化的无穷无尽。它赞叹世界的伟大丰富说:"富有之谓大业,日新之谓盛德,生生之谓易。"(《系辞上传》)世界包罗万象,是富有的,这可以说是大业。日日有新的现象出现,新而又新,这可以叫作盛德(光辉的品德)。时时有新的物体生成,生而又生,生生不已,这就是"易",就是变化。《易大传》以"生生"来说明变化,就是肯定万物是层出不穷、相续不绝的,变化是无穷无尽的。

　　总起来讲,《易大传》的唯物主义宇宙观的要点是:第一,它认为天地的交互作用是万物生成的原因,而天地又是从太极分化出来的。有天地然后有万物,有天地万物然后有人类的家庭与社会诸关系。第二,它肯定一阴一阳交互作用是一切变化的根源。第三,它认为一阴一阳相互转化相互推移的规律就是道。一阴一阳的交互作用所引起的变化是复杂的不可穷尽的。它以神字表示变化的微妙不测。

　　《易大传》的哲学思想对于以后的哲学的发展有巨大影响。宋代和明清之际的唯物主义者都从《易大传》中汲取了智慧的源泉。

第三章　先秦时代的唯物主义(下)

一　《管子》书中的唯物主义思想

《管子》书是先秦时代的一部重要典籍。《管子》书是春秋战国时期齐国一些推崇管仲的学者著作的汇集,其中有《经言》九篇,年代较早,《韩非子》的《难三》篇曾引述其中《牧民》、《权修》两篇的文句,称为管仲的言论,可以证明其为管仲的遗说。而《形势》、《七法》等篇中的思想与《牧民》、《权修》是一致的,可能也是管仲思想的记录和发挥。《管子》书的其余各篇,则年代较晚,当是战国时期齐国的法家学者所编写的。《管子》书中,有值得注意的唯物主义思想。

《形势》篇认为,天有不变的"常",地有不易的"则",春夏秋冬有不变的次序,它说:"天不变其常,地不易其则,春秋冬夏不更其节,古今一也。"这所谓天,指自然之天,完全没有上帝主宰世界的意义。所谓"常",所谓"则",都是规律之义。《七法》篇提出对于"则"的说明:"根天地之气,寒暑之和,水土之性,人民鸟兽草木之生物,虽甚多,皆均有焉,而未尝变也,谓之则。"这就是说,"则"是以天地之气为本的,是众多物类所共同具有("均有")的,是永恒不变的。这肯定了自然界有普遍的规律,这是一个重要的唯物主义观点。

《牧民》篇有两句名言:"仓廪实则知礼节,衣食足则知荣辱。"这明确揭示了道德教化与物质生活的联系,说明精神生活是以物质生活为基础的,衣食有一定保障然后道德风尚才能提高。这也是唯物主义观点。这两句名言,可能在孟子以前,孟子重视物质生活的思想,可能是受了《牧民》的影响。

《管子》书中,《心术上》《心术下》《白心》《内业》,较多地谈论哲学问题,《宙合》《枢言》《君臣上》《君臣下》等篇也有关于哲学问题的议论。有些哲学史工作者认为《心术》《白心》等四篇是宋钘、尹文学派的著作,其实没有充分的根据。我们认为,这些篇也都是战国时期齐国推崇管仲的法家学者撰写的。

《心术》上下、《内业》提出了"精气"学说。《内业》篇说:"凡物之精,此则为生,下生五谷,上为列星。"地上有生之物,天上列星,都是"精"所构成的。"精"是什么呢?《内业》篇说:"精也者,气之精者也。"精是细微的气。《心术下》篇说:"一气能变曰精。"细微而能变化的气,叫作"精"。

《心术下》曾说身体是充满了气的,"气者身之充也"。《枢言》篇亦将生与气联系起来:"有气则生,无气则死,生者以其气。"气是生命的根本。《管子》书中对于气没有更多的解释,可以说,《管子》书中认为气是构成身体的材料。

《管子》的《内业》篇又讲人是"精"与"形"结合而成的，它说："凡人之生也，天出其精，地出其形，合此以为人。"精是气之精者，形当是气之粗者了。

《内业》似乎又认为，人的精神作用来源于精气，它说："思之思之，又重思之，思之而不通，鬼神将通之，非鬼神之力也，精气之极也。"思而能通，由于身体中精气的作用。

《内业》既认为"精"是"生"的来源，又认为"精"是"思"的源泉，"生"与"思"应该是有区别的，《内业》篇却含糊其词，没有进一步的说明。《内业》认为人的精神是精气的作用，即把人的精神看作一种特殊的物质，而不了解人的精神是人体所具有的一种机能，这虽然是不正确的，却不失为一种唯物主义观点。

《管子》书中也讲所谓道，强调道是无形的，《心术上》篇说："虚而无形谓之道。"这道虽然无形，却是万物所以生成的根据，《内业》说："不见其形，不闻其声，而序其成，谓之道。"又说："道也者，口之所不能言也，目之所不能视也，耳之所不能听也，所以修心而正形也；人之所失以死，所得以生也；事之所失以败，所得以成也。"又说："凡道无根无茎，无叶无荣，万物以生，万物以成，命之曰道。"道是所以修心而正形的，是得之则生、失之则死的，这道可以说是事物生成所必须遵循的规律。《君臣上》篇说："别交正分之谓理，顺理而不失之谓道。"规定事物的联系与区分的是理，顺理不失是道，将道与理联系起来。《君臣上》又说："道者，成人之生也，非在人也。……道也者万物之要也。"道是万物之要，当即是主要的理，即普遍的规律。

《心术上》说："道在天地之间也，其大无外，其小无内。"《管子》书中道的观念，当是从《老子》书中接受过来的，但有一个重要区别，《老子》的道"先天地生"，《管子》的道"在天地之间"，这样，就改造了老子道的观念，将道容纳于唯物主义学说之中了。

《管子》书的《心术》、《内业》等篇，因二千年来研习者少，错字脱文很多，不少文句在可解不可解之间，其中关于精气的学说不尽明确，但基本思想还是可以理解的，在中国古代唯物主义发展史上，有一定的地位。

《心术上》篇还提出了一种唯物主义的认识论，讲"静因之道"。它区别了"所知"与"所以知"："人皆欲知，而莫索其所以知。其所知，彼也；其所以知，此也。"所知是客体，所以知是主体。主体认识客体，要力求符合客体的情况，这就是"静因之道"。《心术上》说："有道之君，其处也若无知；其应物也，若偶之。静因之道也。"又解释所谓因说："因也者，无益无损也。"又说："因也者，舍己而以物为法者也。"所谓因，即完全遵循客体的情况，不要有所加损。《心术上》篇提倡客观方法。

《管子》所宣扬的"天不变其常，地不易其则"的观点以及"静因之道"的方法，对于后来荀子的唯物主义哲学，有巨大的影响。

《管子》书中的精气学说，后来《吕氏春秋》中有所引述。《吕氏春秋》说：精气的集聚，必定有它进入之处。它集聚在飞鸟身上，就表现为飞翔；集聚在走兽身上，就表现为行走；集聚在珠玉上，就表现为明亮；集聚在树木上，就表现为茂盛生长；集聚在圣人身上，就表现为深彻的思想。(《尽数》篇。原文是："精气之集也，必有入也：集于羽鸟，与为飞扬；集于走兽，与为流行；集于珠玉，与为精朗；集于树木，与为茂长；集于圣人，与为夐明。")植物、动物以及圣人的特点,都是其所具有的形体与所包含的精气相结合而产生的。这是精气说的基本观点。

二　惠施的"小一"学说

在古代希腊的唯物主义哲学中,原子论占有重要的地位。原子论就是认为一切物体都是原子构成的,原子是物质的最小的不可再分的单位。世界中只有原子和广大的空间。原子是多种多样的,它们在空间中运动着,相互结合而为普通的各种各样的物体。在中国古代的哲学中,《管子》书中的精气说,可以说与西方的原子论有类似之处,而最接近原子论的,是惠施的"小一"学说。

惠施是战国中期的思想家。他的著作很多,据说"其书五车",可惜后来都散失了。《庄子·天下》篇中记载了惠施的著作《历物》的大意。它的第一条是:"最大是无外的,叫作大一。最小是无内的,叫作小一。"(原文是:"至大无外,谓之大一。至小无内,谓之小一。")这小一就是与原子意义相近的观念。无内就是不包含别的更小的东西,也就是不可再分的。大一就是全宇宙。《历物》的另一条是:"大同与小同是相异的,这叫作小同异。万物都是相同的,又都是相异的,这叫作大同异。"(原文是:"大同而与小同异,此之谓小同异。万物毕同毕异,此之谓大同异。")属于一大类的东西是大同,属于一小类的东西是小同。例如动物是大同,人类是小同。但大小是比较的。人类也可以算作大同,黄种人可以算作小同。这样大类小类的关系叫作小同异。万物都有同点,万物也都有异点,这叫作大同异。何以都相同又都相异呢? 一个显然的理由是：万物都是小一所构成的，所以都相同。而每一个东西的构成方式不同，所以又都相异。这个解释虽然没有明文，却是可通的。惠施的著作已经失传了，我们无从了解他的学说的详细内容，但从上面的推论中我们可以认为小一学说是一种与原子论相近的学说。

惠施对于万物很有研究。《庄子·天下》篇记载了一个故事。南方有一个奇怪的人名叫黄缭，向惠施提出这样的问题：天为什么不坠下来呢？地为什么不陷下去呢？起风下雨，打雷闪电，都是什么原因？惠施毫不推辞，也并不再三考虑，当时就对答如流。他把万物都解释到了，说起来就不停止，说了很多，他还自以为少呢。（《庄子·天下》篇："南方有倚人焉，曰黄缭，问天地所以不坠不陷，风雨雷霆之故。惠施不辞而应，不虑而对。遍为万物说。说而不休，多而无已，犹以为寡。……"）这个故事表明了，惠施对于万物是素有研究的。

三 《庄子·外篇》中关于气的学说

与惠施同时的哲学家还有庄周。他是继承并且发挥老子思想的人。因为他是老子的继承者，所以后来人们常常把老子与他连称"老庄"。他也认为道是天地万物的最初根源。庄子这样来说明所谓道的意义："那道是有实在性有真确性的，然而没有作为，没有形状。人们可以把它指示别人，然而却不可以用耳朵听受；人们可以领会它，然而却不可以用眼睛看见。它自己以自己为本，自己以自己为根。没有天地的时候，它早已确定地存在着了。假如有鬼有帝，那鬼和帝也是依靠道来发生作用。它生出天又生出地来。"(《庄子·大宗师》篇。原文是:"夫道有情有信,无为无形;可传而不可受,可得而不可见;自本自根,未有天地,自古以固存;神鬼神帝,生天生地。")这就是认为,道是实在的永恒的,它是天地的根本,而没有比它更根本的东西。这所谓道也是一个抽象的绝对的观念,所以庄周的哲学也是一种客观唯心主义。

《庄子》书中,有"内篇",有"外篇",有"杂篇"。传统的说法,以为"内篇"是庄子自著的,"外篇"、"杂篇"是庄子弟子或后学编著的。现在从这些篇的内容来考察,传统的说法还是基本可信的。《庄子·内篇》讲道在天地之先,而"外篇"的《天地》篇中却将道统属于天。《天地》篇说:"通于天地者德也,行于万物者道也……德兼于道,道兼于天。"德是万物普遍的本性,道是万物普遍的规律。德统属于道,道统属于天,道是天所包含的。《天地》篇又说:"无为为之之谓天。"天即是自然,道是自然的普遍规律。这样来确定天与道的关系,即不承认道是超越于自然界之上的,可以说是转到唯物主义观点了。

《庄子·外篇》记载庄子的故事,叙述庄子曾以"气"来解释人的身体的构成。庄子曾讲人的生死的过程说:"考察他的开始,本来没有生命;不但没有生命,而且本来没有身体;不但没有身体,而且本来没有气。在恍惚之中,变化而有气,气变化而有身体,身体变化而有生命。现在又变化而死了,这就好像春夏秋冬四时的运行一样。"(《至乐》篇。原文是:"察其始,而本无生;非徒无生也,而本无形;非徒无形也,而本无气。杂乎芒芴之间,变而有气,气变而有形,形变而有生。今又变而之死,是相与为春秋冬夏四时行也。")有身体而后有生命;有气而后有身体;那气又是从恍惚("芒芴")之中变出来的。这虽然肯定身体是由气构成的,但不认为气是最根本的。

《庄子·外篇》书中提出了"通天下一气"的学说,以"气"来说明世界。它说:"人的生成,就是气的聚合。聚合起来就是生,分散了就是死。所以说通天下就是一气罢了。"(《知北游》篇。原文是:"人之生,气之聚也。聚则为生,散则为死。……故曰通天下一气耳。")这以气的聚散来说明人物的生死,并且断定整个宇宙只是一气。这可以说是以气为中心观念的唯物主义思想。

战国时代的许多学者们都承认气是构成人的身体的东西。如前节所述《管子》说:"气者身之充也。"(《心术下》篇)气就是充满于身体之内的东西。孟子也说:"气者体之充也。"(《孟子·公孙丑上》)人的身体是由气构成的。气是构成形体的原始材料,这是战国时代许多学者公认的。《庄子·杂篇》中认为阴阳是最大的气。(《则阳》篇。原文是:"阴阳者,气之大者也。")内而身体,外而天地,都是气所充满了的,都是气所构成的。这是战国时代一些唯物主义者对于气的了解。唯物主义者肯定世界就是气的世界。但是,唯心主义者则认为在气之上还有更根本的道或天。这是一个根本的区别。

四　墨家的唯物主义认识论

在战国时代,信从孔子的学者叫作儒家;信从老子的学者叫作道家;还有信从墨子的学者叫作墨家。墨子是春秋末战国初的著名思想家,他在宇宙观方面是一个唯心主义者,他想恢复关于上帝和鬼神的信仰。但墨子有许多关于手工技术的知识,因而他又具有科学的精神。到了战国中期，墨家的学者们发展了墨子的科学知识，放弃了他的唯心主义思想，因而变成为唯物主义者。

墨家的唯物主义主要是在认识论方面。

墨子的认识论学说本来具有唯物主义的倾向，他提出了关于真理标准的"三表"学说。"三表"即是三个标准。他认为正确的言论要合乎三个标准。第一个标准是有历史的根据（"有本之者"），即根据于过去的有智慧的帝王的事情（"上本之于古者圣王之事"）。第二个标准是有感性的基础（"有原之者"），即是从人民耳闻目见的实际情况得来的（"下原察百姓耳目之实"）。第三个标准是应用起来有实际的效果（"有用之者"），即实行起来，合乎国家百姓人民的利益。（"发以为刑政，观其中国家百姓人民之利。"这些话都见于《墨子·非命上》篇。）合乎这三个标准的言论才是正确的。第二表与第三表都是很明显的唯物主义的观点。墨子在运用第二表的时候有时也陷入于唯心主义的错误中，他引用古来见鬼的传说来证明鬼神的存在。不过在本质上第二表是一个唯物主义的标准。

墨子更指出了实际活动对于认识的意义。他讲道："现在瞎子说：钜是白，黔是黑，明眼的人也无法反驳他。把白色东西与黑色东西放在一起，让瞎子分别取出来，他就不能知道了。所以我说，瞎子不懂得黑白，不是从名来讲的，而是从取来讲的。"（《墨子·贵义》篇。原文是："今瞽曰钜者白也，黔者黑也。虽明目者无以易之。兼白黑使瞽取焉，不能知也。故我曰瞽不知白黑者，非以其名也，以其取也。"）仅仅晓得名词的定义，不算有真正知识；必须能够在实际生活中运用所了解的道理，才算是有真正知识。墨子的这个观点也是一种深刻的唯物主义观点。

　　后期墨家所编写的《墨经》中,提出了有系统的唯物主义认识论。《墨经》肯定人有能"知"之"材",即认识的才能。但只有这个才能,假如没有客观对象,也没有知识,例如只有明亮的眼睛,而没有外边的实在东西,那也看不见什么。(《经上》:"知材也。"《经说上》:"知材:知也者,所以知也,而不必知,若明。")可见外在事物的存在是人的知识的一个必要条件。

　　《墨经》肯定知觉("知")是人的认识作用和外在物体相互接触的结果。人的认识作用遇着外物而能够描画出它的样子来,就是知觉。例如眼看见外物。(《经上》:"知接也。"《经说上》:"知:知也者,以其知遇物而能貌之,若见。")这是一种反映论。所谓描画出外物的样子就是反映外物的意思。

　　《墨经》指出,在知觉之上还有理解,叫作"恕"。恕是明晰的认识。人运用认识的才能来推论外物,然后才有深刻的理解,这是明晰的知识。(《经上》:"恕明也。"《经说上》:"恕也者,以其知论物,而其知之也著,若明。")所谓推论外物就是加以分析比较的意思。这所谓"恕"接近我们所谓理性认识。

　　《墨经》的认识论肯定了人有认识外物的能力,肯定人的认识以外物的存在为条件,肯定知觉的起源在于主体与客体的相互接触,更指出在知觉之上还有理性的认识。这些论点都是唯物主义的,都是正确的。应该承认,《墨经》对于唯物主义的认识论有很大的贡献。

五　荀子与韩非的唯物主义学说

　　战国末期的最伟大的唯物主义者是荀子。荀子曾经在齐国

的"稷下"学宫讲学,后来又作过楚国的兰陵令。他是先秦儒家
中的唯物主义的主要代表。荀子坚持并且发展了唯物主义,反对
当时所有的宗教迷信观念。不过荀子不赞成进行宇宙观问题的
系统研究,因而他不肯提出一个宇宙观体系来。他对于唯物主义
的贡献是宣扬了一些重要的唯物主义观点,从而在理论上摧毁了
宗教唯心主义的基础。他宣扬了哪些唯物主义观点呢?这就是:
第一,自然过程有不随人的意志而转移的客观规律。第二,现象
可以区分为四类:有"气"的,有"生"的,有"知"的,有"义"的。
"气"是生命与意识的基础。第三,人的精神以人的形体为根本。
第四,鬼神只是人的幻觉。第五,人不应该歌颂自然,等待自然,
而应该克服自然,利用自然。这样,他一方面肯定了自然世界的
客观性以及物质存在的第一性;另一方面他又论证了人类精神的
能动性以及克服自然的可能性与必要性。

　　荀子指出:自然的过程是有规律的。(《荀子·天论》篇:"天行
有常。")人类社会的秩序安定或紊乱,是和自然的过程没有关系
的。假如人们用力进行农业生产,节俭而不浪费,那末自然是不
能使人贫穷的。营养周备,动息有时,那末自然也不能让人害病。
实行道德而不违背,自然也不能使人遭遇灾祸。所以,虽然发生
水灾旱灾,也不至于引起饥荒;虽然有大寒大暑,也不能引起疾
病;虽然出现怪现象,也不能引起凶祸。假如不肯努力,胡作乱
动,虽没有水旱,也会有饥荒,虽不寒不暑,也发生疾病。自然的
过程是独立存在于人的意识以外的,对于人事的吉凶祸福有什么
相干呢?

　　荀子指出:人是厌恶寒冷的,但天并不因为人厌恶寒冷就取

消冬季。人是不喜辽远的,但地并不因为人不喜辽远而停止广大。天地是有一定的规律的。有的时候,天上的星星坠下来了;有的时候,森林的树木呼啸起来了。人们都害怕。那都是什么呢?其实没有什么。("是何也?曰无何也。")那是天地阴阳的自然的变化,不常见的现象罢了。感到奇怪,是可以的。害起怕来,就不应该了。荀子这样阐明了"天"和"人"的区别。

荀子的这些思想与宗教唯心主义处在尖锐对立的地位。他否认了上帝的存在,否认了自然界有目的性,而肯定了世界的物质性以及自然规律的客观性。在这一点上,荀子表现了战斗的唯物主义者的态度。

其次,荀子提出了关于事物的基本类别的唯物主义观点。他认为,水火是有气的,而没有生命;草木是有气有生的,而没有知觉;禽兽有气有生有知,而没有道德;人有气有生有知而又有道德,所以是最有价值的。(《王制》篇:"水火有气而无生,草木有生而无知,禽兽有知而无义;人有气有生有知亦且有义,故最为天下贵也。")他这样区别了无机界、植物、动物和人类。凡是有知觉的一定也有生命,凡是有生命的一定也有气。气是最基本的,是生命与知觉的基础。水火都是气。这所谓气显然就是我们今日所谓物质了。荀子在他的关于事物基本类别的学说中,阐明了物质和生命与知觉的关系。

关于人的身体和人的精神的关系的问题,荀子明确地肯定,形体具备了,然后精神产生出来。(《天论》篇:"形具而神生。")身体是精神的基本。这是显明的唯物主义观点。

荀子不承认鬼神的存在,他指出一般人所谓见鬼的原因。他说:"人们看见鬼,一定是在他精神恍惚、疑惑不定的时候。"(《解蔽》篇。原文是:"凡人之有鬼也,必以其感忽之间疑玄之时正之。此人之所以无有而有无之时也。""正之"二字有错误。)这话虽然简单,却非常深刻。有一些人谈说见鬼的故事,其实所说的见鬼都是在头脑不清的时候极短的时间内漠漠忽忽地好像感到,那是一种幻觉。荀子揭破了所谓见鬼的虚假性。

世界是不依靠人的意识而独立存在的,有它的不随人的意志而转移的客观规律。我们在这规律面前应该怎样呢? 有些思想家认为,自然界既然有其不随人的意志而转移的规律,那末人类在自然界面前就是无能为力的,无可奈何的,只有听从自然的摆布,无法发挥人的力量。道家便是这样主张的。荀子提出另一种主张来。他指出:自然的规律虽然是不随人的意志而转移的,但是我们却可以利用这些规律,改变自然界的状态,使它更适合于人类的目的。这并不是变更自然的规律,而是变革自然界的本来情况,以实现人类的愿望。荀子在中国哲学史上第一次提出了这种改造自然的学说。他的这一思想是老子与庄子的消极思想的反响。荀子批评庄子道:"庄子被自然所蒙蔽了而不了解人。"(《解蔽》篇。原文是:"庄子蔽于天而不知人。")荀子极力说明人为的重要性。

荀子讲改造自然的必要道:"承认天的伟大而思慕它,哪里比得上把天看作对象而制裁它呢? 顺从天而歌颂它,哪里比得上制裁自然的命运而利用它呢? 期望着时节而等待它,哪里比得上顺应着时节而驾驭它呢? 随顺外物的原状而赞叹外物的丰富,哪里比得上发挥智能而变革它呢? 思惟外物而承认其为外物,哪里比得上治理外物而没有偏差呢？想念万物的所以发生的根源,哪里比得上获得万物的所以完成呢？所以,放下人事不顾而思惟天然,就失掉万物的本来的作用了!"(《天论》篇。原文是:"大天而思之,孰与物畜而制之？从天而颂之,孰与制天命而用之？望时而待之,孰与应时而使之？因物而多之,孰与骋能而化之？思物而物之,孰与理物而勿失之也？愿于物之所以生,孰与有物之所以成？故错人而思天,则失万物之情!")这是多么光辉的思想! 这是向自然界进军的号召!

荀子肯定了改造自然的可能与必要,他要求变革万物使万物都成为有益于人的。他要求:"在天底下的,在地上面的,都变成最美好的,都发挥最大的用处。"(《王制》篇:"天之所覆,地之所载,莫不尽其美,致其用。")这是改造自然的理想。

这样,荀子一方面承认自然规律的客观性,一方面又主张发挥人的能动性和积极性。他的这种学说是非常有价值的。

荀子也讲所谓道,他认为道是总赅万物的,"万物为道一偏"(《天论》),道是万物变化成长的所以然,"大道者所以变化遂成万物者也"(《哀公》)。而这道就是天的常道,"天有常道矣,地有常数矣"(《天论》),道不是先天地生的,而是万物所遵循的规律。这是唯物主义观点。

在认识论方面,荀子也发挥了唯物主义。他首先肯定人是有认识能力的,物质世界是可知的。他说:"能知,是人的本性;可以知,是物的规律。"(《解蔽》篇。原文是:"凡以知,人之性也。可以知,物之理也。")对于认识的过程,荀子提出了唯物主义的说明。他认为人的认识的器官包括两部分,就是感官和心。感官分耳目口鼻形态五种,叫做五官。五官各自交接一部现象。外物的形体颜色纹理，是目所辨别的。各种声音是耳所辨别的。甜苦辣酸等味是口所辨别的。各样的香臭气味是鼻所辨别的。痛痒凉热轻重等是身体所辨别的。这些是感觉。心在内里，总管五官。心的作用叫作"征知"，就是根据感官的印象而认识外物的能力。"征"是审察的意思，"征知"就是审察感官印象而了解外物的能力。人有"征知"的能力，能够根据耳朵而认识声音，根据眼睛而认识形状。（《正名》篇："缘耳而知声。""缘目而知形。"）但是"征知"是以感官接触各类外物为条件的。必须感官接触各类外物，心才能够审察而认识它，否则心也就无从发挥作用了。但假如不用心，那末"白黑在前而目不见，雷鼓在侧而耳不闻"（《解蔽》篇），也不会有认识。感官只有感觉；加上心的作用，才有知觉。荀子这样分析了知觉的过程。

荀子肯定了知识的来源是感觉，而感觉是对于外在现象的辨别。他发展了唯物主义的认识论。

荀子的弟子韩非也是一个唯物主义者。在政治思想方面他的见解与荀子不同，而属于法家。在宇宙观方面，韩非继承了荀子的唯物主义观点，他也反对当时的宗教迷信，但在这方面没有提出比荀子更进一步的见解。

韩非研究过《老子》，他提出了自己对于"道"的解释，改造了老子关于"道"的观念。韩非认为，道是万物之所表现的，万理之所符合的。理是已经形成之物的文理；道是万物所以形成的根据。（《韩非子·解老》篇。原文是："道者，万物之所然也，万理之所稽也。理者成物之文也，道者万物之所以成也。"）万物之理是不相同的，而道德总括了万物之理。（《解老》篇："万物各异理，而道尽稽万物之理。"）

老子讲"常道",韩非对于"常"提出了新解释,他说:"唯夫与天地之剖判也俱生,至天地之消散也不死不衰者谓常。"常就是与天地同存的。老子讲道"先天地生",韩非则认为常道乃是"与天地之剖判也俱生"的,这样,道就成为万物的普遍规律了。韩非的这些观点,可以说都是唯物主义思想。在历史观方面,韩非有新的贡献。他指出,历史是变动的,历史变动的主要原因之一是人口的增加。人口越来越增多了,自然的资源越来越不够用了,社会的情况也就随而改变了。古时的人看轻财利,那不是由于道德高尚,而是因为财物丰富。当今(战国时代)的人争夺财利,这不是由于操行鄙劣,而是因为财物缺乏了。一时有一时的情况。"上古"是凭"道德"来竞胜的,"中世"就用"智谋"来比赛,"当今"就用"气力"来斗争了。古今是不相同的。韩非的这种历史观不承认历史变动的原因在于人的意志,不从人的思想观念去解说历史,是和历史观中的唯心主义有区别的。就这一点来说,是有一定价值的。

荀子和韩非,虽然政治思想不同,但都是地主阶级的思想家,都是为地主阶级的利益作辩护的。在战国末期,封建的生产关系有它的进步性。地主阶级的思想家宣扬了唯物主义,以唯物主义作为反对社会中旧势力的理论武器。

第四章　汉代唯物主义反对
宗教唯心主义的斗争

一　扬雄的"自然"观念与桓谭的无神论思想

秦国统一了六国,扫除了旧势力,建立了统一的中央集权的封建专制主义国家,于是封建统治者与农民的矛盾就成为当时主要的矛盾。秦末的农民大起义推翻了秦国残暴的统治。在农民起义胜利的基础上,汉朝政权建立起来,它仍是代表地主阶级利益的政权。

随着汉朝封建地主阶级的统一政权的建立与巩固,儒家的唯心主义逐渐成为占统治地位的思想。董仲舒是汉代唯心主义的主要代表。他宣传了唯心主义的目的主义。他承认天是有意志的上帝,是世界的最高主宰。五谷鸟兽都是上帝所创造的,而且都是为了人的利益而创造的。他宣称皇帝是接受上帝的命令来治理人民的。当一朝皇帝接受"天命"的时候,就有许多新奇可贵的东西出现,这叫作"符瑞",这是上帝意志的表示。上帝还监督着皇帝的行为,假如皇帝对于人民太暴虐了,上帝就降下奇怪而可怕的现象来警告他,例如水灾旱灾以及日食月食等等,这叫作灾异,这是上帝的警告。天的意志决定人事的成败;人的行动会引起天的反应。这叫作"天人相感"。在汉代,这种唯心主义的目的主义非常盛行。很显然,这种荒谬的学说是为封建统治阶级的统治权力作辩护的。

无神论者起来反对这种目的主义的宗教思想。在西汉末年,扬雄(公元前53—公元18年)重新提出了老子的"自然"观念来和目的主义对抗。扬雄字子云,是一个文学家,也是一个思想家。他的哲学著作是《太玄》和《法言》。

扬雄指出,著作家们应该有所依据,学说应该以"自然"为内容。假如他所依据的广大,他的学说内容就丰多;假如他所依据的狭小,他的学说内容也就贫乏。所以,不要剥夺了原来所有的,也不要加上本来所无的。譬如我们的身体一样,增加上一块,就是赘疣;割去一块,就短缺了。所以,自然是骨干,人的工作不过加上些点缀罢了,不可对于自然随意增减。(《太玄·玄莹》。原文是:"夫作者贵其有循而体自然也。其所循也大,则其体也壮;其所循也小,则其体也瘠。……故不攫所有,不强所无。譬诸身,增则赘而割其亏。故质干在乎自然,华藻在乎人事也。其可损益与?")扬雄这样标出自然作为思想学说的根据,这是唯物主义的观点。扬雄还批判了神仙长生不死的迷信,他断言:"有生者必有死,有始者必有终,自然之道也。"(《法言·君子》)生必有死是自然的规律。

但是,扬雄不能贯彻唯物主义的观点,他的宇宙观基本是唯心主义的,他宣称天地万物的根源是"玄",所谓玄就是老子所讲的道,是超越物质世界之上的绝对,这是唯心主义的观点了。扬雄的贡献就在于,在那宗教迷信的空气弥漫一时的条件下,提出"自然"作为著书立说的最高标准,因而为以后的唯物主义的发展开拓了道路。

西汉末年,出现了许多"纬书"、"谶书"。纬书是对于儒家的"经书"的解释,其中怪话连篇,把孔子描写成一个神人。谶是预言,内容大都是荒唐可笑的。这些纬和谶都是宗教有神论的宣传品,比起董仲舒的学说来,就更加荒谬了。

激烈反对谶纬的唯物主义者是桓谭(大约生活于公元前33年—公元39年之间),他展开了反谶纬的斗争。桓谭字君山,曾在汉光武的朝廷中作官,以反对谶书被贬职。主要著作是《新论》。在理论方面,桓谭的最大贡献是提出了对于"形神"问题的新见解,反驳了灵魂不灭的宗教思想。他用一个相当恰当的比喻,来说明身体(形)和精神(神)的关系。他指出,人的身体比如蜡烛,人的精神比如蜡烛的光。蜡烛的光是蜡烛的油脂燃烧而现出的。蜡烛烧完了,光也就消灭了。哪里有无烛自燃的烛光呢?人的精神完全依附于人的身体。人的身体死亡了,人的精神也随而消灭了。这样,桓谭提出"人死如烛灭"的学说,这是唯物主义的一项新的发展。在中国人的常识中,有"人死如灯灭"一句话,就是从桓谭的学说来的。

二　后汉唯物主义者王充的学说

在扬雄桓谭的影响之下,出现了伟大的唯物主义者王充(公元 27—107 左右）。

王充是东汉初年的思想家，出身于"以贾贩为事"的家庭，曾到当时首都洛阳的太学读书，后来作过州县官吏。他的哲学著作叫作《论衡》。"论衡"二字就是"言论的评议"的意思。他要批判当时流行的各种错误言论，揭穿一切虚假的谎言。他说，《论衡》的根本精神可以用一句话来表示，就是"痛恨虚假"。（《论衡·佚文篇》。原文是："疾虚妄。"）

王充根据事实和科学知识，有力地批判了当时占统治地位的唯心主义的目的主义思想与流行的关于鬼神的迷信。

汉朝的唯心主义者认为，天地有意生出人类来（"天地故生人"，见《论衡·物势篇》），而且天地生成万物也是有意的。天生五谷，是为了供给人的食料；天生丝麻，是为了供给人的衣料（"天生五谷以食人，生丝麻以衣人。"见《自然篇》）。王充举出很多的理由来反驳这种错误思想。他指出，天地的气相合，人自然就生出来，就好像夫妇同居，自然生出孩子来一样。夫妇同居，并不是想生孩子，因为情欲动了，自然生出孩子来。人类是有意志有目的的，然而人生孩子还不是有意的。天地没有意志欲望，天地生人就更不是有意的了。天地生人不是有意的，那末生万物也不是有意的。天地的气相互结合，万物自然生成了。

何以知道天无意志呢？因为天没有口，没有眼。有口有眼的就有欲望。口要吃东西，眼要看东西。天没有口眼，它无所追求，有什么意志呢？地是没有口眼的，我们就可以推知天也没有口眼。天或者是气，或者是体。假如是体，就和地一样。假如是气，气就像云烟一样，云烟哪里有口眼呢？

　　王充更指出,假如天是有意生万物的,那就应当叫万物相亲相爱,不应当叫它们相互杀害。(《物势篇》:"如天故生万物,当令其相亲爱,不当令之相贼害也。")事实上万物是相互斗争相互杀害的。虎狼蛇蜂等都害人,天是为了这些东西而生人的么?

　　王充指出,生物是"知饥知寒"的,人要吃东西,看见五谷可以吃,就"取而食之";看见丝麻可以作衣服,就"取而衣之"(见《自然篇》)。这并不是天为了人的衣食而生出五谷丝麻来,这是人自己吃五谷穿丝麻。这些都是自然而然的。

　　王充说明了生物竞争的现象。他指出,万物是相互伤害的,动物是相互制服以至相互啖食的。这都是自然界的竞争。强壮有力的,爪牙锐利的,就能胜过弱小的东西。但强壮有力不是获得胜利的唯一条件。有些生物"动作巧便",也"能以小而制大"(见《物势篇》)。像博劳鸟能吃蛇,就因为这种鸟很灵巧。蚊子能困着牛马,就因为蚊子飞起来很便利,处于有利的地位。所以,力量的强弱,或者动作的巧拙,是决定生物相争胜败的条件。

　　这样,王充以万物自然生成、生物自然竞争的学说,和唯心主义的目的主义对立起来。

　　王充指出,何以说天是自然无为的呢?因为气是无欲无为的。(《自然篇》:"谓天自然无为者何?气也,恬淡无欲、无为无事者也。")最根本的气是"元气",人和动物都是元气所形成的。(《幸偶篇》:"俱禀元气,或独为人,或为禽兽。")天含气,叫作"天气"。(《寒温篇》:"人事始作,天气已有。")万物都是气,叫作"物气"。(《商虫篇》:"独谓虫食谷物为应政事,失道理之实,不达物气之性也。")人也含气,叫作"人气"。(《论死篇》:"元气荒忽,人气在其中。")人是气所聚结而成的,气聚结为人,就象水凝结为冰一样。(《论死篇》:"气之生人,犹水之为冰也。水凝为冰,气凝为人。"又:"阴阳之气,凝而为人。年终寿尽,死还为气。")这样,王充发挥了先秦时代关于气的学说。但是关于天与气的关系,王充所讲不够明确。他曾说:"使天体乎?宜与地同。使天气乎?气若云烟。"(《自然篇》)他倾向于认为天是体。"如实论之,天体,非气也。"(《谈天篇》)所谓体指固定的形体。天体是否由气凝聚而成的呢?王充没有明确地讲。

王充更批判了当时流行的"天人相感"的思想,反驳了关于灾异的谬论。他指出,天是"至高大"的,人是"至卑小"的(《变动篇》),人的行动哪里能够影响天呢?人的形体"不过七尺",用"七尺形"中的精神,想有所作为,虽有坚决的意志,也像用筷子敲大钟、算筹打大鼓一样,发不出多大声音来,哪里能"动天"呢?(《感虚篇》)他更指出:"人在天地之间,物也。物亦物也。"(《雷虚篇》)人不过万物中的一物,别的物不能感动天,为什么人能感动天呢?讲人感动天,是没有丝毫证据的。

王充指出,所谓"灾异",都是自然界的变化,都和人的行动无关。日食月食是有一定的规律的,"大率四十一二月日一食,百八十日月一蚀,蚀之皆有时"(《说日篇》),与人事并无联系。"寒温"是气候自然的变化,也"非政治所招"(《寒温篇》)。水旱只是"运气"(《明雩篇》),完全与政治不相干。至于虫灾,如蝗虫吃五谷,也是自然现象,并不是官吏贪污所招致的。宗教迷信认为雷电击人是上天发怒惩罚有罪过的人。王充指出,雷只是火,是阳气的"激射",夏天阳气很盛,在降雨的时候,阴阳二气"分争",阳气受激而放射出来,"射中人身",就把人射死。人被雷击,只

是偶然的。王充断言,说雷是火,是有事实的证据的;说雷是"天怒",就没有一点证验了。(《雷虚篇》)

王充得到一个断然的结论道:"人是不能以行为感动天的,天也不随着人的行为而反应人。"(《明雩篇》。原文是:"夫人不能以行感天,天亦不随行而应人。")他这样否定了天人相感的唯心主义学说。

其次,王充更从唯物主义的观点解决了身体与精神的关系的问题,从而彻底批判了那认为"人死有知"的有鬼论思想。王充指出,人的精神,人的"聪明智慧",是活的身体在一定条件下所具有的属性。哪些条件呢? 最主要的是血脉正常,五脏健全。可以说,精神是血脉所产生的。(《论死篇》:"能为精气者,血脉也。")五脏健康,人就有智慧;五脏有病,人就精神恍惚了。人死了,血脉枯竭了,哪里还有精神呢? 五脏也都腐朽了,哪里还有智慧呢?人病的时候,因为健康失常,精神就昏乱不知人事了。死比病更加甚了,怎样反而"有知"呢?

王充更指出,有人说看见鬼,说那是死人的精神。假如鬼是死人的精神,那末人看见鬼应该仅仅看见一个赤裸裸的形象,不应该看见穿着衣服。因为衣服是没有精神的,哪里会出现衣服的样子呢? 由此可知,人所看见的鬼,就只是幻象,并不是死人的精神。

王充也以火光作比喻来说明形神的关系。点起蜡烛,发出火苗,就有光。火灭了,光也消了。人死了,精神也不存在了。"天下无独燃之火,世间安得有无体独知之精?"(《论死篇》)他断言人死如火灭。这一论证是从桓谭来的。

王充断定,人死以后,他的精神就消灭了。(《论死篇》:"死而精气灭。")他又提出了对于见鬼现象的解释。他说:有时人看见鬼,那不是死人的精神,而是人们"思念存想"的结果。(《订鬼篇》)思念存想何以就看见鬼呢? 这是由于人有疾病。人病了就害怕,害怕就看见鬼,其实只是幻觉罢了。这个解释是很科学的。但是王充还提到另外的可能性。一个可能是:鬼是"老物之精"(同上),有些动物老了会成精,能变成人的样子,会变化,很凶恶,也是一种实在的东西,并不是没有形体的精神。王充虽然保留了这些可能性,但是他坚决地断定:人死是无知的,世界中没有脱离形体而独立的精神。

王充更分析了当时流行的关于许多神的信仰,指出那些信仰都是没有根据的,而且是自相矛盾的。证明那些神都是不存在的。他证明了"宅神"、"岁神"、"雷神"等等都是虚妄的。他扫除了一般人关于鬼神的迷信。

王充对于唯心主义的目的主义的批判,对于宗教的鬼神迷信的揭破,都是深刻的有力的。他对于唯物主义的无神论作出了巨大的贡献。

王充扫除了许多的迷妄观念,他的学说富有批判精神,但是为时代所限制,他的唯物主义也还不是彻底的。在摧毁了许多宗教思想之后,他却保留了"符瑞"的思想,认为帝王得到政权的时候是会有吉祥事物出现的。他还大体上保留了关于"命运"的信仰,认为每一个人初生的时候,他一生的富贵贫贱就已经决定了,一个人身体上的"骨相"就表现出他一生的命运。这些都是王充学说中旧思想的残余。一个进步的思想家的头脑中还保留一些旧观念的残余,这也是不足为奇的。

在认识论方面,王充也宣扬了唯物主义观点,反驳了"圣人生知"的唯心主义学说。他认为,人必须依靠耳目,才能够认识事物。有些事情,是依靠个人的耳目再加以思考,就可以认识的。也有些事情,仅仅依靠个人的耳目再加以思考,也不能认识,而必须询问别人,才能够懂得。例如历史上的事实,就是必须问人才能知道的。这样,我们的知识,或者是从个人的感觉经验来的,或者是从别人学习来的。没有所谓"生知"。不学就自己知道,不问就自己晓得的情况,从古到今都是没有的。这样,他断定:"知物由学,学之乃知,不问不识。""天地之间,含血之类,无性知者。"(《实知篇》)他肯定经验是知识的来源,而否认了先验的认识。

但王充不是一个简单的感觉主义者,他指出,专靠感觉,不一定能获得正确的认识。有的时候,人所看见的只是"虚象",而不是"实事"。例如有人看见鬼,其实那只是幻觉,只是虚象。假如把虚象认作实事,承认鬼是实在的,那就大错了。所以,必须对于耳目的"闻见"加以"诠订",这"诠订"是由"心意"来进行的。"诠"是全面了解的意思。"订"是由比较而决定的意思。"诠订"就是作全面的审察分析以决定虚实的意思。王充肯定了"心意"有"诠订"的作用,这所谓心意接近于我们今日所谓"理性"。王充断言,研求真理,不应该仅仅依靠耳目,还要开发心意。(《薄葬篇》:"故是非者,不徒耳目,必开心意。")他批评了墨家信鬼的思想,认为那是"苟信闻见"。

墨家承认感觉经验是知识的来源,王充也承认感觉经验是知识的最后来源。但王充区别了真的感觉经验与假的感觉经验,在这一点上比墨家的学说进了一步。

王充指出,真理的标准就是"效验"(《知实篇》),也叫作"证验"(《对作篇》)。效验或者证验就是感觉经验上的证明。有经验上的证明的,也就是有事实上的根据的,就是正确的学说;否则就是虚假的谬论了。《论衡》一书,就是运用这个标准来分别思想学说的真假的。

在历史观方面,王充也提出新的见解。他批判了当时许多人的"今不如古"的说法。他指出,古代的人和当今的人是一样的,形体性情都相同。古时也有不道德的人,当今也有品行高尚之士。善恶交错,古今一般。谈论的人尊崇过去而轻视现今,褒扬古代而毁谤当世,是错误的。他说,就实际情况看来,不但不是今不如古,而是今胜过古。周代的文物很可观,因为它是在夏商以后。汉代又在周后,文化就更丰富了。以小喻大,某一个人刚成立家庭的时候,仅有一个小小的家园。年岁久了,子孙众多,家业就扩大起来。汉朝"土广民众",文化自然也茂盛了。比疆域,汉比周广大;比政教,周也并不比汉好。而且汉代学者的著作比周代的多。他断言,汉是"在百代之上"。由此可知,王充的历史观包含了历史进化的观念。

王充讨论了物质生活与道德行为的联系问题。他指出,人们的行为的善恶是受生活资料的丰富或缺乏所制约的。假如食粮充足,人们就能相互推让;假如食粮缺少,人们就相互争夺了。(《治期篇》:"让生于有余,争起于不足。")他得到一个结论说:礼义的行为在于食粮的充足。(同篇:"礼义之行在谷足也。")就是说,物质生活的情况,决定人们的道德品质的情况。这一观点是含有唯物主义成分的。

　　但是,王充的历史观还包含有历史命定论的思想。他认为国家秩序的安定或者紊乱,与统治者品质的好坏没有关联。太平不是贤人的功劳,衰乱不是暴君污吏的罪过。遇到丰年,五谷充足,人民足衣足食,自然天下太平。遇到收成不好的年岁,谷物缺乏,人民又饥又寒,于是"盗贼众多",就成为乱世了。这都是自然的,都是命定的,不是人力所能左右的。这种看法,一方面肯定了历史变化是不以人的意志为转移的,这是正确的;另一方面又否认了人的行动的积极作用,并且为"暴君污吏"开脱罪责,这就错误了。

　　王充出身于"贾贩"为业的家庭,壮年以后加入了地主阶级知识分子的队伍,歌颂了当时的最高统治者即东汉皇帝。但是他反对一般官吏们的"烦扰农商,损下益上"(《答佞篇》)的作风,要求官吏们"愁民说主,损上益下"。他是同情人民的。他的唯物主义学说和他同情人民的政治立场有密切的联系。

第五章　魏晋时代的唯物主义

　　从后汉到魏晋,社会的政治经济情况发生了很大的变动。后汉末年的农民大起义削弱了汉朝的统治,然而没有得到决定性的胜利,于是出现了军阀混战的局面。当时地方的豪门世族,也各霸一方,逐渐取得了经济上政治上的特权。在农民阶级与地主阶级的矛盾的制约之下,豪门世族与中小地主阶层的矛盾,也日益显著起来。这种情况也反映于哲学思想中。当时出现了为豪门世族的特殊地位作辩护的唯心主义哲学。

　　王充的《论衡》是后汉初期写成的,但是一直到了后汉末年才得到流传的机会。《论衡》流传了以后,就发生了很大的影响。旧有的唯心主义的目的主义学说的基础被动摇了,知识分子都不肯信仰目的主义了。灾异的迷信受到人们的厌恶,无神论思想抬头了。

　　然而,维护豪门世族的利益的思想家们,却要建立一套唯心主义体系。在唯物主义取得巨大影响的条件之下,老一套是不成功了,必须改变一个姿态。这些唯心主义者,接受了"自然"的观念,不谈上帝的意志,也不谈鬼神;却认为物质世界并不是根本的,在物质世界之上,还有它的神秘奥妙的根源。

这就是魏代何晏与王弼的"无"的哲学。他们认为,天地万物都是"有",有不是根本。"无所有"是"无",这"无"乃是一切有的根本。"有"是依靠"无"而产生的。"无"没有声音,而能使声音响亮;"无"没有形状,而能使形状鲜明。"气物"、"光影"都是"无"所创造出来的。他们的所谓"无"是什么呢? 就是一种超物质的神秘的绝对。

"有"就是存在,也就是物质。"无"是"非有",即"非物质性"。何晏、王弼以"无"为天地万物之根源的学说,即是否认了物质存在的第一性,而断定那第一性的是非物质的。

这种"无"的哲学是一种更精致更奥妙的唯心主义。

在魏晋时代,拥有世袭特权的豪门大地主是不管事务的,却掌握着经济上的与政治上的实权。在哲学上,"无"是无声无形的,却是一切形声的根源。这"无"的哲学是为豪门大地主的社会地位作理论辩护的。

魏晋时代,与豪门大地主并存的中小地主阶层,叫作寒门。这些寒门的人物也属于封建地主阶级,却受着豪门大地主的排挤和压迫。他们是辛辛苦苦担任事务工作的,也了解到一些民间的疾苦。他们比较重视实际。和那"无"的哲学对抗,他们提出了"有"的哲学。

"有"的哲学肯定"有"是根本的,也就是肯定物质存在是第一性的,这是一种唯物主义的学说。这个学说的主要代表是西晋的裴𬱟。

　　裴𬱟(267—300年)是西晋时代著名的善于谈论的人物。他的官位很高,负朝野重望。他虽然出身于世族的家庭,却主张提高中小地主阶层的政治地位。他是受中小地主阶层知识分子所拥护的政治家。

　　裴𬱟的著作叫作《崇有论》,是一篇文章。这篇文章首先肯定,最根本的是"道","道"是总括一切的混然不分的整体,是万物的根源。这道是混然的总体,这道不是无。物体彼此不同,可以分成许多类,每一类都是一偏。因为都是一偏,所以就互相依靠。不同类的物彼此互相依靠,于是有所谓"理",即规律。理所依附的实体,就是"有"。理以有为实体,是不能离开"有"的。总之,道是"有"的总体,理是有与有之间互相依靠的关系。裴𬱟这样说明了"道"、"理"、"有"的联系。

　　裴𬱟指出:纯粹的"无"是不可能产生出东西来的。那最初生成的东西是自己生成的。自己生成的,必然以"有"作为它的实体。这就是说,自己生成的东西本身就是"有";也就是说,"有"是自己生成的,并不是依靠"无"而生成的。他这样论证了:一切东西都是物质存在,而物质存在是以自己为根据的。裴𬱟又指出,所谓"无"只是"有"之所"遗",就是"有"失去一部分。某一个个体的东西消灭了,从存在转为不存在,可以说是"有"失去一部分,这就是"无"。这样,"有"在先而"无"在后,"无"是从"有"转变出来的。

　　裴𬱟这样论证了"有"的根本性。

　　裴𬱟反驳了"无"的哲学,同时也批判了豪门贵族们的不管实际事务的态度。他认为,应该"亲身用力服务,劳动而后享受;

实行仁爱逊顺,勉力恭敬节俭来保持事业"。(《崇有论》。原文是:
"躬其力任,劳而后飨;居以仁顺,守以恭俭。")他严厉地排斥了豪门贵
族的浪漫放荡的行为。

　　裴𬱃的著作很简短,其中许多文句写得很晦涩,没有把道理说
明白。他的主要贡献是公开地勇敢地提出了对于"无"的哲学的反
驳,而断然肯定了物质存在的第一性。他的著作是有战斗性的。

　　在西晋时代,宣称无不能生有的,还有郭象。郭象(大约生
活于252—312年之间)也是著名的善于谈论的人物。他讲起道
理来滔滔不绝,当时有人说他是"口若悬河"。郭象的著作是《庄
子注》。魏时向秀写过一部《庄子注》,郭象根据向秀的原注加以修
改扩充而写成后来流传的这部《庄子注》。这部书应该说是向秀郭
象两个人的作品。《庄子注》中,有许多精彩的议论。它不仅是解
说《庄子》的文句,而是借题发挥,提出了许多新的见解。其中包含
一些唯物主义观点,但是归结为一种别具一格的多元论。

　　郭象论证了"无不能生有"与"有"的永恒性。他指出,"无"既
然是无,就是什么也没有,那也就没有任何作用,也就"不能生有"
了。(《齐物论》篇注。原文是:"无既无矣,则不能生有;有之未生,又不能为
生。")他这样否认了所谓"无"的神秘力量。他更指出:"不但'无'
不能转化为'有',而且'有'也不可能转化为'无'。所以'有'虽然
经过千变万化,但不可能变成为'无'。'有'不可能变成'无',所
以从古以来根本没有那'未有'的时候,'有'是永恒存在的。"(《知
北游》篇注。原文是:"非唯无不得化而为有也,有亦不得化而为无矣。是以
有之为物,虽千变万化,而不得一为无也。不得一为无也,故自古无未有之时
而常存也。")这就是认为,存在是永恒的不灭的。存在虽然经常在

变化推移中,然而不会消灭。这些话肯定了存在的永恒性。

郭象批判了关于"造物主"的思想。他是这样论证的:请问那造物主是有呢还是无呢?假如是无,那怎能创造万物呀!假如是有,那他本身也是一物,而不足以为万物的主宰了。他认为:"没有造物主,而每一物是自己创造的。物各自造,而没有别的依靠,这是天地的真相。"(《齐物论》注。原文是:"故造物者无主而物各自造。物各自造而无所待焉,此天地之正也。")这一见解,否认了造物主,这是正确的。但是,否认了造物主,却断言"物各自造",认为每一物都是自己造成的,宣扬一种多元论,这就不正确了。我们应当承认,物质世界是自己存在的,是以自己为基础的。但是物质世界之中每一个物体的产生都有它的原因或条件。这是应该分别清楚的。

郭象又批判了"先物者"的观念。所谓先物者即是在物质存在以先而为物质存在之根源的东西。郭象说:"什么算是先物的呀?我以为阴阳是先物的,可是阴阳就是所谓物罢了。什么又在阴阳以先呢?我认为自然是在先的,可是自然即是物的自己如此罢了。我以为道是在先的了,可是道就是无,既然什么都没有了,又怎样在先呢?那末,先物者是什么呀?还有哪个东西没有呢①?这就证明物即是自然的,并没有主宰。"(《知北游》注。原文是:"谁得先物者乎哉?吾以阴阳为先物,而阴阳即所谓物耳。谁又先阴阳者乎?吾以自然为先之,而自然即物之自尔耳。吾以至道为先之矣,而至道者乃至无也。既以无矣,又奚为先?然则先物者谁乎哉?而犹有物无已?

----

① "我认为自然是在先的"至"还有哪个东西没有呢"据中国青年出版社 1957 年版补。

明物之自然,非有使然也。")这段议论就是肯定:物是最根本的,所谓
先物者是不存在的。"道乃至无"的话是从何晏、王弼的学说来
的。何晏、王弼把道解释为无。郭象认为:既是无就等于零,也就
不能成为万物根源了。

　　唯心主义者喜欢谈所谓最初的原因。所谓造物主、先物者,
都是他们所假定的最初原因。郭象以为:目前的事物,或者可以
知道它的原因。然而寻问那原因的原因,问到最后,无可再问了,
终必达到一个没有原因而是自己如此的东西。自己如此,就不能
再问它的原因了。这样讲来讲去,最后还是达到一个自己如此。
何如根本就承认事物本身就是自己如此呢?他说:"追问条件而
寻求原因,追寻到头而达到一个无条件的,'独化'的道理就明白
了。"(《齐物论》注。原文是:"若责其所待而寻其所由,则寻责无极而至于
无待,而独化之理明矣。")追问物质存在的超物质的原因,是一种错
误的尝试。郭象对于这种尝试的批判是很深刻的。但是他由此
而提出"独化"之说,认为每一事物都是以自己为原因的,这就陷
于错误了。每一事物的出现都是有其原因,这是应该承认的;虽
然整个物质世界却不可以说还有它的原因。郭象的"独化"之
说,可谓一种多元论。

　　郭象肯定世界是变化的世界,天地万物都是时时刻刻在变化
推移中。他在《大宗师》中指出:天地是"趋新"的,山岳是"舍故"
的。旧的东西并没有短时的停留,很快地就转成新的了。天地万
物时时在推移中。世界已经是新的了,而都自以为还是旧的。例
如船已经改变了,而看来像旧的一样。山已经更新了,而看起来
像从前。过去的我不是今天的我。我与当时的"今"都过去了,

哪里会保持着原来样子呀？每一物都是变化的,新的形态代替了旧的形态。每一人也都改变了,新的我代替了旧的我。在时间的长河中,现在很快地转为过去。这样,变化是永恒无息的。这里所谓"新""旧"(故),没有严重的意义,凡是与从前不同的都可以叫作新,不是讲本质的新。

郭象反对"造物者",而归结为"独化"之说。他又讲:"涉有物之域,虽复罔两,未有不独化于玄冥者也"(《齐物论》注)。这样,"玄冥"是独化的唯一条件。玄冥一词,来自《庄子·大宗师》篇,郭象解释玄冥说:"玄冥者所以名无而非无也。"玄冥可以说是超越了有无对立的绝对,是一个虚假的观念。

郭象的学说,以反对"无能生有"始,以"独化于玄冥"终,可以说是徘徊于唯物主义与唯心主义之间。在郭象的学说中,可以看出唯物主义的巨大影响。

魏晋时代的唯物主义和汉代的唯物主义比起来,有了不同的面貌。魏晋时代的唯心主义和汉代的唯心主义比起来,也有不同的形态。汉代哲学思想斗争的中心问题是天人相感的问题。唯心主义宣传天人相感的目的主义,唯物主义宣传万物自然生成的学说。魏晋哲学思想斗争的中心问题是有无问题。王充的富有批判精神的学说摧毁了唯心主义的目的主义的根基,于是唯心主义在唯物主义压力之下不得不转换它的论点,改变它的形态。随着唯心主义的改变,唯物主义也采取了新的形式。在这里,我们看到唯物主义与唯心主义交互作用的情况。在这个交互作用的过程中,应该承认,唯物主义居于主导的方面。唯物主义是哲学发展中的推动的力量。

第六章 南北朝隋唐时代唯物主义反对佛教唯心主义的斗争

一 范缜的神灭论

在南北朝时代,中国分裂为两部分。南朝由汉族的大地主阶级掌握政权,北朝则由落后种族的统治者施行对于广大人民的统治。但在两个地区内,原来的豪门世族都拥有特权。到隋朝,中国又重新达到了统一。隋朝的统治不久即被农民大起义所推翻。接着,唐朝建立起来。唐朝的前期,统治者对劳动人民实行了一些比较宽惠的政策,于是经济与文化都达到了高度的繁荣。在唐代,豪门世族与中小地主阶级之间仍然不断地展开斗争。

在南北朝时代,佛教逐渐成为占统治地位的思想体系。早在东汉的时候,佛教已经传入中国了。但是从东汉到西晋,佛教没有多大势力,在思想上也没有发生影响。到东晋的时候,中国境内落后的种族占据了北方。落后种族的统治者利用外来的佛教来巩固他们对于汉族人民的统治,把外来的宗教和外来的政治势力配合起来,企图使人民更加屈服于他们的高压之下。不久,南朝的汉族统治者也发现了佛教是比儒家学说更有效的统治工具,于是也用大力提倡起佛教来。南朝梁武帝萧衍尊崇佛教为唯一的"正道",于是在短期内佛教正式成为国家宗教了。

佛教的教义是很复杂的。佛教建立了一种表面看来似乎很深奥的唯心主义体系,宣传"一切惟心所造",就是认为,天地万物一切现象都是心所创造的,都不能离开心而存在。它否认物质世界的真实性,认为事物都是虚假的,唯一的实在是"真如",也叫作"真心",就是绝对的心。这种唯心主义体系是为了对抗唯物主义哲学而创立的。另一方面,佛教又宣传"灵魂不灭"、"因果报应"的思想。它宣称,每一人都有灵魂,灵魂是不灭的,在身体死亡以后还存在着。假如一个人活着的时候做了很多"好事",他死后就可以进天堂或者到"极乐世界"。假如一个人活着的时候做了很多"恶事",他死后就被放在地狱里受种种折磨,以惩罚他的"罪行"。假如一个人没做过"大善"、"大恶"的事,就要再一次地"投生"为人。生前做好事较多的,就投生到"富贵人家";生前做坏事较多的,就投生到"贫贱人家"。这样,它宣布一个人的"富贵"或者"贫贱",都是他的"前生"的行动所决定的,都是"理应如此"。"前生"的行为是"因";而"今生"的享福或者受苦是"果"。这叫作"因果报应"。佛教用这种谎话来欺骗人民,使人民消除斗争的意志而安于受奴役的地位。佛教为豪门贵族的特权制造了理论的根据。

佛教的派别是很多的。在佛教的一些派别的学说中,也存在着一些片断的唯物主义观点。在这里我们不可能进行仔细的分析。应该承认，佛教的哲学基本上是唯心主义。

佛教是人民的鸦片烟，同时又是豪门贵族的强心剂。佛教对于人民的意识的危害作用是很显著的。

唯物主义者起来展开了反佛教的斗争。

南北朝时代最著名的唯物主义者是范缜（大约生活于445—515年之间）。范缜出身于贫寒的中小地主家庭，是一位博学之士，以反对佛教而著名。他曾经两次进行反佛教的论战。一次在南齐的时候。南齐的贵族萧子良笃信佛教，范缜和他辩论起来。萧子良在理论上辩不过，就派人对范缜说："以你的美才，哪怕做不到中书郎呢，何必坚持自己的偏见，不如放弃了吧！"范缜大笑答道："假使我范缜卖论取官，已经做到令仆（尚书令和仆射）了，岂仅中书郎吗？"他以这样刚正的态度坚持了真理。后来，在梁武帝萧衍的时候，他又以《神灭论》的文章与当时的皇帝以及朝中官僚们展开了辩论。萧衍命令贵族、官僚和僧侣们都写文章进行反驳。但他们都失败了，他们除了重弹旧调以外，说不出有力的理由来。范缜刚强不屈，以明锐的论证挫败了他的论敌。

范缜的主要哲学著作就是《神灭论》。在这一著作中，他集中力量反驳佛教的灵魂不灭的说教。因为灵魂不灭是佛教的许多教义的基石；假如灵魂不灭的思想被驳倒了，因果报应等说法也就自然站不住。范缜首先确定"形"与"神"的关系。他指出，形与神是"相即"的，就是说，身体与精神有不可分离的关系。所以，身体存在的时候，精神也存在；身体死亡了，精神也就随而消灭了。精神是不可能离开身体而存在的。然而，如何论证

"形"、"神"是"相即"的呢？在这里,他提出了一个关于形神的新的科学性的解释。他指出,形是"神之质",即是精神所从属的实体;神是"形之用",即是形体所具有的作用。这就是说,形是实体,而神不是实体而只是作用。作用和实体有从属的关系。作用是实体所表现的,是依附实体而存在的。实体是表现作用的,是不依靠作用而存在的。范缜在中国哲学史上第一次引用"质""用"的范畴来说明"形""神",指出神是"用"而不是另一种"质",这是他的一个巨大贡献。

范缜更举出一个比喻来说明"质"和"用"的关系。他以刀刃和锐利作比喻。刀刃是"质",是实体;刀刃的锐利是"用",是"作用"。刀刃的锐利是不能离开刀刃而存在的。形神的关系也如此。没有离开刀刃而独存的锐利,哪里有脱离形体而独自存在的精神呢？

神是形的作用,但不是任何形体都有精神这种作用。范缜提出了"人质"的观念。只有人的实体才有精神作用。至于木的实体("木之质")就没有精神作用了。精神乃是特殊形体所具有的作用。这就是说,精神乃是特殊的物质所有的作用,而不是一般的物质所有的普遍的属性。

所谓"人质"是指活人的实体。范缜指出了活人和死人之根本区别。"死者的形骸"是没有"人质"的,因为在死的时候已经起了一个根本的变化了。"生形"不是"死形","死形"不是"生形",二者有根本的区别。人死的时候,形体并不立刻消灭,精神却立即消失了,这如何解释呢？范缜指出,事物的变化有快有慢。有忽然的变化,也有逐渐的变化。身体的生成是逐渐的,所以它的消灭也是逐渐的。

对于"神"，范缜更作了进一步的分析。他指出，神包括"知"与"虑"。他所谓知即是感觉。他所谓虑即是思惟。知是手、目、耳等感官的作用，例如手有"痒痛之知"。而虑是"是非之虑"，这是心的器官所具有的作用。他说："是非之虑，心器所主。"他认为任何一种精神作用都从属于一种器官，这是正确的。但他把心脏看成是思惟的器官，不知道大脑才是思惟的器官，这就错误了。他的基本观点是正确的，在具体知识上却不免有错误，这是由于当时科学知识水平的限制。

范缜明确地解决了"形神"的问题，科学地论证了精神随身体的死亡而消灭的真理。形神的问题是物质与精神的关系的问题的一方面。这个问题在先秦时代就已经提出了，荀子曾经提出了正确的解决，但是他所讲的不免简单。汉代的王充也曾提出对于这个问题的新的见解。但是这个问题的确定的解决是范缜的功绩，他断定所谓神不是一个实体而是一种作用，这是他的一个伟大的创见。

范缜在《神灭论》的末尾说明了他的神灭学说的目的性。他这个学说是针对佛教的因果报应的观念而发的。他指出，人们都信仰因果报应，追求那死后的幸福，于是大量财富捐献给佛家寺院，而对于贫穷朋友不肯给以少量的帮助。人人都自私，风俗全败坏了。他指出，假如人人懂得神灭的道理，知道生死都是自然而然的，就不去追求那虚幻的来世了。下层人安心生产，以盈余供养上层人；上层人也过着节约的生活，减少对于下层人的干涉。这样就可以"改善国政"（"匡国"），可以"使君称霸"（"霸君"）

了,也就是说,可以使国家有击退外来侵略的威力了。范缜还是要维持封建制度,维持上下等级的,不过他要求上层人"减少对于人民的干涉"("无为以待其下"),也即要减轻对于人民的压迫。这里包含了同情人民的态度。

范缜的《神灭论》猛烈地震撼了佛教的理论基础,但佛教的统治地位却没有动摇。这是因为,豪门贵族为了他们自己的阶级利益,用政治力量保护了佛教的地位。

二 柳宗元、刘禹锡的唯物主义思想

隋唐时代,佛教仍在发展中。佛教徒们提出了彼此不同的唯心主义体系,但唯物主义者也不断地起来进行批判斗争。唐代初年反对佛教最激烈的人是傅奕(555—639 年)。傅奕宣扬老子的"自然"学说,指出佛教所谓因果报应都是骗人的。人的"生死寿夭"都是自然而然的,而佛教徒却说是佛所决定的,这完全是欺诈。傅奕是一个唯物主义者,但是他没有写出哲学著作,没有提出新的见解。

唐初还有一个唯物主义者是吕才(600 左右—665 年)。吕才批判了当时流行的关于"卜宅"、"禄命"、"葬法"的迷信。他指出当时的"师巫"们关于住宅的"吉凶"的种种说法都是没有根据的,不合道理的。他更根据许多历史事实证明人的"贵贱寿夭"与人的"生年月日"并无联系。算命的人由人的生年月日推算那人一生的吉凶祸福,实际上是没有效验的。《葬书》讲父母安葬的时地都和子孙的命运有关,也没有事实根据。古时"葬不择日"是合乎道理的。这样,吕才反驳了当时流行的许多迷信。他可以说是王充以后第二个致力于破除迷信的唯物主义者。他的学说远不及王充那样丰富，但也有比王充更进一步的地方。王充还保留了"命禄"的观念，吕才批判了关于命禄的说法。在这一点上是后来居上了。

唐代著名的文学家、思想家柳宗元(773—819 年)，著有《天说》《天对》，批判了天能赏功罚祸的宗教迷信。柳宗元认为："彼上而玄者，世谓之天；下而黄者，世谓之地；浑然而中处者，世谓之元气；寒而暑者，世谓之阴阳"，这些都是无异于草木果蓏的，哪里能赏功罚祸呢，"其乌能赏功而罚祸乎"？(以上《天说》)至于天地未分之前，"上下未形"，则只有元气，"惟元气存"。(以上《天对》)未有天地之前，惟有元气；天地既分之后，元气则居于天地的中间。这是一种简单的唯物主义观点。

在唐代，对于唯物主义学说有比较重要贡献的思想家是刘禹锡(772—842 年)。刘禹锡也是唐代著名的文学家。他的哲学著作是《天论》三篇。他在《天论》三篇中从唯物主义的观点阐明了"天"与"人"的关系。

刘禹锡所反对的也是那承认天能赏善罚恶的宗教思想，但也批评了天与人完全无关的思想。他认为天与人有"交相胜"的关系，然而天不能干预社会的治乱，也不能给个人以祸福。

刘禹锡指出，"天"不是上帝，而是"有形之大者"，即最大的东西。人是"动物之尤者"，即最优等的动物。天的基本作用是"生植"，即生成万物；天的基本规律是强者制服弱者，强有力者占先，弱无力者屈服。这是自然界的情况。人的主要作用在于"法制"，即建立制度；人生的特点是规定"是非"的标准，分别哪是正确的哪是不正确的,要按照标准来行动。行为合乎标准的人就受奖励,行为不合标准的人就受惩罚。这是人的社会生活的情况。天的作用与人的作用是有区别的,天的规律与人生的准则也不相同。可以说,刘禹锡初步认识到了人类社会情况与自然界情况的基本区别。

天与人如何"交相胜"呢? 在社会秩序安定的时候,有公认的"是非",赏罚都合乎准则。行为善良的得福;行为恶劣的得祸。这时人生的准则发生效力。这就是"人理胜"了。就是说,人理胜过天理,那强有力者占先的自然规律在人类社会中不能发生作用。但是,在社会秩序混乱的时候,"是非"不明,赏罚失当;行为合乎标准的不必受赏,行为不合标准的不必受罚。道德法律都失去效力。这时,人类社会失去自己的特点,那强有力者占先的自然规律在人类社会中也起作用了,人类生活完全受自然规律的支配。这就是"天理胜"了。

虽然有时天胜人,有时人胜天,实际上天是与人事的祸福成败没有关系的。天发挥它的"生植"的作用,并不干预人的"治乱";人发挥他的"法制"的特点,也不能干预天的"寒暑"。在社会安定的时候,"人道"有效力,一个人得福得祸,自己都晓得原因,所以不感谢天也不怨恨天。在社会混乱的时候,"人道"失去效力,赏罚不合乎道理,所以人们就把祸福的原因归之于天了。实际上天是不干预人事的。

刘禹锡更提出了一个对于所谓"无形"的解释。他指出,无形就是空,空就是"形之希微者",即细小的形,也即人的目力不能达到的形。人的目力有一定限度,目力看不到的并不一定无所有。人目看不到的,狸狌(狐狸和鼬鼠)也许看得见。也可以说,"无形"乃是"无常形",即没有平常的形象,是依靠着别的东西而后才显现出来的,其实并非一无所有。这个对于无形的解释是很深刻的很正确的,这也是刘禹锡的一个贡献。

刘禹锡还有一个特殊的观点。他认为天的日月星"三光"是以地上的"山川五行"为基础的。天是"清"的,"轻"的;地是"浊"的,"重"的。然而"浊为清母,重为轻始",那"浊"的"重"的才是根本的。以地为天的根基,这是刘禹锡的独特的见解。他更讲,天地相互作用,就生出了雨露雷风,于是就生成植物动物。而最有智慧的动物是人,能够发挥"人理"和天争胜。这是刘氏的世界生成论。

刘禹锡天论的重心在于批判那"天干预人事"("天预人")的宗教思想。批判"天干预人事"的观念,也就是批判"因果报应"观念。由此可见,反对"因果报应"的宗教唯心主义思想,是南北朝到唐代的唯物主义者们的一贯精神。

第七章 宋明时代的唯物主义

一 张载的唯物主义宇宙观

从唐代后期以来,社会经济状况逐渐发生变动。旧有的豪门世族的经济势力逐渐衰微了。黄巢所领导的农民大起义更严重地打击了豪门世族的残存势力。在这次农民大起义被残酷镇压下去以后,出现了五代十国割据分裂的局面。但是东南一带的经济状况却在不断发展之中。北宋的统一,开始了中国历史的一个新的时代。商品经济得到高度发展,中央集权空前加强,同时中小地主阶层的知识分子广泛地参加了政权。随着豪门世族的衰微,佛教势力也衰落了。而反佛教的思想抬起头来。可以说,在北宋时代,反佛教的思想达到了高潮。在这个反佛教思想的高潮中,唯物主义获得了新的发展。

南北朝时代的唯物主义者,在反对佛教唯心主义的理论斗争中,已经作出了巨大的贡献。经过唐代,因果报应的观念已经遭

到沉重的打击。但是,还有一项重要课题没有解决——佛教的
"一切惟心所造"的唯心主义,还没有受到应有的批判。南北朝
隋唐时代的唯物主义者集中力量加以反驳的是精神不灭、因果报
应等思想;对于客观世界与人心的关系的问题,他们很少加以讨
论。然而这个问题是必须注意的。佛家的"一切惟心所造"的学
说,是必须批判的。这是唯物主义者一定要执行的任务。

这一任务是北宋时代重要的唯物主义者张载所解决的。

张载(1020—1077 年)字子厚,曾经作过县令,后被召入朝,
任崇文院校书,不久辞职,回到陕西郿县横渠镇讲学。学者称为
横渠先生。他的主要哲学著作是《正蒙》。正蒙二字就是纠正蒙
昧的意思。《正蒙》一书广泛地讨论了宇宙观、认识论、伦理学以
及儒家古代经典中的一些问题。他还著有《易说》,阐发了《易大
传》的唯物主义思想。

张载的宇宙观有比较丰富的内容,其中最主要的论点是:第
一,天地是根本的,人心是从生的。佛家以心为天地日月的原因,
乃是迷妄。第二,一切存在都是"气"。气就是有运动有静止、有
广度有深度的实体。第三,"太虚"是气的本来实体。第四,气有
聚散而无生灭。实际只是"有",而无所谓"无"。第五,天就是太
虚,天是无思虑的。第六,道就是气的变化过程,也叫作"太和"。
第七,气包含有自己运动自己变化的本性,叫作"神"。第八,气
的聚散变化有一定的规律,叫作"理"。现在分别加以解释。

(1)佛教唯心主义认为,天地日月都是假相,一切现象都是
心所造出的。有心,就现出一切现象;无心,一切现象都没有了。
世界是依靠心而存在的。张载指出,这种说法完全是颠倒的。这

种思想认定天地是依靠心而出现的,实际上就是把小的东西当作大的东西的原因,把在后的东西当作在先的东西的原因了。事实上天地是巨大的在先的,而心是微小的在后的。颠倒过来,完全是荒谬。张载断言,佛家不了解天地,因为不了解就把天地看作不实在的幻象,真是像夏天的虫子怀疑冰的存在一样。

张载明确地扼要地反驳了佛家"一切惟心所造"的思想,揭破了这种思想的荒谬,这是他的一个重大贡献。他明确肯定了天地是在先的("本"),而心是在后的("末"),这也就是肯定了物质的第一性和精神的第二性。

(2)张载肯定一切存在都是气。他说:"一切可以用言语来形容的,都是存在,一切存在都是现象,一切现象都是气。"(《正蒙·乾称》篇。原文是:"凡可状皆有也,凡有皆象也,凡象皆气也。")一切的东西,那变化不定的风雨霜雪,那品种万千的物体,凝固的山,流动的水,云中的高鸟,水中的游鱼,都是一气的各种不同的形态。整个世界就是气的世界了。张载更提出了关于所谓气的明确解释。他说:"不但那蒸发蓄积,凝结聚集起来,我们的眼睛可以看得见的,叫作气;只要是有运动静止,可以说是广大深远的,都是可以命名的现象。现象假如不是气又是什么呢?"(《正蒙·神化》篇。原文是:"所谓气也者,非待其蒸郁凝聚,接于目而后知之;苟健顺动止,浩然湛然之得言,皆可名之象尔。然则象若非气,指何为象?")这就是说,像云烟之类,固然是气。那明朗朗的天空,看来空无所有,然而带着它所包含的星辰在那里旋转(古来认为天是转动的),可以说是广大无边,深远无际,其实也是气。整个天空,或者天空的每一部分,都是气。这里,他指出了气的意义的两个要点:一是有运动静止,二是有广度深度。凡是具有这两点的,都是气。这所谓气正相当于我们今日所谓物质存在。物质存在不一定是人的眼睛看得见的,而是具有运动的属性及"广延"的属性的实体。物质存在就是气。

张载认为一切都是气,这就是肯定世界是物质的世界。

(3)张载肯定那广大深远的天空也是气,于是提出了"虚空即气"、"太虚即气"(《正蒙·太和》篇)的学说。"虚空"或者"太虚"即是广大的天空。他说:"太虚是没有形状的,是气的本来实体。"(同上篇。原文是:"太虚无形,气之本体。")何以说太虚是气的本来实体呢? 这是因为,太虚是最广大的,云烟之类的气加上气所形成的山河草木等物体,总合起来,也不如太虚的广大。太虚是永久存在那里的,云烟时起时灭,物体有成有毁,但是太虚本来就有,而且永不会坏。所以他认为太虚是气的本来实体。太虚也即是气散开而没有聚集的状态。张载说:"太虚不能无气,气不能不聚而为万物,万物不能不散而为太虚。"(同上篇)太虚和气只是散开和聚集的区别。所以他又说:"太虚聚集起来就是气,气散开就是太虚。这就像水凝结起来就是冰,冰融化了就是水一样。"(同上篇。原文是:"气之聚散于太虚,犹冰凝释于水。")他这样说明了太虚和气的统一性。

张载批判了关于太虚与气的关系的两种说法,一种是说气是太虚所生出的,一种是说万物是太虚之中显现的东西。他指出,这些都把太虚与气分为两事了。其实太虚也是气,是气的永恒的散开的状态。张载的"虚空即气"的学说,有两点重要意义:第一,他论证了广大的天空也是物质性的。看来空虚无物的天空也是物质性的实体。第二,他更论证了物质世界没有非物质性的根源。唯心主义者认为物质世界以另外一种非物质性的超然的实体为基础,那超然的实体有时也被称为虚空或者真空。张载认为那所谓虚空只能是天空,而天空只是气的本来状态,也是物质性的。

(4)在张载的学说中,气聚结起来就成为万物,日月星辰、山河大地、草木鸟兽,都是气所聚积而成的。气散开了就是太虚。气有时聚,有时散,然而永远不会消灭。万物是"有",气是"有",太虚也是"有"。世界是"有"的世界。张载指出,实际世界中没有所谓"无"。"无"既不能生"有","有"也不能转化为"无"。这样否认了"无"的实在性,所谓"无"只是一个名词而已。他说:"懂得太虚就是气,那末就没有所谓'无'了。"(《正蒙·太和》篇。原文是:"知太虚即气则无无。")他这样彻底反驳了一部分唯心主义者的"无"的哲学。

张载的这一学说是晋代唯物主义者"有"的哲学之进一步的发展。

张载的气有聚散而无生灭的理论包含了物质不灭的观念,这一学说是有科学性的。

(5)古代哲学中所谓"天"是有分歧的意义的。唯心主义者以为天就是上帝,唯物主义者以为天就是自然。张载也提出了对于天的解说。他指出,所谓天就是太虚。太虚的一部分凝结为气,气的一部分聚合为万物。太虚连同所包含的各种气和万物,总合起来,就叫作天。天就是最大无外的总体了。张载再三指出,天是没有意识的。他说:"天就是运动着一气,鼓动万物生长起来,它并没有心思去怜惜万物。"(《易说·系辞上》。原文是:"天惟运动一气鼓万物而生,无心以恤物。")这就是断定,天是物质性的,不是精神性的。也就是断定,没有上帝,也没有什么超然的精神。天不是精神性的,太虚不是精神性的。

(6)在古代哲学中,《老子》和《易大传》都讲所谓道。《老子》所谓道是先于天地的最高原理;《易大传》所谓道是一阴一阳相互推移的规律。张载提出了对于道的新解释。他认为,道就是气的运动变化的过程。他说:"由于有气化,所以有道的名称。"(《正蒙·太和》篇。原文是:"由气化,有道之名。")道就是指气化而说的。气的运动变化的过程包含了阴和阳的相互推移,也可以说是总括阴阳二气的统一体。所以,道又叫作"太和"。(同上篇:"太和所谓道。")太和就是阴阳会和的统一的总体。

(7)张载肯定,气是永远在运动变化之中的。气有时聚结,有时散开("聚散");或者上升,或者下降("升降");不同的气相互作用("相感"),在相互作用的过程中,这一方面得势就伸张起来,那一方面失势就屈伏下去("胜负屈伸")。这样的推移变化,是没有停止的。(《正蒙·太和》篇:"升降飞扬,未尝止息。")气何以会运动变化呢?张载指出,这不是有什么外在的力量使它如此(《正蒙·参两》篇:"莫或使之。"),气是自己运动自己变化的。气具有内在的运动变化的本性。这个运动变化的本性叫作"浮沉升降动静相感之性"(《正蒙·太和》篇),就是上升下降运动静止交相作用的本性,也叫作"屈伸动静终始之能"(《正蒙·乾称》篇),就是屈伏伸张运动静止终结开始的潜能(所谓终结开始是指个别事物而说的)。这本性也叫作"机"。他曾经解释所谓机说:"凡是环转的东西,它的运动一定有机。既然叫作机,那末它的运动就不是由于外力了。"(《正蒙·参两》篇。原文是:"凡圜转之物,动必有机;既谓之机,则动非自外也。")机就是运动的内在原因,也就是内在的动力。张载的哲学中所谓"性",所谓"能",所谓"机",就是运动变化的内在的根源。气具有这种"性",这种"能",这种"机",所以就自然而然运动变化起来了。

这种运动变化的本性还有一个名称,就是"神"。这所谓神就是"能动性"的意思。这神的观念是从《易大传》中继承下来的。(关于《易大传》中的神的观念,参看第二章。)神就是一切运动变化之内在的源泉。张载认为,"神"就是"天"的根本性质。(《正蒙·神化》篇:"神天德。")这种能变的本性,是气所固有的。(《正蒙·乾称》篇:"气之性本虚而神,则神与性乃气所固有。")气是自己运动自己变化的,含有内在的动力。

这个内在的运动变化的本性到底是怎样一回事呢?张载指出,这个"性"的内容就是"统一体中包含对立的两方面"。(《正蒙·诚明》篇:"性其总,合两也。")对立的两方面交互作用,就引起无穷无尽的变化。对立的两方面的相互作用相互结合,就是运动变化的原因。广大的太虚以及每一个物体都包含对立的两方面,也就是都包含阴阳两方面,所以变化是无穷无尽的。这是张载对于气的自己运动自己变化的一个极其深刻的解释。

张载所谓神就是气所固有的运动变化的本性。这神只是一种性质,所以是没有形象的,与具体的东西不同,然而它是物质的属性。这所谓神与宗教家所谓神截然不同,同时也不是指精神作用或意识作用而言。

（8）张载指出，气的运动变化虽然是极其复杂的，然而不是混乱无序的，而具有一定的规律。他说："天地的气，虽然有聚有散，相互排斥，相互吸引，表现了百种不同的方式；然而它是成'理'的，是秩然有序而绝不紊乱的。"（《正蒙·太和》篇。原文是："天地之气，虽聚散攻取百涂，其为理也，顺而不妄。"）理就是规律。气的聚散变动是成理的，即是具有一定规律的。张载更断定，这理是物的理，而不是人所决定的。他说："理不在人，皆在物。"（宋本《张子语录》）这就是说，理是客观的，离开人而独立的。这样，张载肯定了规律的客观性。

以上是张载的唯物主义宇宙观的要点。

在认识论方面，张载的学说含有唯物主义的部分，也含有唯心主义的部分。他认为关于事物的知识是从耳目等感官来的，是主体与客体相互作用的结果。他说："人们说自己有知识，那是由于耳目有所接受；人有所接受，那是由于内界和外界的结合。"（《正蒙·大心》篇。原文是："人谓己有知，由耳目有受也。人之有受，由内外之合也。"）外在的客体作用于人的感官，感官发出反应，这就是内外的结合，这是关于事物的认识的来源。张载肯定外物是感觉的来源，他说："感亦须待有物，有物则有感。无物则何所感？"（宋本《张子语录》）他的这些观点是唯物主义的。但是，张载又认为关于气的变化本性"神"、气的变化过程"道"的认识是出于人的"德性"的，完全不依靠耳目的感觉。这样，他认为有一种不依靠感性认识的更高一级的认识，这样就陷入于唯心主义了。这是张载的唯物主义学说的严重缺点。

张载明确地论证了世界的物质性，分析了物质的自己运动，肯定了自然规律的客观性。应该承认,他对于中国唯物主义的发展作出了巨大的贡献。

二 王安石的唯物主义观点

北宋时代,和张载的唯物主义宇宙观同时提出的,还有王安石关于太极和五行的唯物主义学说。

王安石(1021—1086年)字介甫,是一个积极有为的政治家,同时也是著名的文学家、思想家。他在一些文章中表述了唯物主义的观点。他的基本观点是:世界的最初根源是"太极",太极产生五行,然后发生万事。(《原性》:"夫太极生五行,然后利害生焉。")关于形神的问题,他肯定意识("心")以身体("形")为根本。(《礼乐篇》:"心生于气,气生于形,形者有生之本。")他的这些观点继承了过去的唯物主义的传统。

王安石在所著《洪范传》中对于《洪范》所谓五行作了较详的解释,认为五行是天用来创造万物的,"五行,天所以命万物者也"。五行是不断运动变化的,所以叫作行,"五行也者,成变化而行鬼神,往来乎天地之间而不穷者也,是故谓之行"。因为《洪范》中提到鬼神,所以这里也讲"成变化而行鬼神",对于鬼神没有明确的解释。王安石在《洪范传》中讲天地生成五行的过程说:"天一生水,其于物为精,精者一之所生也。地二生火,其于物为神,神者,有精而后从之者也。天三生木,其于物为魂,魂从神者也。地四生金,其于物为魄,魄者有魂而后从之者也。天五生土,其于物为意,精神魂魄具而后有意。"这里讲水火木金土与精神魂魄意的关系,认为精神魂魄意是水火木金土的表现。精神魂魄意是精神现象,水火木金土是物质现象,有了水火木金土,然后才表现出精神魂魄意,这个观点虽不明确,还是肯定物质是第一性的。

《洪范传》讲五行是天地所生,《原性》则断言五行是太极所生,"夫太极者,五行之所由生,而五行非太极也"。显然,太极是比天地更根本的。

王安石在《洪范传》中认为道是万物所遵循的普遍规律,"道者,万物莫不由之者也"。而在他的晚年著作《老子注》中认为道是元气,"道有体有用,体者元气之不动,用者冲气运行于天地之间"。王安石对于道作过不同的解释。以道为元气,也是唯物主义观点。

关于太极、元气、天地的关系,王安石未加说明。应该承认,王安石没有提出关于宇宙观的系统理论。

三　陈亮、叶适反对唯心主义的斗争

北宋时代,唯物主义虽然得到高度的发展,不久唯心主义就占了上风。北宋的主要唯心主义者是周敦颐(学者称濂溪先生),程颢(学者称明道先生)与程颐(学者称伊川先生)。周敦颐讲"自无极而为太极",宣扬一种客观唯心主义观点。程颢、程颐则以理为天地万物的最高本原,他们批评了张载的唯物主义,而建立起他们自己的唯心主义体系。程颢、程颐也是反对佛教的,但是他们认为,不必从宇宙观方面去和佛教多所争辩,应该从社会伦理方面批判佛教。这种态度是和张载大不相同的。实际上这是表示,他们可以容忍佛教的唯心主义,他们所反对的乃是佛

家的违背封建伦理的宗教形式。

二程提出"理"作为他们的哲学体系的中心观念。程颢认为，那最高的实体天，就是理，也就是心。他的学说有主观唯心主义的倾向。所谓主观唯心主义，就是断言心是世界的基础。程颐讲一种客观唯心主义。他认为，一切事物都有它的"理"，就是它的规律和准则。而且一切规律是统一的，最后归结为一个理。这理是永恒的，事物有生有灭，而理永久在那里。这就是说，理是离开事物而独立的。他更认为，理是气之所以然，比气更为根本。这个想象中的离开事物而独立的、并且是气之所以然的理就不是客观规律了，而是人的观念。程颐认为离开事物而独立的永恒的"理"是世界的基础，他的学说就是客观唯心主义。他断言，一切事物的"理"，统一于一个根本的"理"，这根本的理也叫作"道"。这样，他以"道"为"理"。他认为这"道"是阴阳二气的根据，是比阴阳二气更根本的。这样，他断言"理"是第一性的，而"气"是第二性的。

二程所谓理的内容就是封建的伦理，就是"君臣""父子"之间的秩序。他们的学说实际上就是把封建伦理永恒化绝对化了，把封建伦理说成为世界的唯一的基础。他们这样来为封建制度作辩护。

南宋初年，朱熹(学者称晦庵先生)更发展了程颢、程颐的学说，建立了完整的客观唯心主义的体系。朱熹更根据二程的学说来解释周敦颐的著作，把周敦颐所谓太极解释为"理"，认为周敦颐是讲"一理，二气，五行之分合"的。朱熹也采纳了张载关于气的学说作为他的客观唯心主义体系的一部分。

与朱熹同时的陆九渊（学者称象山先生），却发展了程颢的主观唯心主义倾向，提出"心即是理"的主张，他认为宇宙万物都在心中，心是永恒的，是最根本的。朱陆之间也展开了许多辩论，那是唯心主义阵营内部的争执。

周程朱陆的学说，因为适合封建统治阶级的要求，就成为南宋以后封建社会中占统治地位的哲学思想。

在南宋初年，从唯物主义观点来批判朱熹、陆九渊的唯心主义的思想家，是陈亮和叶适。陈亮（1143—1194 年）号龙川，叶适（1150—1223 年）号水心，都是南宋前期坚决反对"和议"（即反对向金国讲和、屈服）的著名人物。陈亮曾经上书宋孝宗，极力主张抗战。叶适也是坚决反对忍辱求和的。陈亮的文集叫《龙川集》。叶适著有《习学记言》，他的文集叫《水心集》。

陈亮也讲太极、五行。他说："有太极以后有阴阳，所以《易经》以阴阳来说明道理。有阴阳以后有五行，所以《洪范》以五行来说明政治。"（《扬雄度越诸子》。原文是："有太极而后有阴阳，故《易》以阴阳而明理。有阴阳而后有五行，故《洪范》以五行而明治道。"）这里他主张"以阴阳来说明道理"，就是反对离开事物去讲道理，他不承认朱熹所讲的离开事物现象而独立的"道"或"理"。陈亮强调道在事物之中，他说："夫道非出于形气之表，而常行于事物之间者也。"（《勉强行道大有功论》）陈亮的基本观点是唯物主义的，不过他没有详细地研讨宇宙观的问题。

叶适也没有提出一个完整的宇宙观来，而且他有一种偏向，就是不赞成对于宇宙观问题进行系统的研究。他以为，用《洪范》的"五行"、《易经》的"八卦"来说明世界就足够了，至于五行的由来,八卦的根源,就不应该追问了。这样,他一方面反对唯心主义的学说,另一方面却不赞成以前的有完整体系的唯物主义学说。《易大传》的"太极",张载的"太虚"、"太和",这些唯物主义的观念,在叶适看来,也都是多余的。这样,他表现了一种狭隘的态度,忽视理论的基本问题的重要性。

叶适讨论了"道"与"物"的关系的问题,这所谓道指程朱所谓道,就是理或最根本的理。他指出,道不能离开物,道与物是相结合的。他说:"物在哪里,道就在哪里。不懂得道,就不能赅括所有的物;不晓得物,就不能达到对于道的认识。"(《习学记言》。原文是:"物之所在,道则在焉。……非知道者,不能赅物;非知物者,不能至道。")他反对离开事物而凭空地追求所谓道。他又说:"假如想讨论天下的义理而作出总结,那就必须尽量考察天下的事物,才可以得出正确的结论来。"(《题姚令威西溪集》。原文是:"夫欲折衷天下之义理,必尽考详天下之事物,而后不谬。")对于事物作精密的考察是认识原理的唯一途径。他从这个观点来批评朱熹、陆九渊的学说,认为他们专门研究"心性"而忽略"见闻",有窄狭而不充实的毛病。(《题周子实所录》:"近世以心通性达为学,而见闻几废。狭而不充,为德之病矣。")叶适的基本观点是唯物主义的。但是他反对研究关于宇宙的深刻问题,所以他对于哲学也就不可能提出精湛的理论了。

四　明代唯物主义者罗钦顺与王廷相的思想

在元代蒙古贵族的残酷统治之下,宗教的气氛笼罩了一切,哲学思想处在停滞的状态。

在明代初期,程颐、朱熹的客观唯心主义被奉为正统哲学。到明代中期,主观唯心主义逐渐抬头。同时,唯物主义哲学,在反对客观唯心主义与主观唯心主义的斗争中,也得到了进一步的发展。

明代主要的唯物主义哲学家是罗钦顺与王廷相。

罗钦顺(1465—1547年)号整庵。早年曾经受过唯心主义的影响,经过长期的研究探讨,终于达到了唯物主义的结论。他的主要著作是《困知记》,其中包含了对于客观唯心主义的批评与对于主观唯心主义的反驳。程、朱客观唯心主义认为,"理"是最高的实体,有主导的作用,而"气"是受理的支配的。罗钦顺指出,整个世界,往古来今,只是"一气"。气是一个实体,有动静、往来、开闭、升降等等变化,于是出现了万物万事各种极其复杂的现象。变化是"千条万绪"错综繁多的,然而并不是混乱的,有一定的规律。这规律就是"理",决不是在气以外还有一个实体叫作理。这样,他认为气是唯一的实体,而理是在气之中的。他这样批判了程颐、朱熹的客观唯心主义。

陆九渊一派的主观唯心主义认为天地万物都在心中,心是世界的基础。罗钦顺指出,天地的变化是永恒的,它永远在那里变化;人心是随着人的身体而俱生,也随着人的生命的结束而一齐结束,哪里是永恒的呢?主观唯心主义者反而认为世界是人心所造成的,那真是太不自量了!罗钦顺坚决肯定物质世界是离开人的意识而独立存在的。他这样反驳了主观唯心主义。

但罗钦顺的唯物主义也是不彻底的,他接受了程、朱学派的"心中有理"("理具于心")的思想。他认为,物质世界的规律也存在于人的心中。他的理由是，规律是普遍的，每一物都有这规律。人心是世界中万分之一分，所以也具有这规律。实际上，这是混淆了问题。人的意识活动不能违反自然规律，是一个问题；人的意识中是否含有对于自然规律的观念呢？这是另外一个问题。程、朱所讲的"心中有理"，是认为人心之中含有对于一切规律的观念，那是不合事实的。罗钦顺接受了这个学说，就是向唯心主义让步了。

王廷相（1474—1544年）号浚川，是一个著名的博学之士，对于天文、生物都有相当研究，在哲学上继承了张载的思想。他的主要哲学著作是《慎言》和《雅述》。他在这些著作中发挥了张载的唯物主义学说，提出了对于客观唯心主义的"理能生气"学说的反驳。

王廷相指出，天的全体都是气，地里边也是气；有形的东西是气，无形的东西也是气。气是唯一的普遍的"实体"。他认为：在天地没有发生的时候，只有"元气"。元气是世界的最初的根本。有元气，就有变化的规律，即是所谓"道"、"理"。在元气之上，是没有什么的，没有所谓"道"，也没有所谓"理"。总之，道理存在于气之中，是不可能离开气而独存的。

客观唯心主义者讲"理在气先"，王廷相诘问道：理是什么？有什么种子，就能生出气来呢？所谓道理是抽象的，既是抽象的，怎么能够动静而造出阴阳呢？他指出，客观唯心主义的"理在气先"的说法是一种毫无实际根据的说法。

王廷相关于理气关系的主要结论是：理是存在于气之中的，而不能产生气。（《慎言》："理载于气，非能始气也。"）理是依据于气，而不能独立存在的。(《横渠理气辩》:"理根于气,不能独存也。")他这样断定理是从属于气的。王廷相从唯物主义的观点分析了理气的关系,从而批判了客观唯心主义。

程朱学派宣扬"万物一理",王廷相指出:就世界的统一性而言,气是一,理也是一;就万物的差别言,气是万,理也是万,天地人物之理是各各不同的。(《雅述》上篇:"天地之间,一气生生,而常而变,万有不齐。故气一则理一,气万则理万。世儒专言理一而遗万,偏矣。天有天之理,地有地之理,人有人之理,物有物之理,幽有幽之理,明有明之理,各各差别。")王廷相强调"理万",即是表明:所谓理只是事物所具有的规律,"理一"是普遍的规律,"理万"是特殊的规律。

王廷相更提出"道有变化"的崭新观点,他认为:气有变化,所以道也随而变化。他指出:理不是永恒的,不同的时代就有不同的理。理是没有形质的,无所谓朽或不朽,但在人类历史上,不同的时代有不同的情况,也就表现了不同的理。古代的理到了后世就不起作用了。(《雅述》下篇:"儒者曰:天地间万形皆有敝,惟理独不朽。此殆痴言也。理无形质,安得而朽? 以其情实论之,揖让之后为放伐,放伐之后为篡夺,井田坏而阡陌成,封建罢而郡县设。行于前者不能行于后,宜于古者不能宜于今。因时致宜,逝者皆刍狗矣。不亦朽敝乎哉?")这就是说,所谓理是有历史性的,这是一个非常深刻的唯物主义观点。

在认识论方面,王廷相也坚决地贯彻了唯物主义观点。他指出,知识只是见闻(感性认识)与思虑(思考作用)的结合,如果认为还有超越思虑见闻的更高一级的认识,就是大错了。(《雅述》上篇:"夫圣贤之所以为知者,不过思与见闻之会而已。世之儒者乃曰:思虑见闻为有知，不足为知之至。别出德性之知为无知，以为大知。嗟乎！其禅乎！不思甚矣！"）这样坚决否认了超经验超思惟的神秘主义的认识。王廷相指出：人具有认识作用，但必须凭借感官的经验，才能有所认识。如果把一个婴儿从小关闭起来，不接触外界事物，长大出来，就连日常的东西也都不能辨识了。（《雅述》上篇："神者在内之灵；见闻者在外之资。物理不见不闻，虽圣哲亦不能索而知之。使婴儿孩提之时，即闭之幽室，不接物焉，长而出之，则日用之物不能辨矣。"）王廷相强调感觉经验是理性认识的基础。

王廷相对于唯心主义的批判是比较深刻的、犀利的，他继承发展了张载的唯物主义学说，把唯物主义哲学更向前推进了。

第八章　明清之际至清代中期
唯物主义的高涨

一　方以智的唯物主义思想

　　明末农民大起义，推翻了明朝贵族的腐朽统治，而在东北方的清国统治者却乘机进入了山海关，夺取了中国的政治主权。广大的汉族人民和爱国的知识分子英勇地进行了反侵略、反奴役的武装斗争。出现在东南方和西南方的"南明"政权，在爱国的志士支持之下延续了十几年之久，但终归失败了。清朝的贵族与汉族的大地主阶级投降派勾结起来，共同压迫着广大人民。

　　民族主权的转移，对于汉族人民与爱国的知识分子是一个绝大的刺激。爱国的思想家们，在武装斗争被迫停止之后，痛定思痛，深刻地考察、检讨了明朝灭亡的原因。他们发现了，明代末期主观唯心主义支配下的"不务实际"的学风，是必须改革的。他们看到了，必须宣扬唯物主义的真理，建立新的学风，才能在学术思想方面奠定民族复兴的基础。这样,严酷的实际斗争,使思想家们抛弃了唯心主义的幻想,高举起唯物主义的旗帜。

从明末到清初,包括"南明"的时期,史学家们称为"明清之际"。这时许多有创造性的思想家都有唯物主义的倾向。可以说,这时出现了一个唯物主义的高潮。

明清之际,首先宣扬唯物主义观点的,是方以智。方以智(1611—1671年),字密之,安徽桐城人。明崇祯时,曾任翰林院检讨。清兵下广东,他出家为僧,改名大智,字无可,别号浮山愚者。他对于天文、地理、历史、物理、生物、医药、文学、音韵等都有研究。他接受了明末西方传来的一些科学知识。他的早年著作有《通雅》、《物理小识》,晚年著作有《药地炮庄》、《东西均》等。

方以智论学术,区别了"通几"和"质测"。所谓通几指哲学,所谓质测指自然科学。"几"指细微的变化,亦即事物运动的内在根源。通几是研究事物变化的深微根源的学问。"质"指实物(不是性质之质),测是考察,质测即是对于各类事物进行实际考察。

方以智提出"质测即藏通几者也"的著名论断(《物理小识·自序》),质测即包含着通几,脱离质测的通几,将会陷于空虚。哲学不能离开科学,科学应以哲学为指导。可以说,方以智见到了哲学与科学的区别及其密切关系。

《物理小识》中的哲学观点是唯物主义的,肯定世界统一于气,一切都是气。具体的物都是气所构成的,虚空中也充满了气。"一切物皆气所为也,空皆气所实也。""虚固是气,实物亦气所凝成者。"(卷一)无论虚实都是气。

方以智提出了"气形光声为四几"的学说。气凝聚为形,发为光与声。"气凝为形,蕴发为光,窍激为声,皆气也,而未凝未发之气尚多,故概举气形光声为四几焉。"(同上)总起来讲,都是气;分而言之,是四种状态。"四几"就是四种变化状态。光声都是物理现象。把气形光声称为四几,即认为这是四种最基本的物理现象。

方以智在《物理小识》中谈到五行的问题,认为基本只有水火二行。他写道:"问中国言五行,泰西言四行,将何决耶?愚者曰:……《易》曰:一阴一阳之谓道,非用二乎?谓是水火二行可也,谓是虚气实形二者可也。……直是一气而两行交济耳。"(卷一)五行统于二行,二行只是一气。在水火二行中,火又是比较重要的。他认为火是一切运动的根源。"天恒动,人生亦恒动,皆火之为也。"(同上)火是五行中最重要的,但仍统属于气,气还是根本。

在《物理小识》中,方以智批评了唯心主义的错误,他说:"彼离气执理,与扫物尊心,皆病也。"(卷一)"彼扫器言道,离费穷隐者,偏权也。"(同上)"离气执理",即认为理是脱离气物而独立的。"扫器言道",即认为道在器之先。"离费穷隐",即认为本质在现象之外(费是现象,隐是本质)。这些都是客观唯心主义的错误。"扫物尊心"即否认事物的独立存在而以为心是世界的本原。这是主观唯心主义的错误。方以智反对"舍物以言理"(《物理小识·总论》),肯定理是物之理,是不能离物的。"舍物则理亦无所得矣,又何格哉?"(同上)主张即物求理,这是唯物主义的观点。

方以智还提出"宙(时间)轮于宇(空间)"的论点,认为空间与时间不是彼此独立存在的,宙即在宇中,宇即在宙中,整个宇宙都是物质性的。

方以智《物理小识》中的唯物主义思想,是与当时的自然科学知识密切结合的,具有显明的特点。

方以智晚年,出家为僧,深受佛教的影响,于是在哲学思想上走向唯心主义。这在他的晚年著作《东西均》中表现出来。在《东西均》中,他认为世界的根源太极就是心。他说:"太极者,先天地万物,后天地万物,终之始之……即天也,即性也,即命也,即心也。"(《三征》篇)于是心就是世界的本原了。又说:"世无非物,物因心生。"(《尽心》篇)这样,方以智完全转到唯心主义的观点了。

宋明哲学中关于哲学基本问题的争论是围绕"气"、"理"、"心"而展开的。唯物论者认为气是本原,客观唯心论者认为理是本原,主观唯心论者认为心是本原。值得注意的是,《东西均》中明确提出了气、理、心的关系的问题,而将理气皆归于一心。他认为讲气不如讲理,讲理又不如讲心。(《所以》篇:"形本气也,言气而气有清浊,恐人执之,不如言虚;虚无所指,不如言理;理求其切于人,则何如直言心宗乎?")又说:气与理最后都归于心。(《声气不坏说》:"因言气理,而质论、通论之,皆归一心。")

方以智在《东西均》中提出,气理心三者是本无区别的,要区别也是可以的。(《所以》篇:"穷至无可穷,则又何心、何气、何理乎?又何不可心之、气之、理之也乎?")因此,他认为理、气、心,都不必讲,要讲也不妨。(《声气不坏说》:"理也,气也,心也,俱可忘言,俱无不可言,又何拣择乎?")方以智把理、气、心作为三个最基本的概念,这是有重要意义的。

方以智虽然宣称理气俱归一心，但仍反对"绝物存心"，他打比方说，如果物不在而心在，这就好比无薪而点火，没有柴草怎么好点火呢？（《全偏》篇："火固烈于薪，欲绝物以存心，犹绝薪而举火也，乌乎可？"）方以智晚年虽然转到唯心主义，但还没有完全背弃早年重视事物的"质测"之学。

二　王夫之的唯物主义学说

明清之际，最重要的唯物主义思想家是王夫之。

王夫之（1619—1692 年）字而农，曾起兵反抗清军，明朝政权全部覆亡之后，即深藏不出。晚年隐居衡阳的石船山，学者称船山先生。他的著作很多，其中在哲学上比较重要的是《周易外传》、《尚书引义》、《读四书大全说》、《张子正蒙注》、《思问录》等。在这些著作中，他深刻地批判了道家及程颐、朱熹的客观唯心主义，尖锐地反驳了佛教及陆九渊、王守仁的主观唯心主义，从而巩固了唯物主义的坚实阵地。

王夫之自己声明，他的学说是继承张横渠的。他发展了张载唯物主义的基本观点。他提出了新的论证，把唯物主义学说提到新的水平。

王夫之首先分析了认识主体与客体的关系的问题，从而证明了物质世界的独立存在。在佛教的哲学书籍中，把认识主体叫作"能"，把认识客体叫作"所"。王夫之认为，"能""所"的名词是可以承认的，但是佛家以为"所"不能离开"能"而存在，那就大错了。他指出，那等待主体作用的客体是"所"，可以施加作用于客体的是"能"。"所"是认识的对象,一定有它的实体;"能"是认识的主体,一定有它的作用。这两者的关系如何呢? 这两者的关系就是,对象引起了主体的认识作用,而主体的认识一定要符合那外在的对象。这就是说,主体与客体是有分别的,客体是不依靠主体的作用而独立存在的,而且主体的认识是客体所引起的。(《尚书引义》卷五)

王夫之用浅近的例子说明客观世界的独立存在。他说:浙江省有许多山,我没有到浙江,不能说因为我没有看见浙江的山所以那里就没有山;那末,也就不能说,到浙江的人看见了那山因而就创造了那山。那山是本来存在的。(《尚书引义》卷五:"越有山,而我未至越,不可谓无山,则不可谓我之至越者为越之山也。")他更清晰地分别了主体活动与对象。他说:孝敬的对象是父亲,不能说孝敬就是父亲;慈爱的对象是孩子,不能说慈爱就是孩子;登山涉水,登的对象是山,不能说登就是山;涉的对象是水,不能说涉就是水。("所孝者父,不得谓孝为父;所慈者子,不得谓慈为子;所登者山,不得谓登为山;所涉者水,不得谓涉为水。")一方面是主体的活动,一方面是客观的对象,两者是有分别的。王夫之指出,认识的对象是自然世界和社会生活,认识活动是"耳目心思"的作用。对象不在内,认识作用不在外,这个分别是本来如此的。

王夫之指出,外在事物的存在,与人们是否认识它,完全没有关系。他说:眼所看不见的,不是没有颜色;耳所听不到的,不是没有声音。(《思问录·内篇》:"目所不见,非无色也。耳所不闻,非无声也。")物质世界的存在不依靠人的感觉;物质世界的内容不以人所已经感到的为界限。

　　王夫之明确地分析了认识活动与认识对象的关系,从而证明了客观世界的独立存在。他这样揭破了主观唯心主义的根本谬误。

　　这是王夫之对于唯物主义的重要贡献之一。

　　王夫之又分析了"理"与"气"的关系,反驳了程、朱学派所讲的"有理而后有气"的学说。他指出,理是自然界所表现的秩序(《张子正蒙注》卷一上:"理者天所昭著之秩序也。"),这秩序并不能离开物质存在而独立。气是世界的实体(《读四书大全说》卷十:"气方是二仪之实。"),自然和人间,其内容只是一气(同上:"天人之蕴,一气而已。")。气是理所凭依的。(《思问录·内篇》:"气者理之依也。")世界上哪里有离开气而独立的理呢?(《读四书大全说》卷十:"气外更无虚托孤立之理也。")王夫之这方面的学说是和罗钦顺、王廷相一致的。

　　王夫之更提出"天下惟器"(世界上只有具体的物)的学说。《易大传》说过:"形而上的叫作道,形而下的叫作器。"(参看第二章)后来唯物主义者和唯心主义者对这两句话提出了不同的解释。张载认为形而上的道就是气,形而下的器是个别的物体。程颐、朱熹认为形而上的道是理,形而下的器是气及其所构成的物体。南宋以后,程、朱的解释流行起来。王夫之也采取了程、朱的关于"道"、"器"的定义,但反驳了程、朱对于道器关系的说法。他有一段很精彩的论证道:"天下惟有器而已,道乃是器的道,器却不可以说是道的器。没有那道就没有那器,人们都会这样说。然而,假如有了那器,岂怕没有道呀!学者们不知道的圣人知道,圣人做不到的人民能够做到。人们不懂得那道的就造不成那器,造不成那器并不是没有那自然的器。没有那器就没有那道,人们很少这样说,但却是实际的情况。远古野蛮时代没有把帝位让给贤人的道,唐虞时代没有起兵推翻暴君的道,汉唐时代没有今天的道,那末今日所没有的以后时代的道也就很多了。没有弓箭就没有射箭的道,没有车马就没有驾车的道,没有那些祭器玉币、那些吹打的乐器,就没有礼乐的道。这样,没有儿子就没有父道,没有弟弟就没有兄道。可以有而现在还没有的道很多了。所以,没有器就没有道,这是真确实在的话,不过人们没有注意罢了。"(《周易外传》卷五:"天下惟器而已矣。道者器之道,器者不可谓之道之器也。无其道则无其器,人类能言之。虽然,苟有其器矣,岂患无道哉? 君子之所不知而圣人知之。圣人之所不能而匹夫匹妇能之。人或昧于其道者,其器不成。不成非无器也。无其器则无其道,人鲜能言之,而固其诚然者也。洪荒无揖让之道,唐虞无吊伐之道,汉唐无今日之道,则今日无他年之道者多矣。未有弓矢而无射道,未有车马而无御道,未有牢醴璧币钟磬管弦而无礼乐之道。则未有子而无父道,未有弟而无兄道。道之可有而且无者多矣。故无其器则无其道,诚然之言也,而人特未之察耳。")这就是说,世界上只有各种各样的物体,物体的运动变化有它的规律,那规律是物体所具有的。我们只能说规律是物质的规律,却不可能说物质是规律的物质。这是因为,物质是实体,规律却不是另外一种实体,而是物质这个实体所表现的。任何一类东西都有它的规律。然而,在没那种东西以前,也就没有它那种规律。一定有了这种东西,才可以说有这种东西的规律。新的事物层出不穷,新的规律也就不断出现。然而并不是在那新事物没有以前先出现那个规律。程、朱学派却认为"未有这事,先有这理","虽未有物而已有物之理",那是颠倒的错误的说法。

"天下惟器"的理论,深刻地说明了物质与规律的关系,特殊与一般的关系,从而批判了程、朱把规律看成超物质的,抬高"理"的地位放在物质世界之上的客观唯心主义。

这是王夫之对于唯物主义的重要贡献之二。

其次,王夫之更论证了物质世界的永恒性,说明了物质不灭的事实。

王夫之继承并且发挥了张载关于"有无"的学说,认为所谓无并不是世界的构成因素。他指出,"无"只是一个名词,是一个由比较而提出的否定之词。例如说"龟无毛",那是因为狗有毛;说"兔无角",那是因为鹿有角。假如天下本来没有有毛的东西,也便不说某物无毛;假如天下本来没有有角的东西,也便不说某物无角了。至于纯粹的无,那是上下四方往古来今哪里也找不到的。他这样否认了"无"的实在性。

王夫之更讲,世界无所谓始终,世界本来就有,永远是有,它是永恒存在的,没有开始,也没有终结。他指出,假如说有始终,那末今天就可以说是过去世界之终,新生的世界之始。假如认为很早很早的时候有"一物初生"的开始,很久很久以后有"万物皆尽"的终结,那就是糊涂了。(《周易外传》卷四:"以理求之,天地始者,今日也;天地终者,今日也。……遂以为邃古之前有一物初生之始,将来之日有万物皆尽之终,亦愚矣哉?")物质世界不是被创造出来的,而且永远不会结束。他这样论证了世界的永恒性。

王夫之更进而说明了物质的不灭。他指出,一堆木柴,一烧似乎就完了,但是有烟有灰,原来属木的仍然归于木,属水的仍然归于水,属土的仍然归于土,不过人们看不见罢了。炊饭的时候,有许多水蒸气,一定有它的归宿。假如严密的盖藏起来,就凝结而不散开。有形的东西都不会消灭,那无形的物体更是不会消灭了。(《张子正蒙注》卷一上:"车薪之火,一烈已尽,而为焰,为烟,为烬,木者仍归木,水者仍归水,土者仍归土,特希微而人不见尔。一甑之炊,湿热之气,蓬蓬勃勃,必有所归;若掩盖严密,则郁而不散。汞见火则飞,不知何往,而究归于地。有形者且然,况其缊缊不可象者乎?")这就是说,特殊的物体虽然有生成有毁坏,但是毁坏不是消灭,不过变成别的东西罢了,它所包含的原素还是存在着的。应该承认,王夫之对于物质不灭的说明,是非常明确的。

明确地论证了物质的永恒性,这是王夫之对于唯物主义的重要贡献之三。

其次,王夫之从唯物主义观点分析了"知行"的问题。知行关系的问题是宋明哲学中的一个重要问题。知就是认识,行就是行为、活动。知行关系的问题也就是认识与实践的关系的问题。不过中国过去的哲学中所谓行与我们今天所谓实践的意义有很大的区别。过去的哲学中所谓行是指日常生活中的活动而言。办理任何事情,进行任何活动,都叫作行。但所注重的却是道德行为。程颐、朱熹认为知在先而行在后,必须先有认识然后根据认识而行动。陆九渊也承认知先行后。王守仁提出了"知行合一"的学说,认为知行是一事,是不可分的。这在表面上是注重行动,实际上却是强调了封建的道德意识。王夫之批评了朱、王两派的说法,提出行在知先的主张。

王夫之指出,知行是相互依靠的,也是彼此有别的。(《礼记章句》卷三十一:"知行相资以为用……则于其相互,益知其必分矣。")而知行二者之中,行是根本。他指出,认识必须通过行动才能得到,行动却不需要通过认识。实际去行动,可以得到认识上的效果;仅仅求知,却不能够得到行动上的效果。例如,必须实行实际的考察,才能深切认识自然的规律。在社会生活中,努力使自己与别人的关系处得很好,就会认识道德的原理。所以,由行动是可以达到认识的。(《尚书引义》卷三:"且夫知也者,固以行为功者也,行也者不以知为功者也。行焉可以得知之效也,知焉未可以得行之效也。将为格物穷理之学,抑必勉勉孜孜而后择之精语之详,是知必以行为功也。行于君民亲友喜怒哀乐之间,得而信失而疑,道乃益明,是行可有知之效也。")他这样肯定了行是知的基础。

从唯物主义观点说明知行关系,这是王夫之对于唯物主义的重要贡献之四。

再次,王夫之还从方法论上阐明了唯物主义的原则。他指出,研究宇宙观的问题,应该从观察现象开始,然后逐渐达到对于本体的认识。本体就是现象的根源。从现象达到本体,"由用以得体"(《周易外传》卷二),方是研究宇宙观问题的正确道路。那些唯心主义者先假定一个本体,然后勉强用那个所谓本体解释一切现象,那是不会得到真理的。他更指出,应该就事实来研究规律,"即事以穷理"(《续春秋左氏传博议》),不应该先假定一些规律去限制事实。假如不顾事实,先设立一些规律,凡是不合那些规律的事实就一概抹煞,那是极其荒谬的。王夫之这些关于方法论的思想是非常深刻的,是有科学性的。

从方法论上阐明了唯物主义观点,这是王夫之对于唯物主义的重要贡献之五。

王夫之对于唯物主义的巨大贡献简单说来就是这样。

但是王夫之的哲学思想中,也还有一些唯心主义残余。在他的晚年著作《读通鉴论》中,接受了程、朱学派的"天者理也"的说法,甚至采用了一些唯心主义的词句,把"天"好像说得有意志一样。这和他自己在《读四书大全说》中所说"天者固积气者也"是有矛盾的。同时他又和罗钦顺一样,接受了程、朱的心中有理("理具于心")的学说。所以他的唯物主义还不是彻底的。然而,应该承认,他深刻地阐明了唯物主义的基本原理,他所达到的成就是卓越而光辉的。

三 顾炎武、颜元、李塨的唯物主义观点

明清之际对于政治思想有卓越贡献的思想家是黄宗羲。黄宗羲(1610—1695 年)号梨洲,曾起兵反抗清军,他的部队号为"黄氏世忠营"。后来隐居著书,学问极博,著有《明儒学案》,是过去关于学术史的名著。又写了一部讲政治原理的书,叫作《明夷待访录》。其中提出了鲜明的民主观念。在宇宙观方面,他的学说既有唯物主义的方面,也有唯心主义的方面。关于理气的问题,他接受了罗钦顺的见解,认为理不是实体,只是气中的条理秩序。这是唯物主义的看法。但是,他又认为,所有的气都有心,世界充满了气,也就充满了心。这又倒向唯心主义了。可以说,黄宗羲在宇宙观上徘徊于唯物主义与唯心主义之间。

明清之际还有一个爱国主义思想家是顾炎武。顾炎武(1613—1682 年)号亭林,也曾起兵反抗清军。后来周游华北,终身不忘恢复故国。主要著作是《日知录》。他反对空谈心性问

题,提倡研究实际的新学风。清代学者着重文献考据的学风是顾炎武所开创的。顾炎武没有提出关于宇宙观的系统学说来。他承认"充满于世界之中的是气"(《日知录》卷一:"盈天地之间者气也。"),赞成张载关于太虚、气、万物三者统一的学说(同上),并且指出"道理是不能离开物体的"(同上:"非器则道无所寓。")。应该承认,顾炎武宣扬了唯物主义的观点。

清代初年反对程、朱学派最激烈的思想家是颜元。颜元(1635—1704 年)号习斋,刻苦力行,主张恢复"周孔正学"。曾主讲肥乡漳南书院。主要著作是《四存编》、《四书正误》。他的主要贡献在教育学说方面,宇宙观的学说则比较简单,其基本观点是唯物主义的。颜元认为,理与气是"融为一片"的,即是统一的。(《存性编》)所谓"天道"是理气的统一体,理气都是天道。(《存学编》:"理气俱是天道。")程、朱认为道即是理,那是不对的。

颜元在认识论方面阐发了唯物主义的观点。他认为知识的来源是实际行动。他以学"礼"、学"乐"为例:要懂得礼,必须亲自练习礼的那些仪式,仅仅读礼书是不成的;要了解乐,必须亲自吹打歌舞,仅仅读乐谱是不成的。(《四书正误》)他又举认识蔬菜为例:一种没见过的蔬菜是不是可以吃的东西呢? 种菜老手也不一定知道。虽然从它的形状颜色料定是可以吃的,也不知道它是什么味道。必须放到口里尝尝,才知道它的味道是这样。(同上:"如此服蔬,虽上智老圃,不知为可食之物也。虽从形色料为可食之物,亦不知味之如何辛也。必箸取而纳之口,乃知如此味辛。故曰:手格其物而后知至。")总之,必须"实做其事"(《言行录》),才能了解那道理。实际行动是认识的基础。

颜元的弟子李塨发挥他老师的学说。李塨（1659—1733 年）号恕谷，著有《周易传注》、《论语传注》、《论语传注问》、《大学辨业》等书。他提出了"理在事中"的命题。他指出，理只是事物的条理秩序，就在事中。（《论语传注问》："夫事有条理曰理，即在事中。"）他认为程、朱的学说就是讲"理在事上"，那就是把理看成另外一个实体了。实际上，离开事物哪里会有理呢？（同上："离事物何所为理乎？"）

李塨所谓"理在事中"，是唯物主义的命题。他提出了这样一个明白确定的命题，这是他的贡献。

四 戴震的唯物主义学说

清代中期，重要的唯物主义者是戴震。戴震（1724—1777 年）字东原，著名的汉学家，精研天文算学，曾参加《四库全书》的编纂工作。他的主要哲学著作是《原善》和《孟子字义疏证》。在这些著作中，他简要地说明了唯物主义的基本原理，锐利地批判了程、朱与陆、王两派的唯心主义思想。

戴震认为，世界是气的变化的永无终止的过程。这气的变化的过程就是"道"。他指出，所谓道就是指变化不已的过程而言。（《原善》："道言乎化之不已也。"）这变化不已的过程，也就是"气化流行"的过程，即是物质的变化运动永无终止的过程。（《孟子字义疏证》卷中："气化流行，生生不息，是故谓之道。"）气的内容就是"阴阳五行"，即是阴气阳气和水火木金土的气。于是他断言："阴阳五行就是道的实体。"（《孟子字义疏证》："阴阳五行，道之实体也。"）这样，戴震肯定了道就是阴阳五行的气的变化过程。

在宋代哲学中,张载肯定道是"气化",程颐、朱熹认为道即是理。戴震关于道的学说实际上就是重新回到张载关于道的定义,否认了程、朱学派的关于道的说法。

程、朱认为,那道或理是形而上的,而气是形而下的,形而上的才是根本的,形而下的不配作为根本的。他们所谓形而上就是超物质的,所谓形而下就是物质性的。他们认为,那道或理不是物质性的,而是物质世界的本原。戴震反驳了这个说法。他提出了自己对于《易传》所谓"形而上"与"形而下"的解释。他指出,《易传》所谓"形而上"就是"形以前",也即是"未成形质";"形而下"那就是"形以后",也即是"已成形质"。(《孟子字义疏证》卷中)那原始的气,是无形无状的,就是"形而上者"。气分化而成为特殊的物体,特殊的物体都具有固定的形状,才是"形而下者"。这样,他肯定,气就是形而上的,固定的物体是形而下的。"气化"与"品物"(种类不同的东西)的区别就是形而上与形而下的区别。(《孟子字义疏证》卷中:"气化之于品物,则形而上下之分也。形乃品物之谓,非气化之谓。")这也就是说:气就是最根本的,没有什么在气之上比气更根本的东西。

王夫之承认了程、朱"道"即是"理"的定义,却论证了"道"不离"器",肯定"器"是根本的,"道"是依附于"器"的。戴震否认了程、朱"道"即是"理"的定义,论证了"道"即是"气",肯定"气"是根本的,气分化而为固定的"器"。两家的论证虽然不同,结论是一致的,都证明了世界的物质性。

戴震认为,气的变化的基本内容就是"生生",就是不断地有新的物体产生出来,有新的现象呈现出来。在冬天草木黄落了。

春天来到,草的种子发了嫩芽,树木的枝条长出了新叶。山河看来依旧,但景象也不同了。人与鸟兽也都一代接续一代,老的一代衰老了,新的一代成长起来。这就是"生生不息"。新生的东西不一定是本质的新,却是另外一个东西,多少与旧的有些不同。宇宙就是一个物质的生生不已的总过程。戴震说:气化对于各种各类的物体的关系,可以用一句话来赅括,那就是"生生"。(《原善》:"气化之于品物,可以一言尽也,生生之谓欤!")

这气的生生不已的变化过程是具有一定的规律的。这规律就是理。戴震认为,由于生生,因而有自然的条理。惟其有条理,所以才生生不绝。假如没有条理,混杂零乱起来,那末生生的过程也就不能继续了。(《孟子字义疏证》卷中:"由其生生,有自然之条理。惟条理是以生生;条理苟失,则生生之道绝。")生生是有条理的,条理就是生生所具有的条理。他认为,生生与条理的关系可以说是"原"与"流"的关系,生生是原,生生而条理是流。(《原善》:"生生者化之原,生生而条理者化之流。")就是说,生生是基础,是根源;而条理是生生所表现出来的。

戴震更提出了对于理的新解释,他认为所谓理就是事物之间的区别。事物是极其复杂的,是各种各样的,事物与事物之间有种种区别。这区别就是理。戴震给"理"的观念下了一个定义说:"理就是观察事物到细微处必须加以区别的名称。"(《孟子字义疏证》卷上:"理者,察之而几微必区以别之名也。")他指出,求"理"的方法就是分析,必须对事物进行分析,分析到细微处,才能得到"理"。(同书卷下:"事物之理,必就事物剖析至微而后理得。")戴震讲理,特别注重分析,这是他的学说的一个特点。

事物如何互相区分呢？每一事物都是一个变化的过程，但是在那变化过程中有不变的方面，也就是经常的固定的方面。每一事物都有它的特殊的固定性，这就是理。戴震说："分析起来，每一事物都有它的不变的规律，叫作理。"（《孟子字义疏证》卷上："分之各有其不易之则，名曰理。"）

戴震这样解释理，是讲得相当清楚相当明确的。但是还不够完备。应该承认，规律不仅表现了事物之间的区分，而且也表现了事物之间的联系。规律是不同现象之间的经常性的联系。每一事物都具有它的特殊的内在的联系，同时不同的事物之间更彼此相互有一定的联系。晋代的唯物主义者裴頠从物与物的相互依赖来说明"理"，可以说看到了"理"的联系意义。戴震却忽略了联系这一方面。

戴震对于理的说明，虽然有其局限性，但仍是有贡献的。

其次，在认识论方面，戴震也贯彻发挥了唯物主义的观点。首先他认为人类的感官是适应着外在世界的情况而生成的。在物质世界里，有声音，有颜色，有气味，所以人的身体上就生成耳目鼻口等感觉器官。他认为，声音颜色气味都是外在的，与我的身体相接触，耳就能辨别声音，目就能辨别颜色，口就能辨别味道。这样，他肯定了物质世界是感觉的来源，而感觉乃是对于外在世界的反应。

戴震更提出了一个独到的见解，就是，他断言心中没有理，心只是有认识的作用，能认识客观事物中的理。这样他否认了程、朱学派心中有理的说法。他指出，理是客观的，正如声色味是客观的一样。声色味存在于外物中而和我的身体相接，理存在于

"事情"之中,而与我的"心知"相接。所谓"事情"包括自然界和人类社会生活的实际情况。社会生活,虽然不是"物",却是"事",也是客观的。人的"心知"有分析"事情"而认识其中的"理"的能力。理并不在于人的心中,而只是心所认识的对象。他用"火光的照耀东西"(《孟子字义疏证》卷上:"火光之照物。")作比喻来说明心的认识理。心辨别理,就如火光照耀东西一样,假如火光很大,照得就很清楚。同样人心经过学习,智慧提高,就能够正确地认识事物中的理了。这一比喻,意在表明所照耀的东西是外在的。

程、朱学派"心中有理"("理具于心")的学说曾经发生很大的影响,许多著名的唯物主义者(如罗钦顺与王夫之)不能够摆脱这个学说的束缚。戴震明确地反驳了这个学说,这是他的独到的贡献。

戴震反对程、朱"心中有理"的说教,是有实际意义的。当时的清朝统治者利用"理"作招牌来掩饰他们的残暴的罪行。他们惨酷地镇压人民的反抗,他们残忍地杀害汉族的爱国主义学者,却要讲出一篇道理来为自己辩护。戴震严肃地揭穿了他们的欺骗。他沉痛地指出当时所讲的"理"成了"忍而残杀"的工具,他抗议以武断的"理"残害人民的行为。

王夫之的唯物主义学说充满了反抗外族侵略的爱国主义精神;戴震的唯物主义学说蕴含着反抗专制暴政的实质。他们都是同情人民的进步思想家。

结束语

　　中国古典唯物主义哲学,从西周末年到清代中期,经历了一个长期的发展过程。唯物主义是在与唯心主义交互斗争中成长发展起来的。中国古典唯物主义,可以分成四个发展阶段,每一个阶段有它自己的特点,有其思想斗争的中心问题。而前一阶段与后一阶段之间,更有其继承与转折的复杂关系。

　　第一阶段是周秦时期,这是唯物主义萌芽与成长的时期。这时期的哲学思想斗争所环绕的中心问题是天道问题。古代唯心主义是和古代宗教相结合的,认为有意志有知觉的神是人与万物的主宰,最高的神称为天。唯物主义思想家否认了天的创造世界主宰万物的作用,而以"天地之气"来说明世界。《老子》否认了天的主宰意义,提出"自然"的观念,而以道为天地万物的最初根源。《易大传》提出太极为世界本原的学说,所谓太极即天地未分的统一体。《管子》改造了《老子》道的观念,肯定"道在天地之间",而以气为天地万物的本原。荀子强调"天有常道",以道为天所具有的普遍规律。这些关于天和道的不同见解,是先秦时代唯物主义与唯心主义争论的主要内容。这时唯物主义者也从唯物的观点说明了身心("形神")的关系问题,荀子提出"形具而神生"的学说。

第二阶段是两汉时期,这是唯物主义与唯心主义进行激烈斗争的时期。随着封建地主阶级的统一政权的巩固,唯心主义盛行起来,"天人相感"的唯心主义目的主义弥漫一世,认为世界上一切显著现象都是上帝有意造成的。针对这种唯心主义目的主义,唯物主义者宣扬了"自然"的观点,指明万事万物的生成变化都是自然而然的,决不是出于天意的安排。这样,两汉时代的哲学思想斗争所环绕的中心问题是"天人相感"与"自然"的对立的问题。汉代唯物主义的最大代表是王充。王充也发展了关于身心问题的唯物主义见解,指出人的意识作用是以血脉五脏的正常状态为条件的,从而提出了无神论的详细理论。

第三阶段是魏晋南北朝隋唐时期,这是唯物主义与唯心主义的斗争复杂化的时期。汉代的王充对于"天人相感"以及关于鬼神的迷信的有力批判,摧毁了唯心主义目的主义的基础,于是唯心主义不得不改变它的姿态。魏晋时代的唯心主义放弃了目的主义思想,另提出一种更精致的唯心主义学说,这便是何晏、王弼以"无"为万物根源的学说。所谓无即是物质存在之否定,即是一种超越的非物质性的神秘的绝对。以"无"为"有"的根本,即是否定物质存在的第一性。唯物主义者肯定"有"为根本,即是肯定物质存在的第一性,提出了无不能生有,有自己存在的学说。这样,魏晋时代的唯物主义与唯心主义斗争所环绕的中心问题是有无问题。唯物主义的主要代表是裴頠。其次,这时佛教已经输入了,逐渐在思想上发生影响。佛教在一方面以"一切惟心"的看来非常奥妙的唯心主义体系对抗唯物主义,另一方面又以灵魂不灭、生死轮回、因果报应的宗教思想来迷惑人民,恐吓人民,使人民安于现世多苦多难的生活,以屈辱服从去换取那幻想的来世幸福。唯物主义者看到佛教对于人民意识的严重危害,展开了反佛教的斗争。当时反佛教的斗争集中在神灭或不灭的问题上。范缜以科学的知识来论证精神不能离开身体而独立存在,从而摧毁了因果报应的根基,勇敢地宣扬了"神灭"的唯物主义。南北朝时代唯物主义与唯心主义斗争的中心问题便是"形神"的问题。隋唐时代佛教有进一步的发展,唯物主义者依然从反驳因果报应迷信方面来削弱佛教。刘禹锡是唐代重要的唯物主义者,他再一次说明了天与人的区别,否认了天能赏善罚恶的唯心主义宗教思想。

　　宋元明清时期是中国古典哲学发展的第四阶段,可以说是唯物主义和唯心主义的发展都达到高峰的时期。宋代以前的唯物主义与唯心主义斗争所达到的结果,是宋代唯物主义哲学所从出发的基础。宋代以前的唯物主义基本上解决了身心关系问题以及因果报应问题,却留下了从自然与意识的关系的问题方面批判佛教的唯心主义,彻底反驳"一切惟心"的观点这个重要课题。宋代唯物主义者张载解决了这个任务,从而把古典唯物主义提到新的更高的水平。张载肯定了一切是"气",肯定了天地为"本"而心为"末",即论证了世界的物质性以及物质与精神的本末关系。他并且肯定"理不在人皆在物",即肯定了规律的客观性以及规律对于物质的从属关系。

在张载宣扬唯物主义学说的时候，那些注重封建统治阶级长久利益的思想家感到唯物主义不适合于统治阶级的要求，于是在唯物主义对于佛教唯心主义的批判已经取得成果的条件之下，提出新姿态的唯心主义。这就是程颢程颐的客观唯心主义。二程把所谓"理"加在气之上，即将绝对观念加在物质世界之上，而其所谓理的内容即是封建道德准则。这也就是以理的名义把封建道德准则绝对化、永恒化了。程颢也有主观唯心主义的倾向。以后朱熹根据程颐的学说而发展了客观唯心主义，陆九渊根据程颢的学说宣传了主观唯心主义。

这样，宋代哲学斗争的中心问题就是"气"、"理"与"心"何者是根本的问题。唯物主义肯定气是第一性的，客观唯心主义认为理是第一性的，而主观唯心主义断言心是第一性的。

明清的唯物主义与唯心主义的斗争，基本上继承了宋代思想斗争的阵线。王廷相、王夫之发展了张载的学说，提出了重要的补充。戴震以道为气化的学说来反驳程朱、陆王的唯心主义，他可以说是中国古典唯物主义的结束时期的代表人物。

中国古典唯物主义学说的发展的基本线索就是如此。

中国古典唯物主义哲学的内容是丰富的，其中包含了许多深刻的观念，对于世界事物提出了许多正确的解释。中国唯物主义哲学中的正确的理论，将永远在人类思想的宝库中发放出灿烂的光辉。

附录 中国重要哲学家生卒年表

以下是中国上古时代到近古时代的重要哲学家的生卒年表，以唯物主义者为主，为了便于对照年代起见，也把重要的唯心主义者列入。没有确实记载而系推算出来的加问号。

姓 名	生 年	卒 年
伯阳父	周共和元年(公元前 841)?	平王初年?
管 仲	周桓王一〇年(前 710)?	襄王七年(前 645)
老 聃	周灵王一一年(前 561)?	元王五年(前 471)?
孔 丘	周灵王二一年(前 551)	敬王四一年(前 479)
墨 翟	周敬王四〇年(前 480)?	安王五年(前 397)?
孟 轲	周烈王四年(前 372)?	赧王二六年(前 289)?
惠 施	周烈王六年(前 370)?	赧王一五年(前 300)?
庄 周	周显王九年(前 360)?	赧王三五年(前 280)?
荀 况	周显王四四年(前 325)?	秦王政二〇年(前 227)?
韩 非	周赧王三五年(前 280)?	秦王政一四年(前 233)
董仲舒	汉惠帝五年(前 190)?	武帝元封六年(前 105)?

扬　雄	汉宣帝甘露元年（前53）	王莽天凤五年（18）
桓　谭	汉元帝竟宁元年（前33）？	光武帝建武一六年（40）？
王　充	汉光武帝建武三年（27）	安帝永初元年（107）？
何　晏	汉献帝初平四年（193）？	魏帝芳正始一〇年（249）
王　弼	魏文帝黄初七年（226）	帝芳正始一〇年（249）
向　秀	魏文帝黄初八年（227）？	晋武帝咸宁三年（277）？
郭　象	魏帝芳嘉平四年（252）？	晋怀帝永嘉六年（312）？
裴　颁	晋武帝泰始三年（267）	惠帝永康元年（300）
范　缜	宋文帝元嘉二二年（445）？	梁武帝天监一四年（515）？
傅　奕	梁敬帝绍泰元年（555）	唐太宗贞观一三年（639）
吕　才	隋文帝开皇二〇年（600）？	唐高宗麟德二年（665）
韩　愈	唐代宗大历三年（768）	穆宗长庆四年（824）
刘禹锡	唐代宗大历七年（772）	武宗会昌二年（842）
柳宗元	唐代宗大历八年（773）	宪宗元和一四年（819）
周敦颐	宋真宗天禧元年（1017）	神宗熙宁六年（1073）
张　载	宋真宗天禧四年（1020）	神宗熙宁一〇年（1077）
王安石	宋真宗天禧五年（1021）	哲宗元祐元年（1086）
程　颢	宋仁宗明道元年（1032）	神宗元丰八年（1085）
程　颐	宋仁宗明道二年（1033）	徽宗大观元年（1107）
朱　熹	宋高宗建炎四年（1130）	宁宗庆元六年（1200）
陆九渊	宋高宗绍兴九年（1139）	光宗绍熙三年（1192）
陈　亮	宋高宗绍兴一三年（1143）	光宗绍熙五年（1194）
叶　适	宋高宗绍兴二〇年（1150）	宁宗嘉定一六年（1223）
罗钦顺	明宪宗成化元年（1465）	世宗嘉靖二六年（1547）
王守仁	明宪宗成化八年（1472）	世宗嘉靖七年（1528）
王廷相	明宪宗成化一〇年（1474）	世宗嘉靖二三年（1544）

黄宗羲	明神宗万历三八年（1610）	清康熙三四年（1695）
方以智	明神宗万历三九年（1611）	清康熙一〇年（1671）
顾炎武	明神宗万历四一年（1613）	清康熙二一年（1682）
王夫之	明神宗万历四七年（1619）	清康熙三一年（1692）
颜　元	明思宗崇祯八年（1635）	清康熙四三年（1704）
李　塨	清顺治一六年（1659）	雍正一一年（1733）
戴　震	清雍正元年十二月（1724）	乾隆四二年（1777）

宋元明清哲学史提纲

目　录

第一章　北宋时代中央集权制度加强时期唯物主义与唯心主义的斗争(十世纪至十一世纪)

第一节　宋代哲学思想发展的社会历史背景

北宋统一,结束了五代十国的分裂混乱局面。北宋初年,封建政府采取了一些恢复并发展生产的措施,农业生产得到发展。随之而手工业商业也有发展。

在手工业方面,矿冶、纺织、瓷业、茶业、印刷业,都有空前的发展。有许多官营的或私营的手工作坊,其中已有相当细密的分工。

商品经济有高度的发展。出现了许多商业繁盛的城市。北宋商税总额,仁宗以后每年八百万贯至一千万贯。城市税收占政府财政收入总数的一半。对外贸易也很发达。

国内市场逐渐普及起来,全国范围的经济联系也随着发展起来。

在唐末五代长期混乱之后建立起来的北宋政权,在军事、政治、财政各方面都实行了加强中央集权的办法。

在全国范围的经济联系得到发展的基础之上,北宋的中央政权的统治力量加强了,中央集权制度发展到前此未有的高度。全国的军权都集中于皇帝手中;在行政方面,加强了中央对地方官吏的控制。同时,全国的财政赋税也集中于中央。

北宋政府扩充了科举制度,以扩大中央政权的基础。通过科举,吸收地主阶级各阶层的知识分子参加政权。为了满足地主阶级知识分子的要求,设立了许多冗官闲职,逐渐形成了庞大的官僚机构。

宋代户口分为主户与客户。客户占总户数的三分之一。主户分五等。占田三顷以上至百顷、千顷者为第一等。第一等中有政治势力的称为"形势户",凭借政治特权,不纳赋税。主户第一等即是大地主。主户中第二等、第三等大体是中小地主。第四等主要是自耕农,第五等包括贫农与无产的税户。第四等、第五等占主户中的大部分。

主户中第一等占有全部土地百分之七十至八十,其余人口仅占全部土地百分之二十几。

主户第一等之中还包括"富工"、"豪贾"。富工是私营手工业作坊的主人,豪贾是大商人。(王安石《临川集》卷八十三《抚州通判厅见山阁记》:"大农富工豪贾之家,往往能广其宫室,高其楼观,以与通邑大都之有力者争无穷之侈。")与富工同类的还有所谓"机户"。(《宋会要》刑法二上宣和六年四月条:"诸外任官自置机杼或令机户织造匹帛者各徒二年。")富工、机户的出现,表明手工场主已成为一个特殊阶层。

客户是丧失土地的人口,其中大部分是佃农,也有脱离土地的手工业工人。地主常常使用"添租划佃"的惨酷办法,迫使佃农离开土地。

大地主、官僚商人、中小地主、自由商人、手工业作坊主人、自耕农、贫农、佃农、手工业工人,这些便是宋代封建社会所包括的主要阶级与阶层。

宋代封建社会的显著的矛盾有三种:第一是封建统治阶级与人民的矛盾,其中包括地主与农民的矛盾以及封建政府和官僚与自由商人及手工业者的矛盾;第二是汉族人民与北方、西方少数民族中贵族的矛盾;第三是统治阶级内部的矛盾,其中包括大地主与中小地主的矛盾以及地主阶级抗战派与地主阶级投降派的矛盾。

由于土地兼并的日益加甚,自耕农常常有丧失土地的危险。官僚机构重叠庞大,官僚的俸禄都出在人民身上,人民负担越来越重。(清代史学家赵翼在《廿二史札记》中论宋代情况说:"恩逮于百官者惟恐其不足,财取于万民者不留其有余。")在这样的情况下,统治阶级与农民之间的矛盾日益深刻化。从北宋初期以后,就接连不断地发生农民起义。宋太宗淳化四年(993)发生了王小波、李顺的起义,提出了"均贫富"的口号。北宋末年,有方腊起义;同时有宋江等的反抗官吏的行动。南宋初年有钟相、杨幺的起义,提出"等贵贱,均贫富"的主张。此外,小规模的农民起义还很多。

官营商业与自由商人之间也有斗争。受压迫的小商人有时也进行反抗,例如王小波、李顺就是茶商,但他们所领导的基本群众是农民。

宋代的民族矛盾很严重,北宋经常受到辽与西夏的威胁。金代替了辽,金的统治集团南下侵扰。宋的统治集团害怕人民力量起来,对金采取忍辱退让的政策。人民积极抗御,表现了高度的爱国精神。南宋所以能保持半壁江山,主要是靠人民的力量。蒙古又代替了金。在抵抗蒙古贵族的南侵中,人民也表现了英勇气概。

科举的扩充,提高了中小地主阶层的政治地位;土地兼并的盛行,使中小地主阶层也时常受到破产的威胁,所以大地主与中小地主之间也经常进行斗争。随着民族矛盾的深刻化,抗战派的知识分子与投降派大官僚之间展开了激烈的斗争。

这些矛盾斗争都在一定程度上反映于哲学思想。

在宋代,与封建经济的发展相适应,自然科学也有进一步的发展。

北宋著名的天文学家有张载(1020—1077)、苏颂(1020—1101)、沈括(1032—1096)。张载在所著《正蒙》中讨论了天文学的问题,阐发了地动的学说。苏颂曾重修浑仪,建台三层,上设浑仪,中设浑象,下设司辰。用一个机器贯穿起来,以水力转动。机器的中心部分是枢轮,轮上有牙,另有拨牙机轮,形成一个齿轮系统。这个齿轮的装置,可能是西洋钟表之远祖。苏颂著有《新仪象法要》。

沈括曾经用窥管观察北极,三个多月时间,画图二百多张。他推荐卫朴修《奉元历》,并提倡新历法,以节气定月,不管朔望,取消闰月。以立春为正月初一。合乎农民实用。沈括著有《梦溪笔谈》。

宋代算学也有发展。贾宪著有《黄帝九章细草》和《算法敩古集》，都失传。杨辉《详解九章算法》（1261 年写成），曾引他的"开方作法本源图"（指数为正整数的二项定理的系数表）和增乘开方法（求高次幂的正根法）。"开方作法本源图"的出现比帕斯卡三角形早六百年。增乘开方法的计算程序基本上和霍纳的方法相同，而比它早七百七十年。

刘益著有《议古根源》（1080），中有二次方程式解法。秦九韶著《数书九章》（1247），中有多次方程式解法（西洋 1804 年意人鲁飞尼才提出）。秦九韶讲"大衍求一术"，后来被称为"中国剩余定理"。

在地理学与地质学方面，沈括曾造立体的木制地图，即地形模型。他还提出海陆变迁的学说，说太行山是远古的海滨。朱熹也观察到山上有螺壳，说是古代海边。

宋代医学、药物学研究也有发展。宋太祖时有《开宝本草》的编纂，仁宗时有《嘉祐补注本草》的编纂。

印刷术有进一步的发展。北宋中期，毕昇发明活字印刷。这是世界上最早的活字印刷。宋代刻版技术很发达。宋版书籍雕刻极精美。

北宋时代自然科学知识的累积，对唯物主义思想有一定影响。

宋代思想斗争反映了阶级矛盾与民族矛盾。

随着地主阶级与农民的矛盾的深刻化，地主阶级中也出现了开明的同情人民的知识分子。他们要求设法解决"贫富不均"的问题，认为统治集团应该减轻对人民的剥削，照顾人民的物质生活。从这些知识分子中来的思想家是先进的思想家，他们发展了唯物主义的哲学。

随着自由商人力量的增长,出现了替自由商人说话的思想家,他们也表现了唯物主义倾向,但又表现了一种轻视深刻的理论研究的狭隘态度。

维护封建统治阶级根本利益的思想家提出了唯心主义学说,他们为中央集权的封建制度进行理论辩护,把封建制度说成绝对的永恒的。

宋代哲学思想斗争,基本上是要求统治集团照顾人民生活的唯物主义学说与代表统治阶级根本利益的唯心主义学说之间的斗争。

先进的唯物主义思想家与代表统治阶级根本利益的唯心主义思想家,在民族矛盾的问题上,都是主张抗战的。这是因为,抗战是符合广大人民利益的,也是符合统治阶级的根本利益的。至于大地主投降派,他们不可能提出哲学理论来。

宋代重要的唯物主义哲学家是张载、王安石。唯心主义的重要代表是程颢、程颐、朱熹、陆九渊。代表商人的思想家是陈亮、叶适。

宋代唯物主义与唯心主义斗争所环绕的中心问题是气、理、心的关系问题。肯定气第一的是唯物主义,认为理第一的是客观唯心主义,断言心第一的是主观唯心主义。

第二节　宋代初期的思想斗争与周敦颐、邵雍的哲学思想

一、胡瑗、孙复、石介的"尊王"、"排佛"思想

宋代初期,适应着中央集权的加强,出现了一些标榜"尊王"

的思想家,他们强调王权的尊严,为加强中央集权辩护。他们同时反对佛教,继续推行韩愈的排佛运动。主要代表是胡瑗、孙复、石介。

胡瑗(993—1059,学者称安定先生)讲所谓"明体达用之学"。所谓"体",指"君臣父子仁义礼乐",即封建社会的伦理秩序、封建道德的基本准则。"用"即是封建道德的基本准则的应用。他认为封建社会的伦理秩序是永恒的,永久不变的。他所著《春秋说》,宣传"王者无敌于天下"的观念。

孙复(992—1057,学者称泰山先生)著《春秋尊王发微》,强调天子与诸侯的区别,反对诸侯僭越,为中央集权辩护。

孙复排斥佛教的"祸福报应"观念,但没有进行详细的论证。他更从封建伦理观点反对佛教,指斥佛教"去君臣之礼,绝父子之戚,灭夫妇之义"。

石介(1005—1045,学者称徂徕先生)是孙复的弟子。他反对佛教最激烈,认为"佛老"是"妖妄怪诞之教"(《怪说》)。其所谓"老"指追求长生的道教。

二、周敦颐的哲学思想

北宋中期第一个提出宇宙观的是周敦颐。

周敦颐(1017—1073)字茂叔,学者称濂溪先生。出身中小地主阶级,做过几任州县官吏。王安石变法时,他曾写文章"称颂新政"。他的思想反映了中小地主阶级的观点。

(1)太极与万物　周敦颐的哲学著作是《太极图说》、《通书》。在《太极图说》中,周敦颐提出了一个对世界创成的简单而有系统的解释。

在周敦颐所提出的关于世界创成的图式中,最根本的实体是"无极而太极"。这个实体有运动与静止两种状态,于是分化出阴、阳来。阴、阳交互作用,而生成水、火、木、金、土五行。五行有一定的顺序,于是有所谓四时。阴、阳交互作用更生成万物。万物生生不已,于是有无穷的变化。人是万物中最优秀而有最高的认识能力的。《太极图说》从"无极而太极"说到人类。

太极观念渊源于《易传》,无极观念出于《老子》。无极表示无声、无臭、无形、无象,太极表示最高最初。"无极而太极"有作"自无极而为太极"者,未知孰是。《太极图说》曾讲五行是"五气",阴阳是"二气",又说"分阴分阳",阴、阳是由太极分化出来的,太极是阴、阳二气未分的统一体。《通书》曾以"混兮"说明太极,又认为太极与万物的关系是一与万的关系:"五殊二实,二本则一。是万为一,一实万分。万一各正,小大有定。"(《理性命》章)太极就是混然的总体。但是周敦颐没有明确解释无极和太极的含义,因而后人对他的学说作了不同的解释。

《太极图说》从唯物主义观点说明了形神关系:"惟人也得其秀而最灵。形既生矣,神发知矣。"这就是说,惟人类才有精神作用,而人的精神以身体为基础。

《太极图说》肯定太极是自己运动的:"太极动而生阳,动极而静,静而生阴。静极复动。"又认为对立是互相转化的:"一动一静,互为其根。"《通书》亦说:"水阴根阳,火阳根阴。"(《动静》章)阴阳、动静是互相转变推移的。《太极图说》肯定了变化的永恒性:"万物生生而变化无穷焉。"这些都是周敦颐的辩证观念。

总之,周敦颐以未分化的原始总体为世界的根源,以人的身体为人的精神的基础,同时肯定变化是永恒的。

关于《太极图说》的思想渊源,宋时已有不同的传说,朱震讲:"陈抟以先天图传种放,放传穆修。穆修以太极图传周敦颐。"(《宋史·朱震传》引)晁说之讲:"胡武平、周茂叔同师润州鹤林寺僧寿涯。"(晁公武《郡斋读书志》引)这两个说法不同。传说寿涯曾作偈云:"有物先天地,无形本寂寥,能为万象主,不逐四时凋。"据说这是《太极图说》思想之来源,但寿涯此偈的思想实亦是道家思想。传说寿涯亦曾受学于种放。朱熹曾指出:陈抟与张咏曾讲到阴阳,"颇与图说意合"(《太极图说通书书后》)。大概《太极图》是从道教来的,与陈抟有密切关系。但是《图说》的中心观念其实还是从《易传》来的。道教曾接受《易传》的影响,周敦颐又接受道教的影响。《太极图说》最后一段赞美《周易》,这就是表示,周敦颐自以为他的学说是对《易传》的发挥。

应当承认,周敦颐发展了《易传》中的思想。《易传》的宇宙观包含唯物主义的内容,但魏、晋时代的玄学家把它讲成为唯心主义的。周敦颐重新肯定了《易传》的太极学说。从唐代以后,韩愈排佛,不能在积极方面有所建立。周敦颐在北宋首先阐发了《易传》,提出一个简单而有系统的宇宙观,这是他的贡献。

(2)诚与主静　在伦理学说方面,周敦颐的思想是明显的唯心主义。《太极图说》中提出了"人极"的观念。"人极"即是人生的最高标准。"圣人定之以中正仁义,而主静,立人极焉。""人极"的内容就是仁义中正,也就是封建道德的基本准则。《太极图说》用一句话表示"人极",《通书》则用一个字来表示"人极",这就是"诚"。"诚"是人的本性,同时是人生的最高标准。"诚者圣人之本。"(《诚上》章)"圣诚而已矣。诚五常之本,百行之源也。"(《诚下》章)圣人之所以为圣人,就是实现了"诚"的本性。这本性是原出于太极的。"大哉乾元,万物资始,诚之源也。乾道变化,各正性命,诚斯立焉。"(《诚上》章)太极所生的阳气是"诚"的根源。

关于"诚"的意义,《通书》中有一个解释:"诚心,复其不善之动而已矣。不善之动,妄也。妄复,则无妄矣。无妄则诚矣。"(《家人、睽、复、无妄》章)诚就是克服一切不善,就是无妄,也就是应该如何就如何,亦即完全合理,完全符合于封建道德的准则。"诚"的学说有两方面的意义:一方面认为封建道德是人的本性,一方面主张老老实实地按照封建道德实行,反对一切伪善。所以说:"五常百行,非诚,非也,邪暗塞也。"(《诚下》章)要求诚仁、诚义、诚礼、诚智、诚信,反对虚伪。这是中小地主阶层知识分子对当权的大地主分子口谈道德而在实际行为上违背道德的伪善态度之批判。

周敦颐提出了"主静"、"无欲"的主张。他认为:"无欲故静。"(《太极图说》自注)只有无欲,才能达到"诚"的境界。"君子乾乾不息于诚,然必惩忿窒欲、迁善改过而后至。"(《通书·乾损益动》章)只有消除了欲望,才能完全符合道德准则。"吉凶悔吝生乎动。噫,吉一而已,动可不慎乎!"(同上)活动易于引起不良结果,不如静止不动为好。这种主静、无欲的学说,在宋代发生了很大的影响。主静学说反映了唐末五代长期扰乱之后一般人要求安宁的愿望,也反映了中小地主维护封建政权的态度。

在政治思想方面,周敦颐主张维持封建的伦理秩序,借以调和阶级之间的矛盾冲突。"礼,理也;乐,和也。阴、阳理而后和。君君臣臣,父父子子,兄兄弟弟,夫夫妇妇。万物各得其理然后和。故礼先而乐后。"(《通书·礼乐》章)不同地位的人各安其分,然后彼此和谐。一方面劝君主遵守道德:"天下之众,本在一人。"(《顺化》章)"礼法不修,政刑苛紊,纵欲败度,下民困苦。"(《乐上》章)一方面又反对人民追求欲望的满足:"民之盛也,欲动情动,利害相攻,不止,则贼灭无伦焉。故得刑以治。"(《刑》章)这种企图调和阶级冲突的观点,正是中小地主阶级所具有的。

(3)南宋以后对于周敦颐学说的解释　周敦颐没有正式讲学。程颢、程颐早年曾经问学于周,但后来对于周并不推崇。这主要是因为二程不赞同周的宇宙观,他们自己另外建立一套以理为中心观念的宇宙观。到南宋初,二程成为思想权威。朱熹、张栻等以二程的哲学观点解释周的学说,认为周、程一脉相承,于是周敦颐的太极被解释为理,而周敦颐就成为宋代理学的开山祖师了。

朱熹认为:周敦颐讲的"太极"就是"理",《通书》中的"诚"即是《太极图说》中的"太极"。这样,就取消了"太极"与"诚"的区别,认为周敦颐的著作是"推一理、二气、五行之分合,以纪纲道体之精微"(《周子通书后记》)。于是周敦颐太极分阴、分阳的学说,竟变成"理生气"的学说了。朱熹的这种解释,事实上是不准确的。因为二程讲"理不动"(《程氏遗书》卷第二上),而周讲的太极是自己运动的,所以这个太极就不应解释为理。《通书》明明讲乾元是"诚之源",故诚不可能即是太极。《通书》中所谓理,是秩序的意思,并没有讲所谓"一理"。

与朱熹同时的张栻、吕祖谦,都同意朱的解释。陆九渊则对此有不同的意见,他倾向于否认《太极图说》是周的著作,他要把周解释为一个主观唯心主义者。后来朱熹成为学术界的最大权威,绝大多数的学者采取朱对周的解释。

三、邵雍的客观唯心主义学说

北宋中期,明确提出客观唯心主义体系的思想家是邵雍(1011—1077)。邵雍字尧夫,谥康节。他提出了一个表面上非常整齐的体系,这就是"象数之学",其中包含了某些唯物主义因素,而在本质上则是一种客观唯心主义。他的主要著作是《皇极经世》。

(1)"象数之学"　邵雍在《皇极经世》的《观物内篇》中提出了关于世界构造的学说,认为天生于动,地生于静,天分阴、阳,地分柔、刚,阴、阳又分为太阳、太阴、少阳、少阴,即是日、月、星、辰,叫做天之四象,柔、刚又分为太柔、太刚、少柔、少刚,即是水、火、土、石,叫做地之四体。由日、月、星、辰而有寒、暑、昼、夜之"变";由水、火、土、石而有雨、风、露、雷之"化"。世界中的基本现象尽于此了。"天生于动者也,地生于静者也。""动之始则阳生焉,动之极则阴生焉。""静之始则柔生焉,静之极则刚生焉。""动之大者谓之太阳,动之小者谓之少阳;静之大者谓之太阴,静之小者谓之少阴。太阳为日,太阴为月,少阳为星,少阴为辰。""太柔为水,太刚为火,少柔为土,少刚为石。""日为暑,月为寒,星为昼,辰为夜,水为雨,火为风,土为露,石为雷。"(《观物内篇》)邵雍不采用旧有的五行、八卦的说法,而提出日、月、星、辰、水、火、土、石八体来说明世界。但他仍然承认《易经》六十四卦的体系。他认为六十四卦可以赅括世界中的一切变化。

《皇极经世》中有许多图式,邵雍认为那些图式就是世界构造的图式,就是事物变化的基本公式。那些图式主要是关于八卦方位及六十四卦次序的图式。

邵雍的"数"学基本上是"加一倍法",以二、四、八、十六、六十四等为基本数目。

作为象数之基础的有所谓"神"。"神"基本上是指变化的动力而言。"气一而已,生之者乾也。神亦一而已,乘气而变化,能出入于有无生死之间,无方而不测者也。"(《观物外篇》)邵雍认为,"神"出于太极,而为象数之所从出。"太极一也,不动,生二,二则神也。神生数,数生象,象生器。""太极不动,性也。发则神,神则数,数则象,象则器。器之变,复归于神也。"(同上)"神"之所以为"神",在于"二",即对立性。对立性就是变化的动力。"天之象数,可得而推,如其神用,则不可得而测也。"(同上)"神"即是"用",乃是能动的作用。这作用是微妙不可预测的。

邵雍讲"太极不动",这所谓太极与周敦颐讲的太极有不同处。

邵雍所谓"神"虽然基本上是指变化的动力而言,但他有时把气之神与人的精神作用混为一谈。如说:"天之神栖乎日,人之神发乎目。""人之神则存于心。""人之神则天地之神。人之自欺所以欺天地,可不戒哉。"(同上)所谓人之神,是指人的精神作用而言。邵雍把两种意义的神混为一谈,所以他关于神的学说,类似西洋哲学中的泛神论。

(2)"先天学"　邵雍自称其图式为"先天图",其学说为"先天学"。他所讲的八卦的意义与《易传》所讲的不同,他所排列的六十四卦的次序也与《周易》不同。他认为自己所讲的是"先天"。何谓先天? 他认为他所讲的原理和他所画的图式,在天地没有出现以前即已存在,而天地出现以后的情况,不过是把这些图式表现出来而已。这样,他认为在实际世界没有生成以前本来已经存在着永恒的图式了。

这些先天的图式,只能是一种思想的虚构。邵雍明确地提出了客观唯心主义的命题:"先天之学,心法也。故图皆自中起,万化、万事生乎心也。"(《观物外篇》)那在天地以前的,简单直接地被说成"心"了。

邵雍认为,那在天地以前的叫做道,也叫做太极,也就是心。"道为天地之本,天地为万物之本。以天地观万物,则万物为万物,以道观天地,则天地亦为万物。"(《观物内篇》)"天由道而生,地由道而成,物由道而形,人由道而行。"(同上)道是天地的根源。"心为太极,又曰道为太极。"(《观物外篇》)道就是心。这心不是个人的心,而是假想的客观的心。

可见,邵雍学说的客观唯心主义的本质是很明显的。

(3)"天地始终"与"皇帝王霸"　邵雍提出一个历史观。他不仅要说明人类的历史,而且要说明天地的历史。他认为天地是有始终的。"易之数,穷天地始终。或曰:天地亦有始终乎? 曰:既有消长,岂无始终? 天地虽大,是亦形器,乃二物也。"(《观物外篇》)天地也是形器,所以也有始有终。这就是说,现实的天文宇宙是有始终的。在现在的天地未有以前有天地,在现在的天地消灭之后也还有新的天地出现。

邵雍认为,天地的历史应以"元会运世"计算时间。天地自始至终为一元,一元十二会,一会三十运,一运十二世,一世三十年。一元共计十二万九千六百年。

在现在天地的历史中,"天开于子,地辟于丑,人生于寅"。天开于第一会子会,地辟于第二会丑会,人与其他物类生于第三会寅会。到第六会巳会,正如一日中的巳时,人物达到极盛的状态,唐尧即存在于此会的第三十运中的第九世。夏、商、周至宋代都在第七会午会中,即处在盛极而衰的阶段。第八会未会以后是逐渐衰落的阶段。到第十一会戌会,万物都归于绝灭。到第十二会亥会的末尾,天地也就终结。第一会的卦象是"复",第三会的卦象是"泰",第六会的卦象是"乾",第七会的卦象是"姤",第十一会的卦象是"剥",第十二会的卦象是"坤"。

邵雍把人类历史分为四个阶段:皇、帝、王、霸。这也就是政治的四个类型。三皇的特点是"以道化民"。"以道化民者民亦以道归之,故尚自然。夫自然者,无为无有之谓也。"(《观物内篇》)五帝的特点是"以德教民"。"以德教民者民亦以德归之,故尚让。夫让也者,先人后己之谓也。"(同上)三王的特点是"以功劝民"。"以功劝民者民亦以功归之,故尚政。夫政也者,正也,以正正夫不正之谓也。"(同上)五霸的特点是"以力率民"。"以力率民者民亦以力归之,故尚争。夫争也者,急夫利者也。取以利不以义,然后谓之争。"(同上)汉晋以后都只是霸政而已。"汉王而不足,晋伯而有余。"(同上)盛世是一去不返了。

邵雍的历史观基本上是历史退化论,他认为三代以前的三皇、五帝之世是人类历史上的最好的时代。秦汉以后每况愈下,其基本趋势是衰落，不可能再盛了。这种历史观是没落的大地主阶级意识的反映。

在伦理学说方面，邵雍宣扬义、利之辨。"天下将治，则人必尚义也。天下将乱，则人必尚利也。尚义则谦让之风行焉。尚利则攘夺之风行焉。义、利之相去，一何远之如是耶。"（同上）人民重义或重利，就是治或乱的象征。但他也认识到利的必要性："利也者，养人成务之具也。"他也讲利民："天下之正，莫如利民焉；天下之不正，莫如害民焉。"（同上）他的意思是，统治者与被统治者都应该依照封建道德的规定以解决有关物质利益的问题，而不应该追求个人的利益。邵雍虽然不是完全否认利的重要，但他基本上是坚持义利之辨的。

（4）"以物观物"　邵雍提出了关于方法论的见解。他讲"以物观物"，认为观物的方法不是用眼去看，也不能完全靠"心"的思考，而是要根据"理"去观察："夫所以谓之观物者，非以目观之也。非观之以目，而观之以心也。非观之以心，而观之以理也。天下之物莫不有理焉。……所以谓之理者，穷之而后可知也。"（《观物内篇》）"观之以目"即依靠感官，"观之以心"即依靠思维。邵雍以为仅依靠感官不能认识"物"的真相，仅依靠思维也不能认识"物"的真相，必须先对于物的"理"有所认识，然后根据这"理"来观察万物。但如何"穷理"呢？"穷理"是否必须先"以目观之"？他却没有充分的说明。

邵雍的方法论的特点是：一方面他主张超越感觉，一方面又强调避免主观，而主张客观。"圣人之所以能一万物之情者，谓其能反观也。所以谓之反观者，不以我观物也。不以我观物者，以物观物之谓也。既能以物观物，又安有我于其间哉?"（同上）这所谓"反观"，即是设身处地以观物，即从物的观点来观物，力求摆脱个人的主观成见。可以说，邵雍主张"以物观物"，是肯定了客观的重要。但他所讲的客观只是唯心主义者所讲的客观，因为他不赞成"观之以目"。事实上，对于外物的客观的理解是必须从"观之以目"开始的。

邵雍关于方法论的思想是与他的客观唯心主义的世界观一致的。

第三节　张载的唯物主义学说

张载（1020—1077）字子厚，曾于陕西郿县横渠镇讲学，学者称横渠先生。

张载是宋代伟大的唯物主义哲学家。他坚决地进行了反对佛教唯心主义的斗争，同时对天文学、医学都有研究，总结了当时的自然科学知识，从而建立了自己的唯物主义体系，把唯物主义提到新的水平。

张载经常注意民间的疾苦，他对于人民的痛苦有深切的同情。有一年，陕西大旱，他在路上看见饿殍，伤感悲痛，回家后整天吃不下饭。他要求解决"贫富不均"的问题，尝说："贫富不均，教养无法，虽欲言治，皆苟而已。"（《行状》）于是提出了恢复"井田"的主张，建议"以田授民"。他还想买一大块土地做井田的试验，但未成事实。他的恢复井田的主张，表面上看来是复古的，但其中包含了解决贫富不均问题的真诚愿望。

张载的主要著作是《正蒙》、《西铭》、《易说》等，还有弟子记录的《语录》。(明朝人把当时存在的张载著作编集为《张子全书》。)

(1)天人本末 对于佛教唯心主义,张载进行了激烈的批判。从唐代韩愈以后,批判佛教的人很多,但都只是从社会伦理观点反驳佛教,没有接触到哲学的基本问题。张载与他们不同,直接从哲学基本问题方面,严厉地批判了佛教的"一切惟心"的唯心主义学说。

张载指出,佛家认为世界是心造的,乃是颠倒本末的荒谬思想。"释氏不知天命,而以心法起灭天地,以小缘大,以末缘本,其不能穷而谓之幻妄,真所谓疑冰者欤?"(《正蒙·大心》篇)物质世界是巨大的根本的,而心是微小的从生的,佛家反认为天地因人心而起灭,那是把本末的关系颠倒了。

张载更指斥了佛家以世界为假相的学说:"释氏妄意天性,而不知范围天用,反以六根之微因缘天地。明不能尽,则诬天、地、日、月为幻妄。"(同上)天、地、日、月都是实在的,都是离开人的意识而独立存在的,佛家却认为它们虚假,真是荒谬的思想。

在这些批判佛家的言论中,张载明确地肯定了物质世界的独立存在,肯定了物质的第一性。

(2)气与太虚 张载提出了一切存在和现象都是气的学说。他认为一切存在和现象都是气,一切物体都是气所构成的。"凡可状皆有也,凡有皆象也,凡象皆气也。"(《正蒙·乾称》篇)世界乃是气的世界。张载更提出了关于气的明确的界说:"所谓气也者,非待其蒸郁凝聚接于目而后知之,苟健顺动止浩然湛然之得言,皆可名之象尔。"(《正蒙·神化》篇)看得见的如云烟之类固然是气,但气不一定是看得见的;只要可以说有运动静止的、广阔深远的,都是气。这里,他指出气的两个特点,一是有运动静止,一是有广度深度。具有如此特点的气,正是我们今日讲的物质。气就是有运动静止、有广度深度的实体。

张载提出"太虚即气"(《正蒙·太和》篇)、"虚空即气"(同上)的学说。所谓太虚即是广大的天空。广大的天空看来好似空无所有,其实充满了气,是气散而未聚的状态。他说:"太虚不能无气,气不能不聚而为万物,万物不能不散而为太虚。"(同上)气散则为太虚,聚则成万物。他以水与冰的关系作比喻来说明太虚和气的关系:"气之聚散于太虚,犹冰凝释于水。"(同上)太虚、气、万物,乃是同一实体的不同状态,张载又说:"太虚无形,气之本体。其聚其散,变化之客形尔。"(同上)气散而未聚,乃是气的本来的状态,所以说是气之本体。气的凝聚是变化不定的,所以叫做客形,客形即是出入不定的形态。这里所谓本体不是和现象对立的。

张载指出,假如认为"虚能生气",那就是承认"有生于无",实际上太虚也是有而不是无,"知太虚即气则无无"(《正蒙·太和》篇)。太虚就是气,不应该说虚生气。假如认为"万象为太虚中所见之物",那也是把虚与气割裂了,就会陷于以虚空为唯一实体而以山河大地为假相的唯心主义,更是错误的了。总之,太虚就是气,不可以把虚与气对立起来。

张载论证了"太虚即气",也就是肯定气是唯一的实体。太虚也是物质性的,天空与万物共同构成无限的物质世界。

张载从唯物主义观点给予道的观点与天的观念以明确的解

释。他认为道就是指气化而言。"由气化,有道之名。"(《正蒙·太和》篇)道就是气的变化的过程。这气的变化过程也就是阴、阳相互推移的过程,其中总括阴、阳二气,是阴、阳的统一。阴、阳的统一也叫做"太和"。太和就是道。"太和所谓道。"(同上)这就是肯定:道即是气,道是物质变化的总过程。

张载认为,天是指太虚而言。"由太虚,有天之名。"(同上)天就是广大的天空。把太虚、气与万物总括起来,也叫做天,这所谓天就是宇宙的全体,即至大无外的全体,"天大无外"(《正蒙·大心》篇)。这样,天即是广大无限的物质世界。

张载指出,天只是气,是没有意识的:"天惟运动一气,鼓万物而生,无心以恤物。"(《易说·系辞上》)"天无心,心都在人之心。"(《理窟·诗书》篇)人是有心的,天则无心。心是从生的后起的现象。"思尽其心者,必知心所从来而后能。"(《正蒙·大心》篇)心是有所从来的,就是说,心不是根本的,而有它的根源。心的根源在于物。"人本无心,因物为心。"(《语录》)外物作用于人的身体,然后引起人的认识活动。

(3)气之性——神与能　张载认为,气是经常处于运动变化之中的。气的运动变化,不是由于外在的原因,而是由于内在的动力。这气的变化之内在的动力也就是气的能动的本性,叫做神,也叫做能。这所谓神,不是指有人格有意志的神灵,也不是指能认识的精神作用,而是指气的变化之内在的动力。这神的观念是由《易传》来的。

张载认为,神是天的本性,是一切变化的根源。"神天德,化天道,德其体,道其用,一于气而已。"(《正蒙·神化》篇)天德即自然世界的本性,神是自然世界的本性,化是自然世界的过程。本性是过程的根源,过程是本性的表现,二者是统一于气的。天的本性也即是气的本性。"气之性本虚而神,则神与性乃气所固有。"(《正蒙·乾称》篇)神与性是二而一的,是气所固有,内在于气之中的。这神、性即能变的动力。"惟神为能变化,以其一天下之动也。"(《正蒙·神化》篇)

这性也叫做"浮沉升降动静相感之性"。"太和所谓道,中涵浮沉、升降、动静相感之性,是生絪缊、相荡、胜负、屈伸之始。"(《正蒙·太和》篇)这性也叫做"屈伸、动静、终始之能"。"惟屈伸、动静、终始之能一也。故所以妙万物而谓之神,通万物而谓之道,体万物而谓之性。"(《正蒙·乾称》篇)从其"妙万物"而言,谓之神,从其"体万物"而言,谓之性。其实只是一个"屈伸、动静、终始之能",即变化运动的潜能而已。

张载又提出"机"的观念。"气块然太虚,升降飞扬未尝止息。……此虚实动静之机,阴阳刚柔之始。"(《正蒙·太和》篇)他曾经解释所谓机道:"凡圜转之物,动必有机。既谓之机,则动非自外也。"(《正蒙·参两》篇)机就是运动的内在原因,即内在的动力。神也即是机,乃是气的自己运动之内在的源泉。

关于性的内容,张载有进一步的分析。他指出,这能变的本性即是统一之中包含对立。"性其总,合两也。"(《正蒙·诚明》篇)"一物两体,气也。一故神,两故化。"(《正蒙·参两》篇)一物之中包含两部分或两方面,它们互相作用,因而有无穷的变化。对立的两方面相互作用,叫做"感"。"天性,乾坤、阴阳也。二端故有感。"(《正蒙·乾称》篇)二端相感即是性的内容。从主动方面叫做

"感",从受动方面说就叫做"应"。"神者太虚妙应之目。"(《正蒙·太和》篇)对立的两方面有感必应,这就是太虚的本性,即气的本性,亦即物质世界的本性。

张载肯定物质是自己运动、自己变化的,物质具有运动变化的本性。

张载讨论了鬼神的问题,他不承认人死有知,他指出所谓鬼是不可信的。"今言鬼者不可见其形,或云有见者且不定,一难信。又以无形而移变有形之物,此不可以理推,二难信。"(《拾遗》)"今更就世俗之言评之,如人死皆有知,则慈母有深爱其子者,一旦化去,独不日日凭人言语,托人梦寐,存恤之耶? 今世之稍信实亦未尝有言亲见者。"(同上)他否认了关于鬼的迷信。同时,他提出对于鬼神二字的新解释,认为鬼神是气的两种作用:"鬼神者二气之良能也。"(《正蒙·太和》篇)"鬼神,往来屈伸之义。"(《正蒙·神化》篇)鬼就是往而屈,即是没落的过去的东西。神就是来而伸,即是新生的方来的东西。在这个解释中,他否认了鬼神的宗教意义,却也保持了鬼神这两个名词,这还是受了儒家经典的束缚。

张载有时将"神"与实物对立起来。他曾经说:"万物形色,神之糟粕。"(《正蒙·太和》篇)用"糟粕"二字来讲万象,含有鄙视有形物体的倾向。他又说:"太虚为清,清则无碍,无碍故神。反清为浊,浊则碍,碍则形。"(同上)神不是物体,而只是一种本性。形是一件一件的物体。神与形在这个意义上是对立的。但张载所说不够明确,容易引起误会。他又说:"虚静照鉴,神之明也。"(《正蒙·神化》篇)这所谓"明"、"照鉴",是指太虚的光亮透明,但更易引起误会。有人根据这些话,认为张载讲的太虚是精神性的,所谓神是神灵或精神。其实,这是误解或故意曲解。但张载有些文句的意义不够明确,也是他的一个缺欠。

(4)万物之理　张载指出:物质世界有复杂的错综的变化,而它的变化有一定的规律。"天之不测为神,神而有常谓天。"(《正蒙·天道》篇)自然世界的变化是极其复杂的,但这复杂的变化具有恒常性。这恒常性叫做理。"天地之气,虽聚散攻取百涂,然其为理也顺而不妄。"(《正蒙·太和》篇)张载肯定:"万物皆有理。"(《语录》)这理即是"变化之理"(《易说》)。张载明确肯定了理的客观性。"理不在人,皆在物。人但物中之一物耳。"(宋本《张子语录》)理是在物中的,是不能离开物的。

张载更说明了气、理、道的关系:"阴阳者,天之气也。生成覆帱,天之道也。损益盈虚,天之理也。道得之同,理得之异。"(《语录》)道是总的变化过程,理是变化的条理。道是普遍的,理是特殊的。

(5)变化与两一　对于事物的变化及其规律,张载曾经进行深刻的观察与分析,得到许多极有价值的结论。这部分学说,就是他的辩证思想。

张载指出,事物都是互相联系的,没有孤立的东西。"物无孤立之理,非同异、屈伸、终始以发明之,则虽物非物也。事有始卒乃成,非同异、有无相感,则不见其成。"(《正蒙·动物》篇)物与其前后左右的物有联系;事与其前后四周的事也有联系。

张载提出变化的两种形式的学说:一种是显著的"变",一种是逐渐的"化"。"变言其著,化言其渐。"(《易说·乾卦》)他又指出两者之间的关系:"变则化,由粗入精也。化而裁之谓之变,以著显微也。"(《正蒙·神化》篇)著变引起渐化,这是由巨大的转入于细微的;渐化中的裁断叫做变,这是以显著的表现出那细微的来。所谓"化而裁之"接近于"连续性的中断"。

张载也有简单的抽象的发展观念。他解释《易传》"生生之谓易"说:"生生犹进进也。"(《易说》)。进而又进,进进不已,这就不是循环了。"进进"就是"日新"。他说:"日新者,久无穷也。"(《正蒙·大易》篇)世界是新而又新的无穷无尽的过程。

张载提出"两"与"一"的观念,以对立的相互作用为变化的原因:"一物两体,气也。一故神(自注:两在,故不测),两故化(自注:推行于一)。"(《正蒙·参两》篇)一中有两,两又合一,就是说,统一之中包含对立,对立的两方面又有统一的关系。这样,便发生复杂的变化。张载更说明了对立与统一之间的关系:"感而后有通,不有两则无一。故圣人以刚、柔立本,乾、坤毁则无以见易。"(《正蒙·太和》篇)有对立然后才有统一可说。"两不立则一不可见,一不可见则两之用息。两体者,虚、实也,动、静也,聚、散也,清、浊也,其究一而已。"(同上)假如对立之间没有统一的关系,那末对立也不起作用了。

张载认识到对立的斗争。"有象斯有对,对必反其为。有反斯有仇,仇必和而解。"(《正蒙·太和》篇)一切现象都有对立,对立两方面所为相反。相反就相仇,即相互斗争。但斗争一定归于和解。他认识了对立的斗争,这也是一项重要贡献。

(6)见闻之知与德性所知 在认识论方面,张载的学说,有唯物主义的成分,也有唯心主义的成分。张载首先肯定:人的知识的来源在于感官有所接受,而感官有所接受,又由于"内外之合",即主体与客体的相互作用。"人谓己有知,由耳目有受也。人之有受,由内外之合也。"(《正蒙·大心》篇)"合"即由交互作用而统一起来。(《正蒙·乾称》篇:"感即合也。"合与感同一意义。)客体作用于主体,主体有所反应,就是内外之合。知识不是内发的,而是由于外在事物对于主体的作用。张载肯定知识以外在世界为基础:"感亦须待有物。有物则有感,无物则何所感?"(宋本《语录》)"人本无心,因物为心。"(同上)感觉的发生以外物的存在为先决条件。这个观点是鲜明的唯物主义观点。

　　张载提出两种知识的说法,他认为有从耳目得来的"见闻之知",即感性的认识,还有比见闻更高一级的知识,叫做"德性所知"。他认为这"德性所知"是不依靠见闻的。"见闻之知乃物交而知,非德性所知。德性所知,不萌于见闻。"(《正蒙·大心》篇)"德性所知"即是关于"神化"的知识,即所谓"穷神知化"。他认为"穷神知化"以道德修养为基础,所以叫做"德性所知"。张载看到有比见闻更高一级的认识,这是正确的,但把这高一级的认识神秘化了,又完全否认了它与见闻的联系,于是陷入了唯心主义。但这"德性所知"也是关于外在世界的知识,叫做"合内外于耳目之外"。这一点还保持了唯物主义色彩。

　　张载认为,"见闻之知"的真确性的标准是公共。"独见独闻,虽小异,怪也,出于疾与妄也。共见共闻,虽大异,诚也,出阴阳之正也。"(《正蒙·动物》篇)群众的共同见闻就是事实。"德性所知"的真确性的标准是"断事无失"。"吾学既得于心,则修其辞命,辞无差,然后断事。断事无失,吾乃沛然。"(《行状》)"断事无失"即是预断证实,这是学说正确性的标准。

(7)"天地之性"与"气质之性"　张载提出一种神秘的人性论,认为人性有两层,一是"天地之性",即人与万物共同具有的本性;一是"气质之性",即一个人因其特殊形体而具有的特殊的性质。"天地之性"是普遍的,是任何人任何物所同有的。"气质之性"则人与人不同,"性者万物之一源,非有我之得私也"(《正蒙·诚明》篇),"形而后有气质之性,善反之则天地之性存焉"(同上)。这"天地之性"也就是"气之性",即气的本性,即物质世界的一般的本性。人是气所构成的,所以也具有这本性。从一方面说,人是物质世界的一部分,因而具有物质的本性,这是事实。但从另一方面说,这性却不就是人性,而与人性有区别。张载认为"气之性"是人的最根本的性,这就混淆了问题。因"气之性"是永恒的,于是认为人的本性也是永恒的,在生以前即已存在,在死以后也不消灭。这就陷入神秘主义了。

张载认为,假如人们能够认识自己的本性与一切人、一切物相同,就会泛爱一切人、一切物。于是他断定这普遍的本性即是道德的基础,这样就赋予"天地之性"以道德的意义。他又认为,"气质之性"乃是偏杂不纯的,应该加以改变。因此,他提出了"变化气质"的学说。

(8)"民吾同胞"与"爱必兼爱"　在《西铭》中,张载提出了"民胞物与"的学说。"乾称父,坤称母;予兹藐焉,乃混然中处。故天地之塞,吾其体;天地之帅,吾其性。民吾同胞,物吾与也。大君者,吾父母宗子。其大臣,宗子之家相也。尊高年,所以长其长;慈孤弱,所以幼吾幼。圣其合德,贤其秀也。凡天下疲癃残疾,茕独鳏寡,皆吾兄弟之颠连而无告者也。"一切人都是天地之子,在这个意义上都是平等的。这里所谓"乾坤父母",只是比喻之词。"天地更分甚父母?……若语道则不须如是言。"(《语录》)一切人都生存于同一世界上,所以都是兄弟。张载又讲人道的基本原则说:"立必俱立,知必周知,爱必兼爱,成不独成。"(《正蒙·诚明》篇)所谓"兼爱",就是视人如己:"以爱己之心爱人,则尽仁。"(《正蒙·中正》篇)

这种泛爱思想的实际意义如何?这要看这种学说是对谁宣传的。北宋中期,阶级矛盾日益复杂化,关键的问题是改善人民生活的问题。张载的《西铭》乃是对地主阶级知识分子讲的。应该承认,这种"民胞物与"的思想在当时主要是要求统治集团对人民的生活有所照顾,减轻对人民的压迫、剥削,所以这是有一定进步意义的。

但是"物吾与也"的观念,不仅要求爱一切人,而且主张爱一切物,认为应该"视天下无一物非我"(《正蒙·大心》篇),这就陷入于一种神秘主义。此外,《西铭》中还宣扬"乐且不忧"的乐天顺命思想。把全宇宙看做一个大家族,从宗法关系来说明人的义务,这就含蕴着承认宗法关系具有永恒性的意思,因而起了巩固当时封建社会中宗法制度的作用。这是《西铭》的保守方面。

张载又把"爱"与"礼"结合起来:"恭敬、撙节、退让以明礼,仁之至也,爱道之极也。"(《正蒙·至当》篇)他强调了礼的重要,这也是保守的思想。

张载认为天道与人性是统一的:"所谓诚明者,性与天道不见乎小大之别也。"(《正蒙·诚明》篇)但他也指出了天道与人道的区别："老子言'天地不仁,以万物为刍狗',此是也。'圣人不仁,以百姓为刍狗',此则异矣。圣人岂有不仁? 所患者不仁也。"于是分出天人之道不可混,"圣人苟不用思虑忧患以经世,则何用圣人?"(《易说》)天无思虑忧患,人则不能无思虑忧患。自然界没有意识,社会生活则须经过意识的安排。社会生活有别于自然过程。

张载认为义、利是统一的,公共的利益就是义:"义公天下之利。"(《正蒙·大易》篇)他强调了利民的重要:"利于民则可谓利,利于身、利于国皆非利也。"(《拾遗》)人民的利益才是公共的利益。

(9)"井田"与"均平"　张载指出,贫、富不均是当时的基本问题,因而他主张"均平"。"治天下不由井地,终无由得平。周道止是均平。"(《理窟·周礼》)他希望实行井田制,把田地收归国有,然后分给人民。井田制的原则是"人受一方","以田授民"(同上)。为了消除大地主的反对,他主张让大地主作"田官",以补偿他们的土地:"其多有田者使不失其为富。"(同上)但这种让大地主作"田官"的办法还是暂时的:"始则因命为田官,自后则是择贤。"(同上)这恢复井田的主张表面上看来是一种复古思想,但其中包含了解决土地占有问题的愿望。

张载对中国唯物主义基本范畴"气",作了比较完备的解释。他明确地论证了世界的物质性,论证了物质实体的自己运动。他更提出关于事物变化基本规律的精湛学说。他对中国古典唯物主义与古典辩证法思想作出了巨大的贡献。

张载的唯物主义学说,受到后来唯心主义者的批评。但他的学说深刻地启发了南宋以后的唯物主义哲学家。他是宋明哲学中唯物主义传统的奠基者。

第四节 北宋中期功利思想与反功利思想的斗争

一、李觏的社会思想

北宋中期,阶级矛盾与民族矛盾日益深刻化,中央政府的财政发生困难,人民生活日益困苦,军队无力抵御外来的侵扰。在这种条件下,出现了注意现实问题、重视"功利"的思想家。其中最主要的是李觏与王安石。

李觏(1009—1059)出身于中小地主阶级,没有考中进士,靠私人教学维持生活,晚年才被任命为太学说书。他是一个不得志的学者。著作很多,都收在《李直讲文集》中。

李觏虽然在宇宙观方面也作过某些论述,但他研究的重点是社会政治问题。他的思想的特点是重视"功利",反对孟子、董仲舒不讲或轻视功利的思想。

(1)论"利" 李觏指出,一般的儒者都"贵义而贱利",这是不应该的。"洪范八政,一曰食,二曰货。孔子曰:'足食足兵,民信之矣。'是治国之实,必本于财用。"(《富国策》一)政治上各方面的问题必须有财才能解决。"礼以是举,政以是成,爱以是立,威以是行。"(同上)解决经济问题是行政的第一要务:"贤圣之君,经济之士,必先富其国焉。"(同上)

李觏指出,"利"与"欲"都不是不可以讲的。"人非利不生,曷为不可言?"(《原文》)利是人们维持生活的必要条件。"欲,人之情,曷为不可言?"(同上)欲是人的自然的情感。利、欲本身并不是罪恶。假如求利而违反了礼,那是贪;假如求欲望的满足而违反了礼,那是淫。贪与淫是罪恶。利、欲而合乎礼,就都是正当的。李觏肯定了利、欲的重要,也就是肯定了物质生活的重要。

李觏虽然讲利,但他不是商人阶级思想家。他主张中央政府掌握理财之权,防止商人屯积居奇、垄断取利。"财者君之所理也。君不理则蓄贾专行,而制民命矣。"(《富国策》六)他主张政府实行"平籴"之法以便利农民,这一思想反映了人民要求摆脱豪商剥削的愿望。

(2)论礼 李觏强调"礼",认为礼是人生的最高准则。物质生活问题的解决,欲望的满足,都应该遵守礼所规定的限度。礼包括"饮食、衣服、宫室、器皿、夫妇、父子、长幼、君臣、上下、师友、宾客、死丧、祭祀"等等的标准。他以为礼是"仁、义、礼、智、信"以及"乐、刑、政"的总和。乐、刑、政是礼的三支,仁、义、智、信是礼的四别名。他这样把礼抬高起来。

儒家所讲的礼基本上是巩固封建的生产关系的工具。李觏特别重礼,所以他基本上是维护封建制度的。李觏思想的进步性在于:在维护封建制度的前提下,要求注意经济方面的实际问题,要求注意人民的物质生活。

(3)均田 李觏注意到土地问题的严重性。他指出,耕者不免饥饿,养蚕的人不得穿衣,而"不耕不蚕"的人反而获得厚利。那些"巨产宿财之家",反而有吃不完的五谷,穿不尽的衣服。为了改变这种不合理的现象,他主张恢复井田制:"井地立则田均,田均则耕者得食,食足则蚕者得衣。"(《潜书》)他认识到,假如土地问题不解决,那末,所谓礼也就谈不到了:"法制不立,土田不均,富者日长,贫者日削。虽有末耜,谷不可得而食也。食不足,心不常,虽有礼义,民不可得而教也。"(《平土书》)不均土田,耕者不可得食,礼义也就成为空话了。

李觏看到食是礼的基础:"人所以为人,足食也。"(《国用》)这一点是与他的重利的观点一致的。

李觏反对佛教。他主要从生产观点来讲。认为佛教徒不从事生产劳动,反而靠农民养活,所以是社会上的大害,应该反对。这比专从封建伦理观点批判佛教的议论要进一步,但他没有从宇宙观方面加以批判。

二、王安石的哲学观点与社会思想

王安石(1021—1086)是北宋中期伟大的政治家,曾经主持一次变法运动。他出身于中小地主阶级,对于人民生活的艰苦抱一定的同情。他在《感事》诗中说:"贱子昔在野,心哀此黔首。丰年不饱食,水旱尚何有? 虽无剽盗起,万一且不久。特愁吏之为,十室灾八九。"他看到了人民受剥削受压迫的悲惨情况。他的《发廪》诗说:"后世不复古,贫穷主兼并。非民独如此,为国赖以成。……我尝不忍此,愿见井地平。"他反对兼并,主张寻找减轻贫富不均的道路。

(1)道有本末　王安石的宇宙观,基本倾向是唯物主义。他肯定万物的根源是自然的,是离开人的意识而独立存在的。他说:"道有本有末。本者,万物之所以生也,末者,万物之所以成也。本者出之自然,故不假乎人之力,而万物以生也。末者涉乎形器,故待人力而后万物以成也。"(《文集·老子》篇)万物之"所以生"是不依靠人的,万物之"所以成"是有待于人力的。他肯定了万物的独立存在,又肯定了人类的能动作用。

王安石认为,万物的最初的根源是太极:"夫太极生五行,然后利害生焉。"(《原性》)太极生出五行,然后出现复杂错综的现象。但他对此没有作详细的解说。他以太极为世界的根源,基本上是和周敦颐一致的。

在讲到人的身、心关系时,王安石肯定身是第一,心是第二:"神生于性,性生于诚,诚生于心,心生于气,气生于形。形者有生之本。"(《礼乐论》)这里把心与神分为二事,意义不明确。但他断言形是根本,却是明显的。这也是唯物的观点。

王安石也有简单的辩证观念。他认为"道立于两"(《洪范传》),对立是根本的。他认为五行都包含对立:"盖五行之为物,其时其位,其材其气,其性其形,其事其情,其色其声,其臭其味,皆各有耦……一柔一刚,一晦一明,故有正有邪,有美有恶,有丑有好,有凶有吉。性命之理,道德之意,皆在是矣。耦之中又有耦焉。而万物之变遂至于无穷。"(同上)现象表现了对立,对立的每一方面也包含对立,于是引起无穷的变化。

在历史观方面,王安石肯定了变化。他认为古今不同,事情的变化是复杂的。"夫天下之事,其为变岂一乎哉?"(《非礼之礼》)他指出"权时之变"的重要。

王安石的哲学思想是断片的,不成系统的,他继承了过去唯物主义者的一些正确观点,却没有进一步地加以发挥。

(2)有为　王安石肯定了人的能动作用,在政治思想方面,主张积极有为,反对古代道家的无为思想。"至乎有待于人力而万物以成,则是圣人之所以不能无言也无为也。"(《文集·老子》)

于是他肯定了"礼乐刑政"的重要性："故昔圣人之在上,而以万物为己任者,必制四术焉。四术者,礼、乐、刑、政是也,所以成万物者也。"(同上)所谓礼、乐、刑、政,是封建社会的上层建筑的主要部分。王安石主张积极有为,是正确的;但他所谓"有为"的具体内容,却仍然只是"礼、乐、刑、政",这表现了时代和阶级的局限性。

王安石的历史变化的观点与有为的思想,都是他的新法的理论根据。新法的中心观念是关于"理财"的原则:"盖聚天下之人,不可以无财;理天下之财,不可以无义。夫以义理天下之财,则转输之劳逸不可以不均,用度之多寡不可以不通,货贿之有无不可以不制,而轻重、敛散之权不可以无术。"(《乞制置三司条例》)理财一定要有原则,实施这原则一定要有办法。最主要的办法就是政府掌握经济大权,掌握充足的货物来管制市场上的货品价格,使"富商大贾"不得屯积居奇,抬高物价:"稍收轻重、敛散之权归之公上,而制其有无,以便转输,省劳费,去重敛,宽农民,庶几国用可足、民财不匮矣。"(同上)这样既可以解决国家财政问题,也可以改善人民的物质生活。

三、司马光的哲学观点与社会思想

北宋中期,在政治上与王安石处于对立地位的是司马光(1017—1086)。司马光对于史学有巨大的贡献,他编成了一部杰出的编年史《资治通鉴》。在政治方面,他却是保守的,反对变法。他的有关哲学的著作是《迂书》与《潜虚》。《迂书》的内容很简单,《潜虚》是一部未完成的著作,其中也没有深刻的思想。他的哲学思想也是不成体系的。

(1)《潜虚》的"心学" 《潜虚》是模仿《太玄》而作的,"玄以准易,虚以拟玄"。其中包含了许多图式,是一种"象数之学"。以五行的五为基本数。《易经》有六十四卦,《太玄》有八十一首,《潜虚》包括五十五"名"。这种图式只是一种文字游戏。

《潜虚》首段讲论万物的根源。"万物皆祖于虚,生于气,气以成体,体以受性。""故虚者,物之府也;气者,生之户也;体者,质之具也。"这里认为虚与气是万物的原始。这所讲的虚与气的关系,与张载《正蒙》中所讲的有很大的区别。《正蒙》反驳了"虚能生气"及"万象为太虚中所见之物"的说法,《潜虚》所说的却正是认为虚能生气,并且认为虚是容纳万物的所在。因为如此,所以《潜虚》中的万物根源学说是唯心主义的。

宋人张敦实著有《潜虚发微论》,认为《潜虚》是"心学"。宋末的王应麟也说:"《潜虚》,心学也。"(《困学纪闻》卷九)《潜虚》的图式都是内心思维的产物,而不是考察客观情况的结果。从这一点来讲,《潜虚》的思想乃是唯心主义。

《迂书》中有更明显的唯心主义观点:"小人治迹,君子治心。""学者所以求治心也,学虽多而心不治,安以学为?"在"心"与"迹"二者之中,司马光认为心是主导的。

司马光在《迂书》中说,他有取于佛家的"空":"释取其空。"何以取空?"空取其无利欲之心。"他认为利欲之心是完全应该消除的。这一观点正与李觏的思想相反。

(2)古今不异 司马光认为历史是不变的,古今没有差异:"古之天地有以异于今乎?古之万物有以异于今乎?古之性情有以异于今乎?天地不易也,日月无变也,万物自若也,性情如故

也,道何为而独变哉?"(《迂书》)他认为自然界也是古今无别的,
人的性情也是古今相同的,从而推论出生活的准则(道)也是不
变的。

根据历史不变的观点,司马光反对变法。他说:"使三代之
君常守禹、汤、文、武之法,虽至今存可也。汉武取高帝约束纷更,
盗贼半天下;元帝改孝宣之政,汉业遂衰。由此言之,祖宗之法不
可变也。"(《宋史》本传)他认为一个朝代假如坚守开国的法规不改
变,就不会灭亡,而朝代的灭亡,都是变更法制的结果。他这样来
为他的保守观点辩护。

(3)论贫富 司马光认为,贫富的区分是理所当然的。有的
人生来聪明而且肯劳动,所以成为富人;有的人生来愚笨而且懒
惰,以至于衣食缺乏,就变成穷人了。"夫民之所以有贫富者,由
其材性愚、智不同。富者智识差长,忧深思远,宁劳筋苦骨,恶衣
菲食,终不肯取债于人,故其家常有赢余,而不至狼狈也。贫者呰
窳偷生,不为远虑,一醉日富,无复赢余,急则取债于人。积不能
偿,至于鬻妻卖子,冻馁填沟壑,而不知自悔也。"(《乞罢条例司常
平使疏》)他完全掩盖了人剥削人的事实。他不但不承认人民贫
穷是受压迫受剥削的结果,而且认为富人对于贫民是有恩惠的。
"富者常借贷贫民以自饶,而贫者常假贷富民以自存。虽苦乐不
均,然犹彼此相资,以保其生。"(同上)由此,他反对任何裁抑富人
的措施。在这里,他代表大地主大商人说话。

宋代的进步思想家如张载、李觏、王安石,都要求解决贫富不
均的问题,而司马光却为贫富不均的情况作辩护。这个对照是相
当鲜明的。

第五节　程颢与程颐的唯心主义思想

北宋中期,适应着中央集权的加强,曾经出现了胡瑗、孙复的"尊王"思想。但胡瑗、孙复没有能够提出完整的哲学体系。到了北宋后期,程颢、程颐继承胡瑗的思想,构成了唯心主义的哲学体系。这种哲学体系,在理论上为中央集权的封建制度辩护,是封建统治阶级的根本利益的理论表现。二程的哲学后来称为"理学",是宋、元、明、清时代封建社会的正统思想。

程颢(1032—1085)字伯淳,世称明道先生。做过几任地方官吏,后升任为监察御史里行。当时王安石变法,他曾加以襄赞,后来又提出反对的意见,改任为地方官吏。程颢在做官的时候,讲学不辍,弟子很多。

程颐(1033—1107)字正叔,世称伊川先生。曾受胡瑗的赏识,被选拔为太学学官。后来在洛阳讲学。哲宗初年,被召为崇政殿说书。他在皇帝面前态度很严肃,致为皇帝及大臣所不满,后被斥退。晚年虽受当权派官僚的排斥,在学术界却被认为是最大的权威。

二程出身于中等地主阶级,他们所维护的是封建统治阶级的根本利益,企图在理论上证明封建制度是永恒的神圣的。他们虽对一部分腐败的大地主阶级只顾私利而损害封建统治阶级长久利益的行为表示不满,但又反对变法,在政治上表现了保守的倾向。

二程的语录保存于《程氏遗书》与《程氏外书》中。程颐著有《易传》与《春秋传》。

一、程颢的唯心主义

（1）天理 程颢认为世界的根源是理。理也叫做天理。他以"理"的名称，把封建道德的基本观念绝对化永恒化，企图以此为中央集权的封建主义制造理论基础，为封建统治阶级服务。

程颢提出"天者理也"的命题（《遗书》卷十一），断言天即是理。所谓天就是最高实体，认为天即是理，就是认为理是最高的实体。他又说："吾学虽有所授受，天理二字却是自家体贴出来。"（《外书》卷十二）他以天理为最高的概念。他更断言天即是心。"尝喻以心知天，犹居京师往长安，但知出西门便可到长安，此犹是言作两处。若要诚实，只在京师，便是到长安，更不可别求长安。只心便是天，尽之便知性，知性便知天。当处便认取，更不可外求。"（《遗书》卷二上）天与心是一个。程颢的唯心主义的主旨就是认为天即理即心。

这理究竟是什么呢？其实就是封建的伦理关系的标准，"父子君臣"之理。程颢说："父子君臣，天下之定理。"（《遗书》卷五）"为君尽君道，为臣尽臣道，过此则无理。"（同上）理的内容就是封建的道德标准。程颢的天即是理的学说，实际上就是提高封建道德标准的地位，把封建道德标准看成世界的根源。

程颢分别了"道"与"器"，并且从道、器的分别来批评张载的唯物主义。他说："形而上者谓之道，形而下者谓之器。若如或者以清虚一大为天道，则乃以器言，而非道也。"（《遗书》卷十一）他认为张载讲的太虚，还是形而下的器，而不是形而上的道。他所谓道，是指理而言。

但程颢有时也强调道与器的统一关系："《系辞》曰：'形而上

者谓之道,形而下者谓之器。'……又曰:'一阴一阳之谓道。'阴、阳亦形而下者也,而曰道者,惟此语截得上下最分明。元来只此是道,要在人默而识之也。"(同上)这是说形而上即在形而下之中。"形而上为道,形而下为器。须著如此说,器亦道,道亦器。"(《遗书》卷一)形而上与形而下在理论上应分别,在实际上却是相互联系在一起的。

程颢虽然肯定道、器的密切关系,却仍认为道、器之分"须著如此说"。他又曾批评张载的唯物主义说:"立清虚一大为万物之源,恐未安。……道体物不遗,不应有方所。"(《遗书》卷二上)他认为太虚是有方所的,即是物质性的,而道是无方无所的,即是非物质性的。

程颢认为"只心便是天",于是他攻击唯物主义天在心外的学说:"若如或者别立一天,谓人不可以包天,则有方矣,是二本也。"(《遗书》卷十一)这也是他对张载的批评。张载认为天本心末,程颢却认为那是二本,即承认在内界之外还有客观世界,而他主张唯心的一本。

从程颢批评张载的话看来,唯物主义与唯心主义的界线是很明显的。

程颢认为"只心便是天,尽之便知性,知性便知天,当处便认取,更不可外求"(《遗书》卷二上)。他断言知识的来源在于内心,心中本来含有真理,内求于心,就可以认识一切真理,这是一种彻底的唯心主义的认识论。他认为人生来都有良知。"良能良知,皆无所由,乃出于天,不系于人。"(同上)所谓良知即是天赋观念。

程颢讲"天者理也",有客观唯心主义的倾向。但他又讲"只心便是天"，反对"别立一天"，又有主观唯心主义的倾向。

（2）生生与对待　程颢肯定："生"是宇宙间的基本现象，也是"理"的一项主要内容。"生生之谓易，是天之所以为道也。天只是以生为道。"（《遗书》卷二上）"天地之大德曰生，天地絪缊万物化醇。生之谓性，万物之生意最可观。"（同书卷十一）万物生生不息，万物都有生意。中国哲学中所谓"生"，有两个意义：一是生成，一是生命。程颢讲生，把这两个意义混合起来。"天只是以生为道。"这生是生成的意思。"万物之生意最可观。"这生又是生命的意思。他肯定"生成"是宇宙间的基本现象，这是正确的。但他又认为万物都有生命，有认为宇宙是大生命的倾向，这却是一种客观唯心主义的思想。

程颢继承了《易传》的"神"的概念，认为万物的运动变化的根源在于一种内在的作用，叫做神。"生生之谓易，生生之用则神也。"（《遗书》卷十一）"冬寒夏暑，阴、阳也。所以运动变化者神也。"（同上）这神是在气之中的。"气外无神，神外无气。或者谓清者神，则浊者非神乎？"（同上）清气、浊气都含有神用。

程颢认为生生的根源在于对立。他肯定了对立的普遍性："天地万物之理，无独必有对。皆自然而然，非有安排也。每中夜以思，不知手之舞之，足之蹈之也。"（同上）"万物莫不有对。一阴一阳，一善一恶。阳长则阴消，善增则恶减。斯理也，推之其远乎！人只要知此耳。"（同上）万物没有孤立的，都是成对的。有一事物就有与之对立的事物。天下事物都是一正一反，其间有彼消此长的关系。

程颢指出，对立就是生生的根源："质必有文，自然之理也。

理必有对,生生之本也。有上则有下,有此则有彼,有质则有文。一不独立,二必为文。非知道者孰能识之?"(《二程粹言》卷上)对立互相作用,就是变化的原因。

程颢关于生生与对待的学说,可以说是他对于客观辩证规律的认识。

(3)性与仁 程颢认为人性有两层:一是天命之性,一是气禀之性。天命之性是纯粹至善的,气禀之性为生来所具有的性质,是有善有恶的。"生之谓性,性即气,气即性,生之谓也。人生气禀,理有善恶。然不是性中元有此两物相对而生也。有自幼而善,有自幼而恶,是气禀有然也。善固性也,然恶亦不可不谓之性也。盖生之谓性。人生而静以上不容说。才说性时,便已不是性也。"(《遗书》卷一)气禀之性即是"生之谓性"之性,这性含有善的可能,也含有恶的可能。天命之性是"人生而静以上"之性,即先天的性,因其是先天的,所以是不可说的。至于这两种性的关系,程颢所讲不明确。他所谓气禀之性已经是抽象的人性,而所谓天命之性则更是神秘的了。

程颢以仁为最高的道德,为修养的最高境界。但是他所谓仁不是孔子所谓仁,他给仁以神秘主义的解释,认为仁是"与万物为一体"的心理状态。他说:"学者须先识仁。仁者浑然与物同体。义、礼、知、信皆仁也。识得此理,以诚、敬存之而已。"(《遗书》卷二上)"若夫至仁,则天地为一身,而天地之间,品物万形,为四肢百体。夫人岂有视四肢百体而不爱者哉? 圣人仁之至也,独能体是心而已。……医书有以手足风顽谓之四体不仁,为其疾痛不以累其心故也。夫手足在我,而疾痛不与知焉,非不仁而何?

世之忍心无恩者,其自弃亦若是而已。"(《遗书》卷四)这要求以全宇宙为大我,以每一物为自己的一部分,而不仅以小我为我;假如以小我自限,而不知万物都是自己,就是麻痹。这种学说,一方面反对一部分人的自私自利,一方面也让人忽视现实生活中的矛盾,使人离开实际而走入飘飘然的幻想世界。

(4)治道 程颢强调所谓"治道"的不可改变。"为治之大原,牧民之要道,则前圣后圣岂不同条而共贯哉? 盖无古今、无治乱,如生民之理有穷,则圣王之法可改。"(《文集·论十事札子》)他认为"圣王之法"是"天理之不可易,人所赖以生"。这就是说,封建制度的根本原则是必然的、永恒的,封建的政治制度是永恒的"理"的表现。这种观点代表封建地主阶级根本利益,是显然的。

程颢反对土地兼并,主张恢复井田制。"经界不可不正,井地不可不均,此为治之大本也。唐尚能有口分授田之制,今则荡然无法。富者跨州县而莫之止,贫者流离饿殍而莫之恤。……此乃治乱之机也。"(《论十事札子》)兼并盛行,贫富悬殊,势必损害封建统治阶级的长久利益。为了清弭乱源,程颢主张裁抑兼并。这是他从"治乱之机"来看贫富问题的。

程颢注重"王霸之辨",认为王道是顺"天理"而行的,是"本乎人情,出乎礼义"的,而霸道则是用其私心,不合乎天理的。(《文集·论王霸之辨》)尧舜行王道,汉唐都行霸道。有任何私心都是霸道,在政治上体现天理才是王道。王、霸之辨主要是强调封建统治阶级的根本利益,反对任何为了个人私利而损害统治阶级长久利益的行为。

二、程颐的唯心主义

（1）理与气　程颐的宇宙观是明显的客观唯心主义。他认为阴、阳之气有其"所以然"，其"所以然"就是理，理是一切事物的基础。

程颐肯定万物都有理："有物必有则，一物须有一理。"（《遗书》卷十八）这理即一物之所以然。"物理须是要穷。若言天地之所以高深，鬼神之所以幽显。若只言天只是高，地只是深，只是已词，更有甚？"（《遗书》卷十五）万物的理是统一的，只是一理。"天下之物皆能穷，只是一理。"（同上）这最高的统一的理就是道，也即是阴、阳之所以然："一阴一阳之谓道，道非阴、阳也，所以一阴一阳者道也。"（《遗书》卷三）"离了阴、阳更无道。所以阴、阳者是道也。阴阳气也。气是形而下者，道是形而上者。"（《遗书》卷十五）程颐严格区分了所谓"形而上"与"形而下"。形而上是理或道，形而下是气。他断定理是第一性的。

程颐认为理是永恒的、不动的。"天理具备，元无欠少。不为尧存，不为桀亡。父子君臣，常理不易，何曾动来？"（《遗书》卷二上）理是没有变动的。

程颐认为，理就是性，而与人的心是互相贯通的。"在天为命，在人为性，论其所主为心。其实只是一个道。"（《遗书》卷十八）"自理言之谓之天，自禀受言之谓之性，自存诸人言之谓之心。"（《遗书》卷二十二上）所谓"所主"即是"存诸人"的所在处。"性之自然者谓之天，自性之有形者谓之心，自性之有动者谓之情。凡此数者皆一也。"（《遗书》卷二十五）从客观世界来说，叫做理；从人的禀受来说，叫做性；从其表现于主观方面来说，叫做心。这就是认为,所谓理,是客观的绝对观念,又是人的本性,又是人的主观意识。这是客观唯心主义的讲法。

程颐提出了"性即理也"的命题(《遗书》卷二十二上),这是程颐哲学的中心命题。这理或性的内容,程颐认为就是"仁、义、礼、智、信",即封建道德的基本标准。"称性之善谓之道,道与性一也。"(《遗书》卷二十五)"自性而行皆善也。圣人因其善也,则为仁、义、礼、智、信以名之。"(同上)这道也就是父子君臣等伦理关系的标准。"天地之间,无适而非道也。即父子而父子在所亲,即君臣而君臣在所严,以至为夫妇、为长幼、为朋友,无所为而非道。"(《遗书》卷四)可见,程颐客观唯心主义的基本意义在于把封建伦理秩序绝对化、永恒化,他认为这是万物的普遍的理,是世界的最高的实体。

程颐认为性即是理,所以又提出"天下更无性外之物"(《遗书》卷十八)的说法,认为一切都在性中,即都在理中。他认为性是离开物而独立存在的。"且如性,何须待有物,方指为性? 性自在也。"(同上)性不必是物的性,性是自己独立存在的。

程颐强调理在于心。"心与道浑然一也。"(《遗书》卷二十一下)他认定绝对观念与主观意识是一致的。关于心、身关系,他断言心是身的根原。"心生道也。有是心,斯具是形以生。"(同上)他这样颠倒了身、心的真实关系。

程颐反对张载的关于太虚的学说。《语录》记载:"又语及太虚,曰亦无太虚。遂指虚曰:皆是理,安得谓之虚,天下无实于理者。"(《遗书》卷三)他以理为世界基础的学说与张载的太虚学说对立起来。

程颐反驳了佛家的主观唯心主义思想。"《书》言天叙天秩，天有是理，圣人循而行之，所谓道也。圣人本天，释氏本心。"(《遗书》卷二十一下)这里他以天与心对立起来，但他所谓天即是理。他断定绝对观念是最根本的，反对佛家讲一切唯心。这是客观唯心主义与主观唯心主义的区别。

程颐认为，有理有气，就生成万物。物的生成有两种方式：一是"气化"，一是"形化"。气化是由气凝结而为一物，没有种子，忽然生出一种东西来。既生出一种东西以后，就会生出它的下一代，这叫作形化。他说："万物之始皆气化，既形然后以形相禅，有形化。形化长，则气化渐消。"(《遗书》卷五)"陨石无种，种于气。麟亦无种，亦气化。厥初生民，亦如是。至如海滨露出沙滩，便有百虫禽兽草木，无种而生，此犹是人所见。若海中岛屿稍大，人不及者，安知其无种之人不生于其间？若已有人类，则必无气化之人。"(《遗书》卷十五)

张载曾从气的聚散来讲万物的成毁，认为气聚则为物，物毁即气散，而散不是消灭。他提出气有聚散而无生灭的观点，包含了物质不灭的意思。程颐的看法却与此不同，认为气散就是消灭："凡物之散，其气遂尽，无复归本原之理。天地间如洪炉，虽生物销铄亦尽，况既散之气，岂有复在?"(《遗书》卷十五)"天地之化自然生生不穷，更何复资于既毙之形，既返之气，以为造化?"(同上)他强调"生生不穷"，而否认气的不灭。事实上，一方面物质本身是不灭的，另一方面，新的事物代替旧的事物，变化是进进不已的过程。这两点是不矛盾的。

(2)对待与变化　程颐肯定了对立的普遍性："天地之间皆

有对,有阴则有阳,有善则有恶。"(《遗书》卷十五)"道无无对。有阴则有阳,有善则有恶,有是则有非。无一亦无三。故《易》曰:'三人行则损一人,一人行则得其友。'只是二也。"(同上)对立是普遍于一切的。对立是两个,没有第三个。不是这一边,就是那一边,没有另外一边。

程颐讲"无一亦无三",是说没有独立无对的东西,也没有不属于对立的某一方面的东西。但他承认有另一意义的"三"。他说:"有阴便有阳,有阳便有阴。有一便有二。才有一二,便有一二之间,便是三。已往更无穷。老子亦曰'三生万物'。此是生生之谓易,理自然如此。"(《遗书》卷十八)所谓"一二之间"即一二的联系。对立两方面的联系可以叫作三。

程颐认为,事物都是时时刻刻在变化之中的,没有一时停止。他批评佛家的"成住坏空"之说:"释氏言成、住、坏、空,便是不知道。只有成、坏,无住、空。且如草木初生既成,生尽便枯坏也。天下之物无有住者。婴儿一生,长一日便是减一日,何尝得住?"(《遗书》卷十八)所有的物都变化不息,没有暂时的停留。程颐肯定物极必反。"物极必返,其理须如此。有生便有死,有始便有终。"(《遗书》卷十五)事物的变化,在一个方面上达到一定限度,就转为反面。这样,他继承了古代哲学中的"反复"观念。

(3)格物致知与知行先后　程颐比较注重知识。他一方面认定心中有知,一方面又强调观察与经验的重要。他认为人心中本来有完备的知识,但心不能自己认识,必须用"格物"的工夫,研究物理,然后才能达到心的自己认识。他说:"知者吾之所固有,然不致则不能得之,而致知必有道,故曰致知在格物。"(《遗书》卷二十五)格物所得之知乃是本来固有之知,认定心中有知,这是唯心主义的看法。

程颐对《大学》所谓"格物"作了新的解释。他认为格物就是至物,亦即就物而穷其理。"格,至也。如'祖考来格'之格。凡一物上有一理,须是穷致其理。穷理亦多端:或读书讲明义理,或论古今人物别其是非,或应接事物而处其当,皆穷理也。"(《遗书》卷十八)这里所举的穷理的条目中,有读书、讨论与应接事物。但他也注重观察自然界:"语其大,至天地之高厚;语其小,至一物之所以然,学者皆当理会。"(同上)"求之性情固是切于身,然一草一木皆有理,须是察。"(同上)他讲穷理是兼重内外的:"自一身之中,至万物之理,但理会得多,相次自然豁然有觉处。"(《遗书》卷十七)

程颐认为穷理的方法有两步:先须一件一件地进行研究,研究得多了,然后豁然贯通,就认识最根本的理了。"须是今日格一件,明日格一件。积习既多,然后脱然自有贯通处。"(《遗书》卷十八)"须是遍求,虽颜子亦只能闻一知十。若到后来达理了,虽亿万亦可通。"(《遗书》卷十九)第一步是依靠"积习",第二步是"贯通"。所谓"贯通",是由特殊达到一般,但这种由特殊到一般主要是经过灵机一动的"觉悟"。

程颐分别了"见闻之知"与"德性之知":"闻见之知,非德性之知,物交物则知之,非内也。今之所谓博物多能者是也。德性之知不假闻见。"(《遗书》卷二十五)他这两种知识的学说与他的格物致知之说有如何联系,是不够明确的。

程颐对知行问题提出了自己的见解。他认为知在行先,知是行的前提。"须以知为本,知之深则行之必至。无有知之而不能行者。知而不能行，只是知得浅。饥而不食乌喙，人不蹈水火，只是知。人为不善，只为不知。"（《遗书》卷十五）"学者固当勉强，然不致知，怎生行得？勉强行者安能持久？除非烛理明，自然乐循理。"（《遗书》卷十八）程颐提出了知先行后的学说。

程颐更提出"知难"学说："故人力行，先须要知。非特行难，知亦难也，《书》曰：'知之非艰，行之惟艰。'此固是也。然知之亦自艰。譬如人欲往京师，必知是出那门，行那路，然后可往。如不知，虽有欲往之心，其将何之？自古非无美材能力行者，然鲜能明道，以此见知之亦难也。"（《遗书》卷十八）这是说，认识真理是不容易的事。

程颐在唯心主义哲学家中是比较注重研求知识的。他有两句著名的话："涵养须用敬，进学则在致知。"（《遗书》卷十八）他充分估计了知识的价值，这一点是他的哲学中的进步的方面。

（4）人性　程颐认为人性有二层：一是作"极本穷源之性"（《遗书》卷三），一是"生质之性"（《遗书》卷八）。"极本穷源之性"即是理，是纯粹至善的。"生质之性"即是气，是有善有恶的。这两层的性之所以不同，乃在于理与气的不同。他说："性出于天，才出于气。气清则才清，气浊则才浊。"（《遗书》卷十九）所谓性指理而言，所谓才指气禀。才有"上智与下愚"之分。"气清则才善，气浊则才恶。禀得至清之气生者，为圣人；禀得至浊之气生者，为愚人。"（《遗书》卷二十二上）

程颐认为孔子与孟子所讲的性，意义不相同。"'性相近也'，此言所禀之性，不是言性之本。孟子所言，便正言性之本。"（《遗书》卷十九）他认为性之本即是理，是人人相同的。这性的内容是仁、义、礼、智、信。"自性而行皆善也,圣人因其善也,则为仁、义、礼、智、信以名之。"(《遗书》卷二十五)这就是说,封建道德是人的本性。

程颐人性学说的实际意义是:一方面断言仁、义、礼、智、信是人的本性,为封建道德制造理论根据;另一方面断言人的贤、愚由于气质不同,又为封建等级制度制造理论根据。贤、愚虽然不一定即是贵贱,但所谓贤大致是指地主阶级中有文化修养的人;而被剥削的劳动群众无缘受教育,常常被认为是愚的。传统思想中所谓贤、愚,不能说没有阶级意义。

(5)敬与义 程颐以"敬"为主要的修养方法,以"与理为一"为修养的最高境界。所谓"敬"就是严肃谨慎,时时清醒的意思,也就是严格地遵守封建道德的准则,时时注意、时时检点的意思。"敬"的意义有两层:从形式上讲,"敬"要求注意集中,经常保持清醒的头脑;从具体的内容上讲,所注意的却是封建的伦理关系,要求严格地遵守封建伦理的规定。程颐规定"敬"的界说是:"主一之谓敬。"又解释所谓"一"说:"无适之谓一。"所谓"主一",就是集中注意的意思。程颢也讲"敬",但不如程颐那样特别强调"敬"的重要。程颐说:"入道莫如敬,未有能致知而不在敬者。"(《遗书》卷三)"学者先务,固在心志。有谓欲屏去闻见知思,则是绝圣弃智;有欲屏去思虑,患其纷乱,则是须坐禅入定。如明鉴在此,万物毕照,是鉴之常,难为使之不照。人心不能不交感万物,亦难为使之不思虑。若欲免此,唯是心有主。如何为主?敬而已矣。……所谓敬者,主一之谓敬。所谓一者,无适之谓一。且欲涵泳主一之义,一则无二三矣。"(《遗书》卷十五)程颐反对道家与佛家屏去思虑的说法，主张以敬为基本的修养工夫。

程颐讲圣人的修养境界道："圣人与理为一，故无过无不及，中而已矣。"(《遗书》卷二十三)"与理为一"即是思念行动都完全合乎封建道德的准则。程颢讲"与物同体"，程颐讲"与理为一"，这是两人的不同之处。

"敬"是涵养的工夫，如果"只知用敬"，那还不够，更需要"集义"。程颐说："敬只是持己之道，义便知有是有非。顺理而行是为义也。若只守一个敬，不知集义，却是都无事也。且如欲为孝，不成只守着一个孝字，须是知所以为孝之道。所以侍奉当如何，温凊当如何，然后能尽孝道也。"(《遗书》卷十八)"集义"即是经常依照封建道德标准实际做去。

二程强调义与利的区别。程颢认为义与利是不相容的。"大凡出义则入利，出利则入义。天下之事惟义、利而已。"(《遗书》卷十一)他主张严格地分别义、利。程颐认为义与利的区别在于公与私。"义与利只是个公与私也。才出义，便以利言也。只那计较，便是为有利、害。若无利、害，何用计较？利、害者，天下之常情也。人皆知趋利而避害。圣人则更不论利、害，惟看义当为与不当为。"(《遗书》卷十七)这是说，计较个人的利、害就是为利。程颐也承认：利是必要的，但认为假如人人求利，必至于相互冲突，所以求利是不应该的。"人无利，直是生不得，安得无利？且譬如椅子，人坐此便安，是利也。如求安不已，又要褥子以求温暖，无所不为，然后夺之于君，夺之于父，此是趋利之弊也。"(《遗书》卷十八)"利为不善，不可一概论。……夫利，和义者善也，其害义者不善也。"(《遗书》卷十九)程颐初步认识到公利与私利的区

别,但他没有讲清楚公利与私利的关系;在基本倾向上,他是反对
讲利的。

义、利之辨要求一切行动只考虑原则,而不计较利害,不顾及
个人的利益。这作为一个抽象原则,也有一定的道理。但是任何
抽象原则在一定的历史阶段,有其一定的实际意义。在封建社会
里,统治阶级所谓义,就是封建道德的准则;统治阶级所谓公,就
是统治阶级的共同利益,而不是真正的公。所以,在封建社会里
强调公义,反对私利,实际上就是要求一般人们牺牲自己的物质
利益而为封建制度服务。这一方面反对大地主阶级堕落分子为
了小集团利益而损害统治阶级共同利益的行为,另一方面也排斥
了受压迫的人民提高物质生活的合理愿望。

二程更分别了理、欲。所谓理、欲,是与义、利一致的。程颢
说:"人心莫不有知,惟蔽于人欲,则亡天理也。"(《遗书》卷十一)他
把人欲与天理对立起来。但他所讲不多。程颐说:"视、听、言、
动,非理不为,即是礼,礼即是理也。不是天理,便是私欲。……
无人欲,即皆天理。"(《遗书》卷十五)所谓理,指封建道德原则;所
谓欲,即是个人的欲望。

程颐曾有"饿死事小,失节事大"之说。《遗书》记载:"问:或
有孤孀,贫穷无托者,可再嫁否? 曰:只是后世怕寒饿死,故有是
说。然饿死事极小,失节事极大。"(《遗书》卷二十二下)这句话后
来发生了很不良的影响。礼教吃人,与这句话的传播是有密切关
系的。就民族气节而言,说饿死事小,那是正确的。就妇女再嫁
而言,说饿死事小,就全无道理了。这里暴露了理、欲之辨的残
酷性。

（6）君民　程颐把"君臣之理"永恒化，但他也反对过分地尊君，认为臣应该"报君"，而君应该"报民"。他曾对宋哲宗说："夫人主处天下之尊，居亿兆之上，只嫌怕人尊奉过当，使生骄心。"他不赞成君权绝对化。他又说："人主所以有崇高之位者，盖得之于天，与天下之人共戴也。必思所以报民。古之人君，视民如伤，若保赤子，皆是报民也。"（《遗书》卷十九）他要求人君也循理而行。在他看来，理即封建统治阶级的长久利益，这才是最高无上的。

程颐反对"愚民"，主张"教民"。他说："民可明也，不可愚也。民可教也，不可威也。民可顺也，不可强也。民可使也，不可欺也。"（《遗书》卷二十五）这是程颐思想中的进步的方面。

程颐的政治思想，一方面强调封建的等级制度的尊严，另一方面又要求调整君民的关系，消弭君民之间的矛盾冲突，以求封建制度的安稳与巩固。

第二章　南宋至元末民族矛盾激化、中央集权继续加强时期唯物主义与唯心主义的斗争(十二世纪至十四世纪中期)

第一节　朱熹的客观唯心主义

朱熹(1130—1200)字元晦,世称晦庵先生。宋孝宗初年,他曾上书力主抗金,反对和议。后来做过知南康军、浙东提举等官。晚年遭受韩侂胄的排斥,其学说被目为"伪学"。从他与主和派及韩侂胄的斗争看来,他是反对当时贵族大地主阶级的。他的学说表现了封建统治阶级的根本利益。

朱熹是二程的四传弟子,他的哲学的基本倾向是与二程一致的,尤其是与程颐一致。他整理了二程的遗说,加以扩充发展,同时又采取了周敦颐、张载、邵雍的一部分思想,建立了一个完整的客观唯心主义体系。他以二程的观点解释周敦颐的学说,把周推崇为宋代唯心主义的开创者。

朱熹学问很广博,对很多的文化典籍,都作过一番整理、阐释工夫。他对经学、史学、文学都有贡献。同时他对自然科学,也进行过研究。他是中国近古时代最大的博学者。

朱熹的主要著作是《大学中庸章句》、《论语孟子集注》、《太极图说解》、《通书解》等。此外有《文集》。平生讲学的问答,后人辑为《朱子语类》。

(1)理与气　朱熹认为宇宙之内有理有气:"天地之间有理有气。理也者,形而上之道也,生物之本也;气也者,形而下之器也,生物之具也。"(《文集·答黄道夫书》)理是事物的最初根本,故说"生物之本";但仅仅理不能生成万物,必须有气,才能生出万物来,故说气是"生物之具"。

朱熹指出,理与气是不能相离的。虽然不相离,却是两个。"天下未有无理之气,亦未有无气之理。"(《语类》卷一)"所谓理与气,决是二物。但在物上看,则二物浑沦,不可分开各在一处。然不害二物之各为一物也。"(《文集·答刘叔文》)

朱熹断言:理气二者之中,理是第一,气是第二。"有是理便有是气,但理是本。"(《语类》卷一)"气之所聚,理即在焉,然理终为主。"(《文集·答王子合》)理气虽不相离,但理是在气之先。"有此理后方有此气,既有此气,然后此理有安顿处。……要之,理之一字,不可以有无论,未有天地之时便已如此了也。"(《文集·答杨志仁》)理是永恒的,没有生灭的。这样,他认为:一方面,理气不相离,一方面,又应该说理在气先。理气"本无先后之可言,然必欲推其所从来,则须说先有是理"(《语类》卷一),"理未尝离乎气,

然理形而上者,气形而下者。自形而上下言,岂无先后?"(同上)
这就是说,在事实上,理气是不相离的;在理论上,却应说理在
气先。

朱熹断言:理在物先,理在事先。"若在理上看,则虽未有
物,而已有物之理。然亦但有其理而已,未尝实有是物也。"(《文
集·答刘叔文》)"未有这事,先有这理。如未有君臣,已先有君臣
之理;未有父子,已先有父子之理。"(《语类》卷九十五)他认为理是
永恒的,而事物是有生灭的,在事物未有之先,它的理久已有了。
这也就是说,理是离开事物而独立存在的。事实上,事物的规律
不可能脱离事物而独立存在。那在想象中的脱离事物而独立的
理,并不是客观规律,而只是人的观念而已。所以朱熹的学说是
一种客观唯心主义。

(2)太极 在朱熹的哲学体系中,理又叫做太极。太极就是
最根本的理,也就是统一的理。"太极之义,正谓理之极致耳。"
(《文集·答程可久》)朱熹以他这种说法来解释周敦颐的《太极图
说》,认为周所谓太极就是理。他更认为,太极是最高的理,也是
道德的最高标准。"太极只是个极好至善底道理。……是天地
人物万善至好底表德。"(《语类》卷九十四)这样,太极既是最初的
根源,又是最高的标准。

朱熹还提出"物物有一太极"的学说。他认为,全宇宙有一
个太极,是万物的根本,是万物所以生成、存在的根据。每一物都
以太极为其存在的根据,所以每一物都涵有太极。他说:"太极
只是天地万物之理。在天地言,则天地中有太极。在万物言,则
万物中各有太极。"(《语类》卷一)"人人有一太极,物物有一太

极。"(《语类》卷九十四)这就是说,每一物都以那普遍的理为它存在的根据,所以每一物都含有那普遍的理。

朱熹对太极的内容作了解释。他认为,太极或理之中包含的万物之理,最主要的是仁、义、礼、智,即是封建道德的最高标准。仁、义、礼、智是伦理道德的名称,作为自然规律,叫做元、亨、利、贞。他说:"性是太极浑然之体,本不可以名字言,但其中含具万理,而纲领之大者有四,故命之曰仁、义、礼、智。"(《文集·答陈器之》)"以天道言之,为元、亨、利、贞;以四时言之,为春、夏、秋、冬;以人道言之,为仁、义、礼、智。"(《语类》卷六十八)仁与元相应,礼与亨相应,义与利相应,智与贞相应。元、亨、利、贞也就是生、长、遂、成。"元者乃天地生物之端。……元者生意,在亨则生意之长,在利则生意之遂,在贞则生意之成。"(同上)春季万物发生,这是元;夏季万物畅茂,草木鸟兽都长得很好,这是亨;秋季草木等都极其丰满,遂其本性,这是利;冬季草木都结成果实,而告一结束,这是贞。生、长、遂、成是生物自开始到完结的四个阶段,朱熹认为这就是最根本的理。

朱熹把自然方面的生、长、遂、成与道德方面的仁、义、礼、智统一起来,就是认为自然规律与道德标准是一而二、二而一的。这表面上好像是从自然规律演绎出道德准则,实际上却是牵强地把道德准则与自然规律联结起来。这就是认为,道德准则是自然的、必然的、普遍的秩序,它不仅是生活的标准,而且还是永恒的自然秩序。这种学说的实际意义在于把封建道德绝对化永恒化,给予封建道德以宇宙观的根据。

(3)天地的起源　朱熹根据当时的天文学的知识,探索了天地起源的问题。他认为,天地是阴、阳之气运行演化而成的。"天地初间,只是阴、阳之气。这一个气运行,磨来磨去,磨得急了,便拶出许多渣滓,里面无处出,便结成个地在中央。气之清者便为天,为日、月,为星辰,只在外常周环运转。地便只在中央不动,不是在下。"(《语类》卷一)他又认为,在天、地形成的过程中,最早出现的是水、火:"天地始初、混沌未分时,想只有水、火二者。水之滓脚便成地。今登高而望,群山皆为波浪之状,便是水泛如此。只不知因甚么时凝了,初间极软,后来方凝得硬。……水之极浊便成地,火之极清便成风、霆、雷、电、日、星之属。"(同上)他又认为,天、地是有成有毁的,这个天地之前有天地,这个天地毁了之后,还会有天地产生。"浑沦未判,阴阳之气混合幽暗,及其既分,中间放得宽阔光朗,而两仪始立。康节以十二万九千六百年为一元,则是十二万九千六百年之前又是一个大辟阖,更以上亦复如此。直是动静无端,阴阳无始。小者大之影,只昼夜便可见。……常见高山有螺蚌壳,或生石中。此石即旧日之土,螺蚌即水中之物。下者却变而为高,柔者变而为刚。此事思之至深,有可验者。"(《语类》卷九十四)朱熹关于天、地起源的学说基本上是根据当时天文学知识及自己的观察而提出的,这是他的哲学中的唯物主义成分。

(4)理与性与心　程颢程颐认为理即是性即是心。关于这个问题,朱熹却受了张载的影响,强调心与性的区别。张载认为,性是根本的,心却是后有的。性是普遍的,心只是人的心。朱熹也认为心、性虽有密切关系,但应区别开来。他认为性即是理,在气之先,为气之本。心是知觉,却是有形体而后才有的。"人之所以生,理与气合而已。……凡人之能言语、动作、思虑、营为,皆气也,而理存焉。"(《语类》卷四)"所觉者心之理也,能觉者气之灵也。"(《语类》卷五)"先有知觉之理,理未知觉。气聚成形,理与气合,便能知觉。"(同上)心的存在是以气的存在为条件的。这就是说,理是第一性的,气是第二性的,而个人意识的心更以气为条件。这是鲜明的客观唯心主义的说法。

朱熹认为心中包含性,所以心中也就包含理。他不承认"心即是理",而断言"理具于心"。他说:"性便是心之所有之理,心便是理之所会之地。"(《语类》卷五)"盖心之所以具是理者,以有性故也。"(同上)这样,他承认有天赋观念。这天赋观念的内容,也就是绝对观念的内容。但具有天赋观念的个人意识却是后于物质世界的。朱熹这样来确定个人意识的地位,鲜明地表现出了客观唯心主义的特点。

(5)对待与变化　朱熹认为,一切事物都表现了对立。"大抵天下事物之理,亭当均平,无无对者。惟道为无对,然以形而上、下论之,则亦未尝有不对也。盖所谓对者,或以左、右,或以上、下,或以前、后,或以多、寡,或以类而对,或以反而对。反复推之,天地之间,真无一物兀然无对而孤立者。此程子所以中夜以思,不觉手舞而足蹈也。"(《文集·答胡广仲》)这是说,对立有各种方式,任何一物都与另一物处在对立的关系中。

朱熹指出,不但一物与另一物彼此对待,而且一物之中也包含着对待。"一便对二,形而上便对形而下。然就一言之,一中又自有对。且如眼前一物,便有背有面,有上有下,有内有外。二又各自为对。虽说无独必有对,然独中又自有对。"(《语类》卷九十五)所谓一中之对,独中之对,就是内在的对立。朱熹明确地指出内在对立,这是他的一项贡献。不过,他所说的面背、上下、内外的对立,都是静止状态的对立。他还没有认识到一个东西中新、旧因素的斗争。

朱熹赞成张载"两故化"的学说。并这样解释道:"凡天下之事,一不能化,惟两而后能化。且如一阴一阳,始能化生万物。"(《语类》卷九十八)他肯定了正反两方面的交互作用是变化的根源。

朱熹的哲学体系是唯心主义,但他的体系中却包含着某些辩证的因素。

(6)"即物穷理" 在认识论方面,朱熹完全继承了程颐的学说并加以发挥。他认为致知的方法在于"即物而穷其理"。他在《大学章句》的《补格物章》中说:"所谓致知在格物者,言欲致吾之知,在即物而穷其理也。盖人心之灵,莫不有知,而天下之物,莫不有理。惟于理有未穷,故其知有不尽也。是以大学始教,必使学者即凡天下之物,莫不因其已知之理而益穷之,以求至乎其极。至于用力之久,而一旦豁然贯通焉,则众物之表里精粗无不到,而吾心之全体大用无不明矣。"他认为心本有知,而欲致得心中之知,必须即物而求其理。如果不这样做,则心虽具众理而不能自明。只有在穷尽万物之理以后,心中所具之理才能显出。这在一方面断定真理是内在于心中的,一方面又承认经验的必要。这是朱熹客观唯心主义的认识论之特点。

关于知行先后的问题,朱熹也赞成程颐"知在行先"的学说,同时他也强调行的重要。"知行常相须,如目无足不行,足无目不见。论先后，知为先。论轻重，行为重。"(《语类》卷九)行对于知也有作用。"方其知之而行未及之，则知尚浅。既亲历其域，则知之益明，非前日之意味。"(同上)然而知仍然在先。他说："为学先要知得分晓。"(同上)

朱熹兼重博观与内省：一方面要广泛地读书，考察各种事物；另一方面又要作内省工夫。他认为"穷理"与"尽心"是一致的："心包万理，万理具于一心。不能存得心，不能穷得理；不能穷得理，不能尽得心。"(《语类》卷九)"务反求者以博观为外驰，务博观者以内省为狭隘，堕于一偏，此皆学者之大病也。"(同上)朱熹注重博观，因而他对许多自然现象进行了观察，对历史资料也进行过考证，这表现了一定程度的科学精神。在整理古代典籍时，他表现了科学的怀疑态度，对于可疑的史料作过一些分析。

（7）天理人欲　朱熹继承了程颢、程颐的人性论学说，也认为人性有二层：一是"天地之性"，一是"气质之性"。他断言：天地之性就是理，气质之性是理气的统一。"论天地之性，则专指理言，论气质之性，则以理与气杂而言之。"(《语类》卷四)理是纯善的，气质则有善有恶。"天之生此人，无不与之以仁、义、礼、智之理，亦何尝有不善？但欲生此物，必须有气，然后此物有以聚而成质。而气之为物，有清、浊、昏、明之不同。禀其清明之气，而无物欲之累，则为圣；禀其清而未纯全，则未免微有物欲之累，而能克以去之，则为贤；禀其昏浊之气，又为物欲之所蔽而不能去，则为愚、为不肖。是皆气禀物欲之所为，而性之善未尝不同也。"(《文集·玉山讲义》)朱熹一方面把封建统治阶级的道德说成为人人都有的本性；另一方面又以"气禀"的"清浊"解释"贤愚"的区别，从而为封建等级作辩护。这种人性论的阶级意义是很明显的。

朱熹继承了程颐以"居敬"与"穷理"为修养的基本工夫。所谓"敬"就是集中注意,时时警策、经常保持清醒的意识之意。"穷理"就是研求事物的所以然与当然。"穷理者欲知事物之所以然与所当然者而已。"(《文集·答或人》)朱熹认为,能穷理,就能顺理以应物:"大抵圣人之学,本心以穷理,而顺理以应物。"(《文集·观心说》)这就是要求按照封建道德的准则而行动。

朱熹强调"天理人欲之辨"。他认为,心中所具之理,即天地之性,是天理;心中所有的过分的欲望,由气质之性来的,是人欲。而所谓"居敬穷理",也就是领会天理而克服人欲的修养方法。他认为人们应该克服人欲而回复天理:"学者须是革尽人欲,复尽天理,方始是学。"(《语类》卷十三)"人之一心,天理存则人欲亡,人欲胜则天理灭。"(同上)在他看来,天理、人欲是不两立的,而所谓人欲乃是过分的要求。《语类》说:"问:饮食之间,孰为天理?孰为人欲?曰:饮食者天理也;要求美味,人欲也。"(同上)这是说,关于人在生活上必须满足而且有普遍满足之可能的欲望属于天理;而超过这个范围的要求则为人欲,是不应该有的。这就意味着反对不断提高物质生活水平的要求。

朱熹的辨别天理、人欲的学说,加强了封建礼教的尊严,增加了礼教的残酷性与强制性。但朱熹本人讲理、欲之辨,不仅是对一般人讲的,而且也是对贵族大地主讲的。他反对皇帝以及当权的官僚们的放恣行为。他在上宋孝宗的奏章中说:"陛下即位二十七年,因循荏苒,无尺寸之效,可以仰酬圣志。尝反覆思之,无乃燕闲蠖濩之中,虚明应物之地,天理有所未纯,人欲有所未尽?

是以为善不能充其量,除恶不能去其根。……愿陛下自今以往,
一念之顷,必谨而察之……无一毫之私欲得以介乎其间,而天下
之事将惟陛下所欲为,无不如志矣。"(《宋史》本传)在本质上,朱熹
讲理、欲之辨,是强调封建统治阶级的根本利益的重要性,企图以
此裁制各阶级各阶层的一切违反或破坏封建统治阶级根本利益
的行为。但在南宋以后,封建统治者利用朱熹关于辨别理、欲的
学说,作为严酷地箝制人民思想的工具。

(8)王道与霸道　朱熹把天理、人欲之辨应用于政治方面,
便是王道与霸道之辨的学说。朱熹认为夏、商、周三代的政治是
王道,汉唐等朝代的政治则为霸道。在实行王道政治时,君主的
心中完全是"天理流行",因而"凡其所行,无一事之不得其中,而
于天下、国家无所处而不当"(《答陈同甫》)。但在实行霸道政治
时,君主的心中却"未免乎利欲之私"(同上)。朱熹评论汉、唐说:
"视汉高帝、唐太宗之所为而察其心,果出于义耶? 出于利耶?
出于邪耶,正耶? 若高帝则私意分数犹未甚炽,然已不可谓之无。
太宗之心,则吾恐其无一念之不出于人欲也。"(同上)总之,王道
是实现天理的政治,霸道则是"假仁借义以行其私"(同上)。这所
谓天理的实质就是封建统治阶级的根本利益。朱熹推崇王道,因
而认为君主的"心术"是治乱的枢纽。他说:"天下之务莫大于恤
民,而恤民之本,在人君正心术以立纪纲。盖天下之纪纲不能以
自立,必人主之心术公平正大,无偏党反侧之私,然后有所系而
立。"(《宋史》本传引《上孝宗疏》)这就是要求最高统治者以封建统
治阶级的长久利益为重,这就是要求君主根据封建统治阶级的根
本利益来考虑政治上的实际问题,来调整各阶级之间的关系。

朱熹反对和议,力主抗战。他说:"修攘之计不时定者,讲和之说误之也。夫金人于我,有不共戴天之仇,则不可和也明矣。愿断以义理之公,闭关绝约,任贤使能,立纪纲,厉风俗,数年之后,国富兵强,视吾力之强弱,观彼衅之浅深,徐起而图之。"(同上)他主张与金绝交,讲求富国强兵的办法。他再三地指陈:"今日所当为者,非战无以复仇,非守无以制胜。"(同上)他反对和议的态度是很坚决的。

反对投降,要求抵抗少数民族贵族的入侵,这固然是从维护封建统治阶级根本利益出发的,但也符合当时广大人民的利益与愿望。这是朱熹思想中进步的方面。

朱熹的哲学,在南宋和明、清时代,对于维持和巩固封建社会的统治秩序,发生了很大的作用。

第二节 陆九渊与杨简的主观唯心主义

陆九渊(1139—1192),字子静,世称象山先生。出身于中衰的大地主世家。他的胞兄九韶(号梭山)及九龄(号复斋)都从事于讲学,兄弟自为师友。九渊做过地方官吏。讲学于象山,晚年任知荆门军。著有《象山集》。

杨简(1140—1225)字敬仲,世称慈湖先生。曾任富阳主簿,陆九渊到富阳看他,他问何谓本心,陆加以指示,他大服,于是纳拜称弟子。后来任国子博士等职。重要哲学著作为《己易》。

陆九渊的思想渊源于程颢,他发挥了程颢的主观唯心主义的学说。他不赞成程颐之学,曾与朱熹展开辩论,朱陆两派形成为宋代唯心主义的两大派:一是客观唯心主义者,一是主观唯心主义者。在本质上,他们的思想都是封建统治阶级根本利益的理论表现。朱学后来称为"理学",陆学称为"心学"。

(1)"心即理"　陆九渊在十几岁的时候就提出了主观唯心主义的见解,一生不变。他十几岁时,读古书,看到"四方上下曰宇,往古来今曰宙"二句,忽然之间就得到主观唯心主义的结论,提笔写道:"宇宙内事乃己分内事;己分内事乃宇宙内事。"又写:"宇宙便是吾心,吾心即是宇宙。"他这样把宇宙与"吾心"等同起来。

陆九渊提出了"心即理也"的命题:"人皆有是心,心皆具是理,心即理也。"(《与李宰书》)心何以是理呢? 他的论证是:"心一心也,理一理也。至当归一,精义无二。此心此理,实不容有二。"(《与曾宅之书》)一切人的心只是一心,一切物的理只是一理。最根本者只是一个,心与理全然相同。这也就是认为,世界的基础只是一理,而此理即在吾心之中。他说:"塞宇宙一理耳。学者之所以学,欲明此理耳。此理之大岂有限量?"(《与赵咏道书》)"万物森然于方寸之间,满心而发,充塞宇宙,无非此理。"(《语录》)心中含有万物之理,万物都是此理的表现。

陆九渊认为往古来今一切人的心只是一个心:"心只是一个心。某之心,吾友之心,上而千百载圣贤之心,下而千百载复有一圣贤,其心亦只如此。"(《语录》)他断言心是永恒的。

所谓"心即理"究竟是何意义? 这理即是仁、义、礼、智之理,这心也即仁、义、礼、智之心。这心也叫做"本心"。陆九渊解释"本心"道:"恻隐,仁之端也;羞恶,义之端也;辞让,礼之端也;是非,智之端也。此即是本心。"(《年谱》)可见"本心"就是关于道德的天赋观念。所谓"心即理"就是认定封建道德的基本观念是内心所固有的,而且也是宇宙的最高的准则,是万物的唯一的基础。所以陆学的主要意义在于强调封建伦理秩序的永恒性与内在性。它的阶级意义是很明显的。

陆九渊也讲格物,认为格物即是了解此心。《语录》记载:"伯敏云:'无个下手处。'先生云:'……格物是下手处。'伯敏云:'如何样格物?'先生云:'研究物理。'伯敏云:'天下万物不胜其繁,如何尽研究得?'先生云:'万物皆备于我……'"在陆九渊看来,天下万物之理不外于吾心,因而格物只须反省内求。这是主观唯心主义的方法论。

陆九渊注重"简易",认为"简易"就是"规矩"(《语录》)。因此,他反对多著书。《语录》记载:"或问先生:'何不著书?'对曰:'六经注我!我注六经?'""学苟知本,六经皆我注脚。"他反对沉溺于古籍中而不能自拔,固不可非议,但他反对观察外在事物,却表现了反科学的态度。

(2)"发明本心" 陆九渊提出一种十分"简易"的修养方法:先肯定自己有仁、义、礼、智的"本心",然后以充分的自信,依照自己的"本心"做去,就可以做得恰到好处。他"居象山,多告学者云:汝耳自聪,目自明,事父自能孝,事兄自能弟。本无欠缺,不必他求,在乎自立而已"(《语录》)。他又说:"心不可汩一事,只自立心!""近有议吾者云:除了先立乎其大者一句,全无伎俩。吾闻之曰:诚然!"(同上)可见,陆九渊认定人们只要肯定了"本心",则所有的行为就自然而然合乎道德。他说:"须是信得及方可!"(同上)

陆九渊说过许多鼓励人们自立、自信的话：“自立自重，不可随人脚跟，学人言语！”“激厉奋迅，决破罗网！”“这里是刀锯鼎镬底学问！”“人须是力量宽洪作主宰！”（《语录》）

这种学说，固然有注重个人主动性、反对权威主义的倾向，但在实质上，却是一种彻底的道德先验主义。这种道德先验主义认为传统的道德标准乃是人心所固有的观念，也就是认为封建统治阶级的道德乃是一切阶级的人们所共同具有的先验原则。这样，陆九渊的主观唯心主义的伦理学说，从其抽象的词句看来，似乎是要求把个人思想从传统经典的束缚中解放出来；而从其实质来看，却是把传统的道德标准的枷锁安置在人的内心之中。不过，这种学说同朱熹的伦理学说比较起来，确是强调了个人的主动性。这是陆九渊思想的特点。

陆九渊特别注重义、利之辨：“凡欲为学，当先识义利、公私之辨。今所学果为何事？人生天地间，为人自当尽人道。学者所以为学，学为人而已，非有为也！”（《语录》）他指出：当时做官的人只是计较个人的地位财产，并不关心国计民生。“惟官资崇卑、禄廪厚薄是计，岂能悉心力于国事民隐，以无负于任使之者哉？”（《白鹿洞讲义》）他强调封建道德的根本原则，反对官僚们的自私自利的行为。

陆九渊不同意理、欲之辨。他说：“天理、人欲之言，亦自不是至论。若天是理，人是欲，则是天人不同矣。”“天理、人欲之分，论极有病。自《礼记》有此言，而后人袭之。《记》曰：‘人生而静，天之性也。感于物而动，性之欲也。’若是，则动亦是，静亦是，岂有天理、物欲之分？若不是，则静亦不是，岂有动静之间哉?"(《语录》)陆九渊反对理、欲之辨,这是和他注重个人的主动性有密切关系的。他说过:"一是即皆是,一明即皆明。""知道,则末即是本,枝即是叶。"(同上)他认为人们只要自己"信得及",欲望是不足为害的。

(3)君民　程颢认为封建制度的基本原理是永恒的,陆九渊也认为封建社会的"道"是永恒的:"道者天下万世之公理,而斯人之所共由者也。君有君道,臣有臣道。父有父道,子有子道。"(《论语说》)君、臣、父、子都应遵守一定的原则,但这原则显然是有利于"君父"的。

陆九渊讲"君有君道",虽然这"道"有利于君,但究竟有其一定的标准。假如君主不能尽君道,就失其所以为君。于是他提出"人主职分"的学说:"自周衰以来,人主之职分不明。……孟子曰:'民为贵,社稷次之,君为轻。'此却知人主职分。""后世人主不知学,人欲横流,安知天位非人君所可得而私?"(《语录》)这些话的意思是:假如君主不能尽职,也应该受到裁制。不过,陆九渊认为君民区别仍然要维持。"《履卦》之'君子以辨上下,定民志',其志既定,则各安其分,方得尊德乐道。"(同上)这样,一方面要求君主注意人民生活,一方面要求人民安分,其目的在于保持封建制度的巩固。

陆九渊与朱熹一样,反对和议,主张抗战。他说:"吾人皆士人,曾读《春秋》,知中国、夷狄之辨。二圣之仇,岂可不复? 所欲有甚于生,所恶有甚于死。今吾人高居无事,优游以食,亦可为耻!"(《语录》)这种主战的思想,是符合广大人民的愿望的。

(4)朱陆异同　朱熹与陆九渊曾经进行多次辩论。宋淳熙二年(1175)，吕祖谦约请朱熹、陆九龄、陆九渊等在信州的鹅湖寺集会，讨论学问。陆九龄作诗云："孩提之爱长知钦，古圣相传只此心。大抵有基方筑室，未闻无址忽成岑。留情传注翻蓁塞，着意精微转陆沉。珍重友朋相切琢，须知至乐在于今。"九渊作诗云："墟墓兴衰宗庙钦，斯人千古不磨心。涓流滴到沧溟水，拳石崇成泰华岑。易简工夫终久大，支离事业竟浮沉。欲知自下升高处，真伪先须辨只今。"朱熹阅诗，很不愉快。讨论三日，不欢而散。三年后，朱写和诗云："德业流风夙所钦，别离三载更关心。偶携藜杖出寒谷，又枉蓝舆度远岑。旧学商量加邃密，新知培养转深沉。只愁说到无言处，不信人间有古今。"鹅湖辩论，主要是对"为学之方"的辩论。朱的意思"欲令人泛观博览，而后归之约"。二陆的意思，"欲先发明人之本心，而后使之博览"。(《象山年谱》)朱着重于读书与对事物进行观察，陆则专着重于"发明本心"。陆讥朱为"支离"，朱讥陆为"禅学"。这种方法论上的不同，本质上原于客观唯心主义与主观唯心主义的不同。

朱学与陆学的根本区别，就是客观唯心主义与主观唯心主义的区别。朱学的中心命题是"性即理也"；陆学的中心命题是"心即理也"。朱肯定事物是离开人的主观意识而独立存在的，却认为理是事物存在的根据，他断言理是第一的，性是第一的，而心却是后有的；陆认为事物都在人的心中，理也在人的心中，心是第一的。

朱熹讲的理，是封建道德的基本准则，他的客观唯心主义就是把封建道德的准则绝对化永恒化，从而为封建制度辩护。陆九渊讲的理，也是封建道德的基本准则，他的主观唯心主义就是把封建道德的准则说成人心的固有的先验的内容,从而为封建制度辩护。一派把理抬到天上,一派把理放在心中,其目的却是一致的。

朱、陆的辩论是唯心主义阵营内部不同派别的辩论,朱、陆之间的斗争是封建统治阶级内部不同集团不同倾向的斗争。

唯心主义的思想都是抓着某一方面的事实加以片面夸大而陷于谬误。朱熹看到了事物及其规律的客观性,却片面地夸大了规律的意义,而且把封建道德准则看做宇宙的基本规律。陆九渊强调主观精神的能动性,觉察到发挥个人主动性的必要,却过分夸大了主观意识的意义。朱、陆两派学说都是封建地主阶级巩固封建制度的工具,但是也产生了不同的影响。

(5)己易　杨简作《己易》,认为宇宙的变化的总过程就是自己的变化过程。"易者己也,非有他也。以易为书,不以易为己,不可也。以易为天地之变化,不以易为己之变化,不可也。天地我之天地,变化我之变化,非他物也。私者裂之,私者自小也。……自生民以来,未有能识吾之全者。惟睹夫苍苍而清明而在上,始能言者名之曰天。又睹夫隤然而博厚而在下,又名之曰地。清明者吾之清明,博厚者吾之博厚,而人不自知也。人不自知,而相与指名曰彼天也彼地也;如不自知其为我之手、足,而曰彼手也彼足也;如不自知其为己之耳、目、鼻、口,而曰彼耳、目也,彼鼻、口也,是无惑乎?……天者,吾性中之象;地者,吾性中之形。故曰在天成象,在地成形,皆我之所为也。……不以天地万物、万化、万理为己,而惟执耳、目、鼻、口四肢为己,是剖吾之全体而裂取分寸之肤也,是梏于血气而自私也、自小也,非吾之躯止于六尺、七尺而已也。坐井而观天,不知天之大也;坐血气而观己,不知己之广也。"杨简认为天地万物都在性中,即都在心中,天地万物都是我所创造的,我的心就是造物主,整个宇宙只是我而已。这是一种最鲜明的主观唯心主义,也可以说是一种唯我论。杨简又作《绝四记》说:"人心自明,人心自灵。意起我立,必固碍塞,始丧其明,始失其灵。……知夫人皆有至灵至明、广大圣智之性,不假外求,不由外得。自本自根,自神自明。……此心无体,清明无际,本与天地同范围。"这也就是说,整个世界只是一心。

这种主观唯心主义的实际意义,就是让人们完全忽视实际世界中的现实问题,忘却现实社会中的种种差别与矛盾,而沉醉于主观幻想之中。杨简自己曾经有"反观觉天地万物通为一体"的神秘经验。然而,受压榨的劳动人民是不会有这种神秘经验的。杨简的主观唯心主义,鲜明地反映了地主阶级的利益。

第三节　陈亮、叶适反映商人阶级要求的思想

陈亮(1143—1194)字同甫,世称龙川先生。为人才气豪迈,喜谈兵。曾作《中兴五论》,反对当时的"和议"。孝宗淳熙五年,上书力主抗战,孝宗很受感动,将擢用他,但执政的大臣反对,致无结果。陈亮好发议论,致遭当权者嫉恨,先后三次被捕入狱,皆因营救得免于死。出狱后,他志气益励。光宗初,考中进士第一名,授签书建康府判官,未及就任而卒。著有《龙川集》。

叶适(1150—1223)字正则,世称水心先生。官至工部侍郎。他素来反对"和议"。韩侂胄北伐,想借叶适的名望来号召,但他劝韩慎重,须先做好准备再动兵,韩不肯听,诸路兵俱败,于是任叶适为知建康府兼沿江制置使。韩侂胄被杀后,有人诬劾叶适依

附韩侂胄起兵端,竟夺职。家居十余年而卒。著有《习学记言》、《水心集》。因为叶适是永嘉人,他的学派后来称为永嘉学派。

陈亮、叶适都是自由商人阶级的思想代表。宋代商品经济有高度发展,自由商人比过去时代更为活跃。所谓自由商人,即是专靠自己的资产来经营商业的人,他们与兼营商业的官僚有斗争,同时也反对政府的经济管制政策。在宋代,自由商人逐渐形成为一种力量,所以出现了反映自由商人的要求的思想家。

陈亮曾经为商人辩护。他在《上孝宗书》中说:"陛下愤王业之屈于一隅,励志复仇,而不免籍天下之兵以为强,括郡县之利以为富;加惠百姓,而富人无五年之积;不重征税,而大商无巨万之藏。国势日以困竭。"他认为商人的富是对国有利的。他更从富民商贾的观点,对北宋推行的王安石新法进行指责:"青苗之政,惟恐富民之不困也;均输之法,惟恐商贾之不折也。"他认为打击商人是不应该的。

陈亮提出"适用"作为学问取舍的标准。"正欲揽金、银、铜、铁、锡作一器,要以适用为主耳。"(《与朱元晦》)这也反映了商人阶级的观点。他甚至想打破儒家的藩篱:"学者所以学为人也,而岂必其儒哉?"(同上)他的学说,是与朱、陆代表地主阶级的思想家有区别的。

叶适站在商人的立场,对儒家传统的"重本抑末"思想进行反驳:"夫四民交致其用,而后治化兴,抑末厚本,非正论也。"(《习学记言》卷十九)他认为应该"以国家之力扶持商贾,流通货币"(同上)。他还认为,富人大贾应该与政府分享"敛散、轻重之权"。他说:"今天下之民不齐久矣,开阖、敛散、轻重之权,不一出于上而富人大贾分而有之,不知其几千百年也,而遽夺之,可乎?夺之可也,嫉其自利而欲为国利,可乎?"(《文集·财计上》)他反对政府实行全盘的经济管制。他认定"天下之民不齐久矣",也就是认定贫富不均是当然的,这也表现了商人阶级的观点。

一、陈亮的唯物主义观点与社会思想

(1)道与物 陈亮没有提出系统的宇宙观来,但他的基本观点是唯物主义的。他肯定道在物中:"夫道之在天下,何物非道?"(《与应仲实》)他反对当时的唯心主义者离物言道的态度:"世之学者玩心于无形之表,以为卓然而有见。"(同上)他更认为人道不能离人而存在:"夫不为尧存,不为桀亡者,非谓其舍人而为道也。若谓道之存亡,非人所能与,则舍人可以为道,而释氏之言不诬矣。"(《与朱元晦秘书》)

陈亮基本上接受了周敦颐关于太极的学说。他赞美周说:"濂溪周先生奋乎百世之下、穷太极之蕴,以见圣人之心,盖天民之先觉也。"(《伊洛正源书序》)他依照周敦颐的原来意思接受了周的学说:"有太极而后有阴、阳,故《易》以阴阳而明理。有阴阳而后有五行,故《洪范》以五行而明治道。"(《扬雄度越诸子》)这是对周敦颐学说的重述。

陈亮讲学问注重"事功",他讥讽当时的唯心主义者说:"书生之智,知议论之当正,而不知事功之为何物。"(《戊申再上孝宗书》)他强调事功的重要。他的朋友陈傅良叙述他的见解,说他主张:"功到成处,便是有德;事到济处,便是有理。"(《止斋文集·答陈同父》)陈亮可以说是把事功与道德密切结合起来。陈亮强调事功,这是与他的"何物非道"的基本观点一致的。

（2）王霸问题　在社会政治思想方面,陈亮讨论了王霸的问题,反对程、朱所讲的王、霸之辨。他首先研究了国家起源的问题。他认为最早的君主是人民推戴出来的,后来才有世袭的君位。"方天地设位之初,类聚群分,以戴其尤能者为之长君,奉其能者为之辅相。彼所谓后王君公,皆天下之人推而出之,而非其自相尊异,据乎人民之上也。及法度既成,而君、臣有定位。"(《答问》)这种学说,不承认君主是"天"所立的,也就是不承认"君权神授"的宗教思想,这是唯物主义观点的表现。陈亮认为,到了尧的时候,"国家之法度"大体具备了,于是"君、臣有定位"。以后,出现了"传贤"、"传子"的制度。但是那些君主也都有"天下为公"之心;如果他们有"私天下"之心,那就不可能建立统一的政权。"天子不能以一人之私而制天下也。"(同上)他认为,汉高祖刘邦有"拯民于涂炭之心",唐太宗李世民也有"救民之心"。汉唐的政权都是合乎道义的。这种说法,一方面宣称君主不应有"私天下之心",反对君主的自私行为;另一方面,又肯定汉、唐都是有公心的,这就体现了为现实政治作辩护的意图。

陈亮曾与朱熹辩论对三代与汉唐的评价问题。朱根据二程的学说,认为"三代以道治天下,汉、唐以智力把持天下"。因之,政治的根本道理在汉、唐并未实现。"千五百年之间,尧、舜、三王、周公、孔子所传之道,未尝一日得行于天地之间也。"(《答陈同甫》)而道是常存的,不因不实现而不存在。陈亮则认为,假若没有表现道的事物,道就不存在;道既然是常存的,因而"汉唐之君",也就都合乎道。他认为三代与汉、唐的区别只是有"做得尽"与"做不到尽"的区别。"三代做得尽者也,汉唐做不到尽者也。"(《与朱元晦又书》)陈亮这种学说是与他的注重"事功"的观点一致的。

陈亮激烈地反对和议,坚持"华夏"与"夷狄"的分别,主张与金绝交,"誓必复仇"。他的这种主张,符合广大人民的要求。当时北方少数民族贵族入侵,对于宋代商品经济的发展,是一个严重的打击。所以,代表商人阶级的思想家就坚决反对屈服投降。

二、叶适的唯物主义观点与社会思想

(1)道在于物　叶适也阐发了唯物主义的观点。他指出,道与物是统一而不可分离的:"物之所在,道则在焉。物有止,道无止也。非知道者不能该物,非知物者不能至道。道虽广大,理备事足,而终归之于物。"(《习学记言》卷四十七)所谓道,指根本原理而言。叶适肯定道是存在于物中的。在方法论上,叶适肯定经验与观察的重要:"古人多识前言往行,谓之畜德。近世以心通性达为学,而见闻几废,为其不能畜德也。……狭而不充,为德之病矣。"(《文集·题周子实所录》)所谓见,指感性认识而言;所谓闻,指从别人听来的知识而言;见、闻都是对事物的认识。叶适认为,必须对事物有充分的考察,然后才能认识所谓义理:"夫欲折衷天下之义理,必尽考详天下之事物而后不谬。"(《文集·题姚令威西溪集》)这也是唯物主义的观点。

叶适曾批评宋代唯心主义者的"先天之学"说:"奈何舍实事而希影象,弃有用而为无益?此与孟子所谓毁瓦画墁何异?盖学者之大患也。"(《习学记言》卷四十七)他注重"实事",这是唯物主义的态度。

叶适不但没有提出完整的唯物主义宇宙观,而且不赞成对宇宙观问题作系统的研究。他一方面反对程朱学派的"道学",另一方面也反对过去许多曾经提出唯物主义体系的哲学家。对于老子、《易·系辞传》、荀子、周濂溪、张横渠,他都表示反对。他认为宇宙起源等基本问题都是不必研究的。《洪范》讲"五行",《易经》讲"八卦",就已经足够了,不必再多讨论。他说:"《易》有太极,近世学者以为宗旨秘义。按卦所象惟八物。推八物之义为乾、坤、艮、巽、坎、离、震、兑。孔子以为未足也,又因象以明之。……独无所谓太极者,不知传何以称之也?传《易》者将以本原圣人,扶立世教,而亦为太极以骇异后学。鼓而从之,失其会归,而道日以离矣。"(《习学记言》卷四)这认为太极是不应讲的。他更不赞成老子讲所谓道:"今老子徒以孤意妄为窥测,而其说屡变不同。"(同书卷十五)他也反对荀子的"天行有常"和克服自然的思想:"夫奉天以立治者,圣人之事也,今皆曰我自致之,非天能为,是以己灭天也。"(同书卷四十四)他攻击周濂溪、张横渠关于世界起源问题的学说:"后世学者幸六经之已明,五行八卦,品列纯备。道之会宗,无所变流,可以日用而无疑矣。奈何反为太极、无极、动静、男女,清虚一大,转相夸授,自贻蔽蒙?悲夫!"(同书卷十六)这样,他不赞成提出关于宇宙观的详细理论,而满足于古代最简单的唯物主义的五行、八卦的观念,认为老子、《易传》以后的发展都是多余的。在这里,叶适表现了狭隘的态度。

叶适反对佛教,但他认为与佛教斗争不必去讨论基本的理论问题:"佛之学入中原,其始固为异教而已。久而遂与圣人之道相乱。有志者常欲致精索微以胜之,卒不能有所别异。"(《文集·李氏中洲记》)他认为"致精索微"以与佛争辩,结果必至于"不能有所别异"。他的意思是不要理会佛家所宣扬的那些问题。但实际上,基本的理论问题是不容避免的。叶适的反对深入研究理论问题的狭隘态度,可以说是商人阶级专注意目前实际问题的态度之反映。

(2)"功利"与"治势"　在伦理学说方面,叶适批评传统的"义利之辨",反对重义轻利的思想:"仁人正谊不谋利,明道不计功。此语初看极好,细看全疏阔。古人以利与人而不自居其功,故道义光明。既无功利,则道义者乃无用之虚语耳。"(《习学记言》卷二十三)他肯定道义与功利是统一的,道义不能离开功利。

叶适在伦理学说上看重功利,所以在政治思想上强调"理财"的重要。"古之人未有不善理财而为圣君贤臣者也。"(《文集·财计上》)他主张,理财应该"与天下共理之",反对"聚敛"。他说:"理财与聚敛异。今之言理财者,聚敛而已矣。""以天下之财与天下共理之者,大禹、周公是也。"(同上)所谓"与天下共理之",实际上是"开阖、敛散、轻重之权不一出于上而富人大贾分而有之"。他举一个比喻来说明:"今之理财者自理之欤? 为天下理之欤? 父有十子,阖其大门日取其子而不计其后,将以富其父欤? 抑爱其子者必使之与其父欤? 抑孝其亲者固将尽困其子欤? 抑其父固共其子之财者欤?"(同上)这种思想就是要求保护商人的经济权利,反对实行全盘的经济管制。

叶适讨论了政治上集权与分权的问题。他提出所谓"治势"的观念与"内外"的问题。他指出:"势"是政治上的中心问题。"欲治天下而不见其势,天下不可治矣。"(《文集·治势》)势就是最高权力。他认为君主应掌握最高的权力。"古之人君,若尧、舜、

禹、汤、文、武,汉之高祖、光武,唐之太宗,此其人皆能以一身为天
下之势。"(同上)所谓"以一身为天下之势",就是集中了权力。假
若不能如此,则天下之势,或在于外戚,或在于权臣,或在于宦官,
或在于士卒,于是国家大权旁落了。叶适认为,势是治、乱、盛、衰
之所系。"夫势者天下之至神也,合则治,离则乱,张则盛,弛则
衰,续则存,绝则亡。"(同上)这是与宋代中央集权制度的加强相
适应的理论。

　　但叶适也不赞成过分的中央集权制度。宋代政府过分削夺
了地方官吏及将士的权柄,因而削弱了国防力量。他说:"固外
者宜坚,安内者宜柔。使外亦如内之柔,不可为也。唐失其道,化
内地为藩镇,内外皆坚,而人主不能自安。本朝反其弊,使内外皆
柔,虽能自安,而有大不可安者。"(《文集·纪纲二》)他认为正确的
办法是"内柔外坚"。因此,他主张给予地方将士以应有的权力,
即主张"分人以地,任人以兵"。

　　叶适强调"华夏"、"夷狄"之辨,坚决主张抵抗少数民族贵族
的侵扰。"思夷夏之分,辨逆顺之理,立仇耻之义。"(《文集·始
论》)这种爱国主义思想,是与人民的愿望符合的。少数民族贵族
的入侵,对于商业的发展十分不利,所以自由商人阶级坚决主张
抗战。

第四节　宋元之际与元代的哲学思想

一、宋末爱国主义者邓牧的思想

　　南宋后期,蒙古部族崛起于北方,拥有强大的武力,征服了中
亚、东欧与金政权,从 1234 年起开始侵宋。南宋的人民及一部分

爱国将领进行了英勇的抵抗。但由于南宋的统治集团的腐败无能，蒙古贵族终于吞灭了南宋。蒙古贵族灭宋，前后费了四十六年的时间。这证明南宋人民抗战的力量是相当强大的。南宋的爱国人士不屈不挠，一直抵抗到最后。

南宋末年出现了爱国主义思想家邓牧。

邓牧(1247—1306)字牧心，世称文行先生。隐居洞霄山，终身不仕，也终身不娶。他的著作称为《伯牙琴》。

邓牧怀抱着亡国的悲痛，深切地研究了关于政治的基本问题。他对封建专制主义进行了批判，提出了由官吏治民不如由人民自相治理的主张。这是民主性的进步思想。

(1)"君道" 邓牧把历来的人君分为两类：一类以尧、舜为代表，他们的情况是"饮食未侈"，"衣服未备"，"宫室未美"，并没有什么特殊的享受。君主与人民的分别也不大："其分未严"，"其位未尊"。君主不是高高在上与人民隔绝的。另一类君主以秦始皇为典型，他搜括天下的资财来自己享受，"竭天下之财以自奉，而君益贵"，"凡所以固位而养尊者，无所不至，而君益孤"。他追求"饮食之侈，衣服之备，宫室之美"。他掌握着莫大的威权，高踞在人民的头上来压迫人民，"为分而严，为位而尊"。君民之间有极大的差别。于是像秦始皇这样的君主的地位，也就成为人们追逐的对象。人人都想作皇帝，皇帝的位置也就不易保持了。"彼所谓君者，非有四目两喙鳞头而羽臂也。状貌咸与人同，则夫人固可为也，今夺人之所好，聚人之所争，慢藏诲盗，冶容诲淫，欲长治久安，得乎？"邓牧更指出，盗贼与帝王是相互转化的。"天下何常之有？败则盗贼，成则帝王。"(以上引文俱见《伯牙琴·君道》篇)这也就是说,所谓帝王不过是成功的盗贼而已。邓牧认为,君主应该是为人民办事的,不应该专门剥削人民而追求特殊的享受,君民之分不应太大。假如君主专以"固位而养尊"为事,则"天下之乱"是不可避免的。邓牧这些言论,是对封建专制主义的抗议。

(2)"吏道"　邓牧指出,官吏是害民的。"大小之吏布于天下,取民愈广,害民愈深。"官吏都是靠民养活的。"今一吏,大者至食邑数万,小者虽无禄养,则亦并缘为食,以代其耕。"用吏治民,就好像"率虎狼牧羊豕"一样,只是害民而已。邓牧指出,所谓乱,所谓危,都是官吏们所引起的。"天下非甚愚,岂有厌治思乱,忧安乐危者哉? 宜若可以常治安矣。乃至有乱与危何也? 夫夺其食不得不怒,竭其力不得不怨。人之乱也,由夺其食;人之危也,由竭其力。"人民的起义乃是反对过甚的剥削,反对不堪忍受的奴役。邓牧指出了"民"与"盗贼"的区别。民的特点是靠自己劳动吃饭,"为业不同,皆所以食力也"。假如不肯劳动,而偷窃别人的劳动果实,就是盗贼。但盗贼害民还是"有避忌"的。官吏却没有避忌,"白昼肆行"。官吏就是公开的盗贼。对于解决"吏道"问题,邓牧作出了这样的结论:"然则如之何? 曰:得才且贤者用之。若犹未也,废有司,去县令,听天下自为治乱、安危,不犹愈乎?"(以上所引俱见《吏道》篇)这是简单而明确的初步的民主观念。

今存的邓牧遗著,谈民族问题者不多,但他有深厚的爱国主义情感。他写过:"呜呼! 茫茫九原,龙蛇居之;衣冠礼乐之封,交鸟迹与兽蹄,洪水之害岂至此?"(《见尧赋》)这些话,表现了邓牧内心的无限悲痛。

邓牧的思想,在中国的民主思想发展史上,占有重要的地位。他的学说是黄宗羲的民主观念的前导。

二、元代的程朱学派

在蒙古贵族的统治之下,国内的社会经济遭受严重的破坏,政治上也极其昏暗。元朝统治者利用宗教,作为软化并麻痹被征服的各族人民的工具,佛教与道教都很盛行。但元统治者也引用儒者来制定国家的典章制度,于是"程朱之学"也被利用为束缚人民思想的统治工具之一。

从宋朝南渡、北方遭受少数民族贵族的统治之后,北方的思想学术是没有发展的。二程的理学在南宋很有势力,在北方却没有流传。金的一部分唯心主义者宣扬佛学,对于北宋哲学家对佛教的批判,实行反攻。李纯甫(号屏山)就是拥护佛教、反对无神论的主要人物。李纯甫曾赞助金统治者"南征",他是甘心为少数民族贵族服务的。

元朝灭宋后,程朱的学说开始传到北方。元朝的军队侵宋,于德安肆行掳掠,俘虏中有一个儒者,自杀未成,被送到北方。这就是赵复。赵复讲程朱之学,从此朱学传到北方。

在元代,程朱学派的领袖是许衡(1209—1281),他曾为元朝制定官制与朝仪。他以维持三纲、五常为自己的任务。尝说:"纲常不可亡于天下,苟在上者无以任之,则在下之任也。"这就是说,封建的统治秩序必须维持,不管在上的统治者是本族还是其他族,维持封建地主阶级的特权是最重要的事情。许衡本是金之臣民,他不属于南宋的投降派。

与许衡同时的程朱学派的学者有刘因（1249—1293）。他不肯作官。许衡应聘作官，曾见刘因，刘因问他："公一聘而起，毋乃太速乎?"许答："不如此则道不行。"后来刘因不肯应聘，有人问他，他答："不如此则道不尊。"（见陶宗仪《辍耕录》卷二）许衡、刘因都是以维护儒家道统为己任的。

第三章 明代中央集权进一步加强时期唯物主义与唯心主义的斗争(十四世纪中期至十七世纪中期)

第一节 明代哲学思想发展的社会历史背景

在元朝统治时期,由于元朝贵族残酷地奴役劳动人民,破坏了农业生产与手工业生产,社会经济的发展受到严重的挫折。元末的农民大起义获得了胜利。朱元璋推翻了蒙古贵族的统治,重新建立统一的汉族政权——明帝国。明代初年采取了许多恢复与发展生产的措施,封建经济又得到发展。明代中央集权进一步加强,皇帝集中了军政大权,形成了高度的中央集权的专制主义制度。

在明代,商品经济高度发达,海外贸易也较前扩大,手工业更有空前的发展。

明代后期,资本主义关系的萌芽在东南一带产生。苏、杭的纺织业最为发达。据《明实录》记载：万历年间，苏州纺织业的情形是"机户出资，机工出力"。当时苏州的织工有几千人之多，他们都是"浮食奇民，朝不谋夕，得业则生，失业则死"。他们都靠出卖劳力以维持生活。这种纺织工场，出现了资本主义生产关系的萌芽。在采矿业与瓷器业中也有类似的手工工场。

明代土地高度集中。皇室贵族与大官僚、大地主占有大量的土地。明代朝廷所直接占有的土地叫做官田。在明代中期，官田已达到全国私田的七分之一。皇帝个人更占有皇庄、宫庄，贵族也占有大量庄田。

在地主阶级残酷的压榨之下，农民生活非常困苦。因而在明代，农民的起义不断地爆发。

明代市民（城市手工业者与小商人）逐渐形成为一种力量。市民常常进行反抗压迫的斗争，即所谓"民变"。许多的民变是手工业工人领导的。例如1601年（万历二十九年）税监孙隆到苏州征税，要加征机税，迫使机户罢织，于是依靠工资为生的织工立即失业，英勇地起来进行反抗。这是一次以工资劳动者为主体的市民反抗封建压迫的斗争。同年，湖北商民也起而反抗税监。1603年，北京西郊煤矿工人也爆发了反抗税监的斗争。

明代的地主阶级内部也有矛盾斗争。占有大量官田、皇庄的皇室贵族与普通的地主，存在利害冲突，时常展开斗争。宦官、权臣是皇权的爪牙，而名流士大夫是普通地主阶级的代表。二者之间的斗争非常激烈。

明代的阶级矛盾和斗争是复杂的，但主要的起决定作用的还是地主阶级与农民的矛盾和斗争。

明代的自然科学,在明末西洋科学输入以前,除了医学以外,似乎没有显著的发展。

在算学方面,程大位总结了过去的算学,著《算法统宗》。这是一本通俗化的著作,详述了珠算的计算方法。

在医学方面,大医学家李时珍著《本草纲目》,集药物学之大成。又有王肯堂著《证治准绳》,阐明了医疗的原理。

与手工业的发达相适应,出现了叙述手工业技术的书,即宋应星著的《天工开物》(1639),说明了农器、纺织、制糖、陶器、矿冶、造纸等工具与生产技术。

明代末年,西洋科学曾一度输入。在十六、十七世纪,西洋的经济势力开始向东方扩张。西洋的一些国家在准备进行经济侵略的过程中,派遣许多天主教教士到中国传教。因为中国的文化水平很高,所以西洋教会选择了一些有文化教养、精通科学知识的教士来传教,以便与中国知识分子取得联系。传教士带来许多科学书籍,传播了古代希腊及十五、十六世纪的科学知识。

传教士中最著名的是利玛窦(1552—1610),万历十年即1582年到中国,译有《几何原本》、《乾坤体义》、《万国舆图》、《天主实义》等书。其次有艾儒略(1613年到中国,1649年死)、汤若望(1622年到中国,1666年死)等等。中国士大夫接受西洋科学的著名人物是徐光启(1562—1633)、李之藻、王征等。《几何原本》是利玛窦与徐光启合译的,原著者是 Clavius(1537—1612),系西洋天主教会中的科学家。当时输入的西洋科学,主要是天文、算学、地理、机械学等。

西洋天文学输入以后,徐光启曾经用西法制定新历法。崇祯二年(1629),徐光启奉命与李之藻、龙华民、邓玉函、汤若望共同修历,编成《崇祯历书》。七年(1634)有人反对新历法。十六年(1643)有日食,西法预测独验,于是政府下令改用新历,未及实行而明朝灭亡。清统治者入关,顺治元年(1644)施行新历法。

明末西洋科学的输入,没有开花结果,其原因之一是:当时所输入的是西洋近代科学萌芽时期的科学知识,而西洋近代科学的反宗教的精神,以及近代科学方法的实质精义,都没有输入进来。明亡以后,资本主义因素的增长受到了挫折,科学发展的条件就更减弱了。

明代思想斗争的阵线基本上是宋代思想斗争的继续,唯物主义与唯心主义斗争所环绕的中心问题是气、理、心的问题。罗钦顺与王廷相的唯物主义肯定气是第一的,程朱学派的客观唯心主义认为理是第一的,陆、王学派的主观唯心主义认为心是第一的。

明代中期以后,王守仁的主观唯心主义得到广泛的流行。这种思想的主要作用是阻止那在动摇中的封建统治秩序的蜕变,加强封建伦理道德的力量,但是它在表面上采取了反权威、反教条的姿态。王学在与程朱学派的斗争中,对理在事物之先的学说进行了反驳,这样实际上削弱了唯心主义阵营的力量。到了明清之际,便出现了唯物主义的高涨。

第二节　明代前期的哲学思想和罗钦顺、王廷相的唯物主义

一、明代前期的客观唯心主义者

在明代,程朱学说成为官方哲学。统治者提倡程、朱理学,以之作为巩固封建统治的精神工具。明代前期的重要学者都属于

程朱学派。

明代前期程、朱学派的主要代表是薛瑄、吴与弼、胡居仁。

薛瑄(1392—1464)号敬轩。曾任监察御史,后与宦官王振不合,下狱几乎被杀。后又任南京大理寺卿。苏州一带居民为借粮事烧毁富家的房屋,都御史诬居民为谋叛,薛瑄曾上书为居民辩白。从这些事看来,他对当权派进行过斗争。他的主要著作是《读书录》。

薛瑄基本上发挥程、朱的学说,主张客观唯心主义。他重述了程、朱的学说,但也作了某些修正。他指出:理、气是不可分别先后的,讲理先气后是不对的。"理、气本不可分先后。但语其微显,则若理在气先,其实有则俱有,不可以先后论也。"(《读书录》卷二)"理、气间不容发,如何分孰为先? 孰为后?"(同上)他舍弃了朱熹理在气先的学说。这应该说是薛瑄思想中的唯物主义因素。

吴与弼(1391—1469)号康斋。未应科举。宦官石亨专权,征聘吴与弼以收名誉,他应召到京,但不肯作官,苦辞而归。在家乡讲学,据说他"躬耕食力",与弟子"并耕"。他是参加过农业劳动的,不过基本上属于小地主阶层。他的著作是《日录》。

吴与弼学问的特点,是遵循程、朱学说的某些原则,在日常生活中努力实行。他最注重的是"涵养性情"、"克己安贫",使自己真正做到"贫而乐"。这种学风的实际意义是教导中小地主阶级的知识分子消除一切对封建政治的不满情绪,而坚决致力于维护封建统治秩序。

胡居仁(1434—1484)号敬斋,是吴与弼的弟子。不应科举,专以讲学为事。曾主讲白鹿书院与贵溪桐源书院。据说他出身农家,生活相当艰苦,然而有"自得"之意。他的主要著作是《居业录》。

胡居仁的学风是与吴与弼一致的,也是在日常生活中努力实行程朱的教训。他坚持客观唯心主义,一方面反对唯物主义,一方面也反对佛家的主观唯心主义。他批评张横渠道:"张子以太和为道体。盖太和是气,万物所由生。……所以为是太和者道也。就以太和为道体,误矣。"(《居业录》)他认为"所以太和"才是道,而太和不是道。又批评佛家道:"释氏误认情识为理,故以作用是性,殊不知神识是气之英灵,所以妙是理者。就以神识为理则不可。性是吾身之理,作用是吾身之气。认气为理,以形而下者作形而上者。"(同上)他以为认识作用是心不是性,乃是气的灵妙处,而不是形而上者。这些都是对程、朱观点的发挥。

明代的程、朱学派,在中期以前势力很大,中期以后便逐渐衰微了。

二、罗钦顺的唯物主义思想

在明代,唯物主义有相当的发展。唯物主义者之一的罗钦顺,提出了对客观唯心主义和主观唯心主义的批评。

罗钦顺(1465—1547)号整庵。曾任南京国子司业,因忤宦官刘瑾,被夺职为民。刘瑾被诛死后,他复职,后来官至南京吏部尚书。他早年曾受唯心主义的影响,经过了长时期的艰苦钻研,终于达到了唯物主义的见解。主要著作是《困知记》。

(1)理不离气　　程、朱认为理在事物之先,理为气之本。对此,罗钦顺不以为然。他指出:世界只是一气,气的变化运动有一定的条理、秩序,这就是理。理不是主宰,不在气外,没有离气而独立的理。他说:"盖通天地、亘古今,无非一气而已。气本一也,而一动一静,一往一来,一阖一辟,一升一降,循环无已,积微而著,由著复微。……千条万绪,纷纭胶轕,而卒不可乱。有莫知其所以然而然,是即所谓理也。初非别有一物依于气而立、附于气以行也。或者因'《易》有太极'一言,乃疑阴、阳之变易,类有一物主宰乎其间者,是不然。"(《困知记》卷上)他这样否认了超越于物质世界之上的理,正确地解释了理、气的关系。

罗钦顺认为,理不能离气,但理与气是有分别的。"理须就气上认取,然认气为理便不是。此处间不容发,最为难言。要在人善观而默识之。只就气认理,与认气为理,两言明有分别。若于此看不透,多说亦无用也。"(同书卷下)这是说,气不即是理,但气中有理。理在气中,但与气有别。

罗钦顺指出,理是气的运动变化所表现的。气的运动变化,他叫作"气之转折处"。他说:"理只是气之理,当于气之转折处观之。往而来,来而往,便是转折处也。夫往而不能不来,来而不能不往,有莫知其所以然而然。"(同书续卷上)假如不见气的变化,也就不认识所谓理了。

罗钦顺的这种学说,从思想继承关系上讲,是受了程颢讲道、器关系的一段话的启发。他自述说:"认理气为一物,盖有得乎明道先生之言,非臆决也。明道尝曰:'形而上为道,形而下为器,须着如此说,器亦道,道亦器。'又曰:'阴阳亦形而下者,而曰道者,惟此语截得上下最分明。原来只此是道,要在人默而识之也。'窃详其意,盖以上天之载,无声无臭,不说个形而上、下,则此理无自而明,非溺于空虚,即胶于形器,故曰'须着如此说'。名虽有道、器之别,然实非二物,故曰'器亦道,道亦器'也。至于'原来只此是道'一语,则理、气浑然,更无罅缝,虽欲二之,自不容于二之。正欲学者就形而下者之中悟形而上者之妙,二之则不是也。"(《困知记》附录《答林次崖》)程颢论道、器的一段话,孤立地来看,颇有唯物主义的含义,所以罗钦顺由之得到唯物主义的结论。

(2)理一分殊　罗钦顺肯定物质世界的存在,反驳了陆九渊、杨简的主观唯心主义。他批评杨简道:"'易有太极,是生两仪',乃统体之太极。'乾道变化,各正性命',则物物各具一太极矣。其所以为太极则一,而分则殊。惟其分殊,故其用亦别。若谓天地人物之变化皆吾心之变化,而以发育万物归之吾心,是不知有分之殊矣。既不知分之殊,又恶可语夫理之一哉?盖发育万物,自是造化之功用,人何与焉?……况天地之变化,万古自如,人心之变化,与生俱生,则亦与生俱尽。谓其常住不灭,无是理也。慈湖误矣!藐然数尺之躯,乃欲私造化以为己物,何其不知量哉?"(《困知记》续卷下)这是说,物质世界是永恒的,是离开人的意识而独立存在的;人心是短暂的,怎么能说天地是人心所创造的呢!

罗钦顺认为,人只是万物中之一物:"盈天地之间者惟万物,人固万物中之一物尔。"(《困知记》卷上)人只是物质世界的一部分,物质世界才是根本的。"凡吾之有此身,与夫万物之为万物,孰非出于乾坤?其理固皆乾坤之理也。自我而观,物固物也;以理观之,我亦物也。浑然一致而已。"(《困知记》附录《与王阳明书》)

罗钦顺这样批判了主观唯心主义夸大主体意义的错误。

但罗钦顺批判主观唯心主义，是根据"理一分殊"的观点。他接受了程、朱学派的"理一分殊"的学说，认为在人心之中存在着天地万物之理。他说："人犹物也，我犹人也。其理容有二哉？然形质既具，则其分不能不殊。分殊故各私其身，理一故皆备于我。夫人心虚灵之体，本无不该。"（《困知记》卷上）他的意思是，世界中有一个普遍的理，世界中的任何部分都具有此理。人的心也是世界的一部分，所以人的心也具有此理。物质世界中的理与人心之理是一致的。这样，他一方面肯定了物质世界的独立存在，另一方面又承认心中包含万物之理。在这里，他对唯心主义作了重大的让步。在他看来，世界有客观的规律，而人有理性，人的理性的内容与客观的世界规律是一致的。这是一种客观唯心主义的讲法。

罗钦顺受程朱的影响很大，所以有许多人把他算做程朱学派中的一人。事实上，他曾对程颐、朱熹的客观唯心主义进行了重要的批评。应该说，他是一个从程朱学派出来的独立思想家，基本上是一个唯物主义者。

三、王廷相的唯物主义

在明代，对唯物主义有重要贡献的哲学家是王廷相。

王廷相（1474—1544）号浚川。曾任御史，因与宦官廖鹏发生冲突，被逮入诏狱，降为县丞。后累升至兵部尚书。他曾经奏请革除几处税关，反对贪污贿赂，在这方面，似乎反映了工商业者的一些要求。他对天文学、生物学都有研究，学问很广博。

王廷相的唯物主义学说比罗钦顺更详细些，更一贯些。他的唯物主义思想基本上是从张载来的。他的主要哲学著作是《慎言》、《雅述》。

（1）理在气中　王廷相对程、朱学派"理在气先"的学说进行了明确的反驳。他指出：世界的根本是"元气"，由元气而有天地，有天地然后有人物。所谓理，即在气之中，没有离气而独立的理。他说："有形亦是气，无形亦是气，道寓其中矣。有形，生也；无形，元气也。元气无息，故道亦无息。"（《慎言》卷一）"天内外皆气，地中亦气，物虚实皆气，通极上下造化之实体也。是故虚受乎气，非能生气也。理载于气，非能始气也。世儒谓'理能生气'，即老氏'道生天地'矣。谓理可离气而论，是形、性不相待而立，即佛氏以山河大地为病而别有所谓真性矣。可乎不可乎？"（同上）这是说，气是唯一的实体，理是气中所具有的。王廷相确定了理与气的关系是"理载于气"，这是非常明确的唯物主义命题。

王廷相指出气、理、器三者的关系："气，物之原也；理，气之具也；器，气之成也。"（同上）"气之具"即是气所包含的。理是内在于气中的。

王廷相认为，元气是最根本的，没有在元气之上的东西。"天地之先，元气而已矣。元气之上无物。故元气为道之本。"（《雅述》上篇）"天地未生，只有元气。元气具则造化人物之道理即此而在。故元气之上无物无道无理。"（同上）

王廷相对客观唯心主义的反驳是明确的、有力的。他关于理气的学说，肯定气是唯一的实体，理在气中，不能离气而独立。这也就是说，世界是物质的，物质世界有其内在的规律，没有在物质世界之上的绝对观念。

王廷相指出,气是永恒的,永远不会消灭。"有聚气,有游气。游、聚合,物以之而化。化则育,育则大,大则久,久则衰,衰则散,散则无。而游聚之本未尝息焉。"(《慎言》卷一)气聚而为物,物从无到有,从有转无。物虽然有生成与毁灭,但气却没有生成、毁灭。

王廷相更详论气的不灭道:"气有聚散,无灭息。雨水之始,气化也。得火之炎,复蒸而为气。草木之生,气结也。得火之灼,复化而为烟。以形观之,若有有、无之分矣。而气之出入于太虚者,初未尝减也。"(同上)在这里,他提出气"未尝减"的学说。就是认为物质的总量是永恒不变的,这是关于物质不灭的明确的解释。

客观唯心主义认为理是永恒的、永远不变的。对此,王廷相提出了深刻的批评。他指出:理不是永恒的,而是有时间性的,在事物变化的过程中,一个时期有一个时期所具有的特殊的理。他说:"元气即道体,有虚即有气,有气即有道。气有变化,是道有变化。……或谓气有变,道一而不变,是道自道,气自气,歧然二物,非一贯之妙也。"(《雅述》上篇)因为气有变,所以理也随而有变。他又说:"儒者曰:天地间万形皆有敝,惟理独不朽。此殆类痴言也,理无形质,安得而朽? 以其情实论之,揖让之后为放伐,放伐之后为篡夺,井田坏而阡陌成,封建罢而郡县设。行于前者不能行于后,宜于古者不能宜于今。理因时致宜,逝者皆刍狗矣,不亦朽敝乎哉?"(《雅述》下篇)这是说,唯心主义者认为天地间万物都会朽败,而理则永恒不朽,是完全不对的,因为理寄寓于事物,事物既朽败,理怎么不会随之而变呢?

王廷相批判了程朱所谓"理一"的学说。他认为理是随气之分殊而分殊的:"天地之间,一气生生,而常而变,万有不齐。故气一则理一,气万则理万。世儒专言理一而遗万,偏矣。天有天之理,地有地之理,人有人之理,物有物之理,幽有幽之理,明有明之理。各各差别。"(《雅述》上篇)这是说,各类事物各有其不同的理,仅仅笼统地讲理一,是不对的。

王廷相受张载的影响,也以"性"、"机"、"神"为变化的根源。他说:"阴、阳也者,气之体也。阖辟、动静者,性之能也。屈伸相感者,机之由也。纲缊而化者,神之妙也。"(《慎言》卷一)他又提出"元神"的观念:"有元气即有元神,有元神即能运行而为阴、阳。有阴、阳则天地万物之性理备矣。非元气之外,又有物以主宰之也。"(《家藏集·答薛君采论性书》)元神即是元气所包含的内在作用,是世界的一切运动变化之根源。

(2)思虑与见闻　在认识论方面,王廷相也坚持了唯物主义的观点。他指出:知识只是见闻与思虑的结合,没有超乎思虑见闻的所谓德性之知。他说:"夫圣贤之所以为知者,不过思与见闻之会而已。世之儒者乃曰:思虑见闻为有知,不足为知之至。别出德性之知为无知,以为大知。嗟呼!其禅乎?"(《雅述》上篇)他更指出,人们生来就有的只是饮食本能与感官的感觉,此外的知识都是由经验而得的。"婴儿在胞中自能饮食,出胞时便能视听,此天性之知,神化之不容已者。自余因习而知,因悟而知,因过而知,因疑而知,皆人道之知也。父母兄弟之亲,亦积习稔熟然耳。"(同上)在这里,他实际上是否认了先验认识,认为一切知识都是有所见闻再经思考而得到的。

但王廷相不敢否认"圣人生知"的说法,而给以特殊的解释。他说:"圣人虽生知,惟性善、近道二者而已。其因习、因悟、因过、因疑之知,与人大同。况礼乐、名物、古今事变,亦必待学而后知哉?"(同上)这是说,圣人生来有比一般人高明的道德意识。至于对具体的事物,圣人并不能生知,他也是与一般人相同的。

王廷相认为知是思虑与见闻的结合,这是唯物主义的学说。可惜他对于见闻与思惟的关系没有作进一步的说明。

(3)形神问题 王廷相曾与同时的心物二元论者何瑭对形神问题展开辩论。

何瑭(1474—1543)号柏斋。曾任翰林修撰,忤宦官刘瑾,辞官不作。刘瑾被诛后,复职。他的主要著作是《阴阳管见》。

何瑭提出了心物二元论。他一方面反对主观唯心主义的心外无理的说法,另一方面又反对唯物主义者的气一元的学说。他认为世界的根原有二,即一阴一阳。"阳动阴静,阳明阴晦;阳有知,阴无知;阴有形,阳无形。阳无体,以阴为体;阴无用,待阳而用。二者相合则物生,相离则物死。"(《阴阳管见》)阳就是精神,阴就是物质。"阳为神,阴为形。今夫人之知觉运动,皆神之所为也。"(同上)"阴形阳神,合则生人,所谓精气为物也。离则人死,所谓游魂为变也。方其生也,形、神为一,未易察也;及其死也,神则去矣,而去者初无形可见。形虽尚在,然已无所知矣。阳有知而无形,阴有形而无知,岂不昭然而易察哉?"(《阴阳管见后语》)这种思想,在本质上是精神、物质二元论,与西洋哲学中的二元论颇相类似。

何瑭批评张载的学说,认为"张子则直谓虚无形,止为气之聚散,不复知有神、形之分"(《阴阳管见后语》)。这是二元论者对于唯物主义的攻击。

王廷相根据唯物主义的观点,反驳了何瑭的二元论。他认为精神是以物质为基础的,是不能离开物体而独立存在的。"神者形气之妙用。……夫神必借形气而有者,无形气则神灭矣。"(《内台集·答何柏斋造化论》)这是说,精神只是物体所具有的作用,并不是另外一种实体。心物二元的学说是不能成立的。

何瑭认为阳无而阴有,反对张载"太虚即气则无无"之说。王廷相指出:以"无"为"有"的根本,是错误的。"以造化本体为空为无,此古今之大迷。""天、地、水、火、万物皆生于有,无无也,无空也。"(同上)这样,王廷相着重地肯定了物质的第一性。

王廷相在与何瑭的辩论中捍卫了唯物主义,这也是他的一项贡献。

第三节　王守仁的主观唯心主义思想

一、王守仁的前驱陈献章的思想

明代的程朱学派,大都谨守程、朱的遗说而加以引申,新的发挥很少。这样,程、朱的学说就变成为僵化的教条,学术界缺乏活泼的空气。程朱学派企图以教条束缚人心,但教条也渐渐失去束缚人心的作用。从程朱学派出身的陈献章首先摆脱了程朱教条,从客观唯心主义走入陆九渊的主观唯心主义。

陈献章(1428—1500),世称白沙先生,曾受学于吴与弼,归后读书修养,未有所得,仍觉"吾此心与此理未有凑泊吻合处"。

于是专意静坐，"然后见吾此心之体隐然呈露"，从而取得了主观唯心主义的见解。著有《白沙子集》。

陈献章认为，宇宙只是一理的表现，而此理即是心。"此理干涉至大，无内外、无终始，无一处不到，无一息不运，会此则天地我立，万化我出，而宇宙在我矣。"(《与林缉熙》)"人争一个觉，才觉便我大而物小，物尽而我无尽。"(《与何时矩》)他认为，"我"便是造物者，"我"是永恒无尽的。这种思想与杨简所讲的基本上相同。

陈献章论修养方法，注重"自然"、"自得"，反对拘束。"常令此心在无物处，便运用得转耳。学者以自然为宗，不可不著意会。"(《与湛民泽》)"忘我而我大，不求胜物而物莫能挠。……山林、朝市一也，死生、常变一也，富贵、贫贱、夷狄、患难一也，而无以动其心，是名曰自得。"(《赠彭惠安别言》)他更以"物我两忘"的神秘状态为"成就处"(《与贺克恭》)。

陈献章的大弟子是湛若水。湛若水(1466—1560)号甘泉。曾任南京礼、吏、兵三部尚书，与王守仁同时讲学，各立门户。他提出了自己的唯心主义体系。著有《甘泉集》。

湛若水认为，整个宇宙只是一心，心是无内外之分的。"性者，天地万物一体者也，浑然宇宙，其气同也。心也者，体天地万物而不遗者也。……故心也者，包乎天地万物之外，而贯夫天地万物之中者也。中、外非二也。天、地无内、外，心亦无内、外，极言之耳矣。故谓内为本心，而外天地万事以为心者，小之为心也甚矣。"(《心性图说》)他认为此心是无所不包的，一切都在心中，而心不仅是在内的。"所谓心者非偏指腔子里方寸内与事为对者也,无事而非心也。"(《语录》)这种学说也是一种主观唯心主义。

湛若水讲修养方法,主张"随处体认天理"。他说:"天理二字,圣贤大头脑处。若能随处体认,真见得则日用间参前倚衡,无非此体,在人涵养以有之于己耳。"(《上白沙先生书》)所谓天理,即是封建的伦理关系,随处体认天理,也就是随时注意遵守封建的伦理道德。这种唯心主义的伦理学说是为封建制度服务的。

二、王守仁的主观唯心主义

在明代中期,程朱的学说已经成为僵死的教条,不能用来有效地维系"人心",也就是说,它已逐渐失去维持封建统治秩序的力量,而当时的封建社会,正处在逐渐蜕变的过程中,封建统治阶级需要一种在思想上维持封建统治秩序的有力工具。于是,王守仁便适应这种需要而提出了他的主观唯心主义的思想体系,企图代替程、朱学说而作为维持封建统治秩序的精神力量。

王守仁(1472—1528)字伯安,世称阳明先生。少时曾向吴与弼的弟子娄谅问学。他任兵部主事时,因反对宦官刘瑾,受廷杖,谪为贵州龙场驿丞。在龙场,他的生活极其艰苦,想到"圣人处此,更有何道?"于是通过主观的反复思考,作出了"心即理"的主观唯心主义的结论。后来,他升任左金都御史,巡抚南赣,镇压了漳南、横水、桶冈、大帽、浰头等处的农民起义。宁王朱宸濠起兵企图篡夺明武宗的帝位,王守仁收集军队,进行讨伐,在短期内就生擒宸濠,为明朝政府平定了内乱,以功受封为新建伯。晚年,他受命镇压思田苗民的反抗,在回军的路上又袭平了八寨断藤峡的"蛮民"武装。不久即在道路上死去。他在军政余暇,常对弟子们讲学。弟子众多,影响很大。

　　王守仁一生的行动,足以表明他的思想的阶级本质。他早年曾经反对专权的宦官刘瑾,这表明他反对那些违背统治阶级长久利益的豪强贵族。到了中年以后,王守仁成为一个镇压农民和少数民族反抗斗争的能手。他坚决维护地主阶级的利益。他的思想是明代中期阶级矛盾深刻化的反映,是明代中期封建统治秩序发生危机的时期从思想上巩固封建统治的工具。

　　王守仁的著作,后人编辑为《王文成公全书》,其中在哲学上最重要的是《传习录》与《大学问》。

　　(1)"心外无理"　王守仁早年信从程、朱学说,曾和一个姓钱的好友商量共同格物,对象是亭前的竹子。但"穷格"数日,不得其理,两人都因劳致病。后来他在龙场,一晚忽悟"天下之物本无可格者,其格物之功只在身心上做"。于是由向外转到向内,由客观唯心主义转入主观唯心主义。

　　王守仁继承并发挥了陆九渊"心即理也"的见解,否认心外有理。他认为,朱熹的错误在于把心与理分为二事。他说:"夫物理不外于吾心,外吾心而求物理,无物理矣。遗物理而求吾心,吾心又何物耶?"(《传习录中·答顾东桥书》)"夫万事万物之理,不外于吾心,而必曰穷天下之理……是犹析心与理而为二也。"(同上)他断定一切物理都在心中,否认了规律的客观性,否认了离开人的意识而独立的客观规律。他所谓"理",实际上就是封建道德的准则。他认为封建道德的准则,即是万物之理,它存在于人的心中。这就是说,封建道德的准则是普遍的、绝对的,而且是内在的,是人心所固有的先验的原则。

　　(2)"心外无物"　王守仁认为,不但心外无理,而且心外无物,心外无事。他断言心是物的存在的条件。在他看来,物的存在以被知觉为条件,假如不被知觉,即是不存在。有一次,他与弟子们到南镇游玩,一个弟子指山中花树问道:"天下无心外之物,如此花树在深山中自开自落,于我心亦何相关?"他答道:"你未看此花时,此花与汝心同归于寂。你来看此花时,则此花颜色一时明白起来,便知此花不在你的心外。"(《传习录》下)这是说,人感觉到花树时,花树才存在。否则,花树与心"同归于寂",不能认为花树存在着。只有人看到了花树,它的颜色才呈现出来。王守仁这样论证物在心内。他又说:"我的灵明便是天地鬼神的主宰。"假如天没有人"仰他高",天就不存在;假如地没有人"俯他深",地就不存在。"离却我的灵明,便没有天地、鬼神、万物了。"(同上)这是说,一切事物都依靠我的认识而存在。显然这是毫无掩饰的主观唯心主义,它否认了物质世界的独立存在。

王守仁反对朱熹所讲的承认心外有物有理的客观唯心主义,而在实际上,他是反对中国哲学中的唯物主义传统。黄宗羲在评论王守仁的学说时指出:"先生悯宋儒之后,学者以知识为知,谓人心之所有者不过明觉,而理为天地万物之所公共,故必穷尽天地万物之理,然后吾心之明觉与之浑合而无间,说是无内外,其实全靠外来闻见以填补其灵明者也。"(《明儒学案·姚江学案》)这里表明王守仁所反对的,其实还不是朱熹学说中作为客观唯心主义之本质的东西,而是反对一般的唯物主义的观点。

王守仁根据主观唯心主义的观点,对"致知格物"作出了自己的解释。他认为,所谓"致知",并不是寻求对外在事物的认识,而只是致"良知"。所谓"格物",并不是考察外物,而只是注意改正自己的思念。王守仁说的"良知",实际上就是封建道德意识。

王守仁解释"格物"道:"致知必在于格物。物者,事也。凡意之所发必有其事,意所在之事谓之物。格者,正也,正其不正以归于正之谓也。"(《大学问》)"格"即是改正的意思,"物"即是意念的对象,是不能离开意念而存在的。这样,"格物"就是改正所念,完全是内心的事情。王守仁取消了物的客观意义,取消了"致知"的科学意义。

这样的"格物致知",也就是使自己的所思所念完全合乎封建道德的准则。王守仁说:"若鄙人所谓致知格物者,致吾心之良知于事事物物也。吾心之良知,即所谓天理也。致吾心良知之天理于事事物物,则事事物物皆得其理矣。"(《答顾东桥书》)这所谓"事事物物",只是内心中的事事物物,也就是所思所念。"事事物物皆得其理"也就是所思所念、所作所为都合乎封建道德的准则。王守仁把认识论的问题完全转化为道德修养的问题。

王守仁取消了事物的客观意义,取消了知识的科学意义,反对向外,专讲向内,主张"向里寻求","从自己心上体认"(《传习录》上)。但他也承认,只求之于心,不能得到关于具体事物的知识。他说:"圣人无所不知,只是知个天理。……不是本体明后,却于天下事物都便知得,便做得来也。天下事物,如名物、度数、草木、鸟兽之类,不胜其烦,圣人须是本体明了,亦何缘能尽知得?但不必知的,圣人自不消求知;其所当知的,圣人自能问人。"(同书下)圣人对于特殊的事物需要问人,但那人的知识是如何得来的呢?这就是王守仁所不愿讨论的了。可见唯心主义是不可能自圆其说的。

(3)"知行合一"　王守仁提出了知行合一的学说,这基本上是一种关于知行问题的唯心主义解释,但其中也包含了某些唯物主义的因素,内容是很复杂的。

王守仁所讲的"知",有两种含义:一是指"知孝知悌"等道德认识,二是指"知射知书"的对普通事物的认识。前者是主要的。他所讲的"行",包含三方面的意义:一是表现于外的道德行为,二是发念动意等内心的活动,三是对于外物的行动如射箭、写字、走路等。前二项是主要的。王守仁说:"欲食之心即是意,即是行之始。"(《答顾东桥书》)"一念发动处,便即是行了。"(《传习录》下)普通所谓动机,在他也算做行为。

王守仁讲知行合一的话很多,总结起来,可以说有四层意义:(一)行是知的条件。他认为行是达到取得知识的途径,行是知的基础。他说:"知是行的主意,行是知的工夫。"(《传习录》上)"路歧之险夷,必待身亲履历而后知。"(《答顾东桥书》)"如言学孝,则必服劳奉养,躬行孝道,然后谓之学;岂徒悬空口耳讲说,而遂可以谓之学孝乎?学射则必张弓挟矢,引满中的;学书则必伸纸执笔,操觚染翰。尽天下之学,无有不行而可以言学者,则学之始固已即是行矣。"(同上)他这样肯定行动是达到认识的必要条件。(二)行是知的完成。他又认为行是认识的目的,是认识的终结。"知是行之始,行是知之成。"(《传习录》上)"真知即所以为行。"(《答顾东桥书》)这样,知又是达到行的手段。(三)知、行是一事的两方面。他认为"知之真切笃实处即是行,行之明觉精察处即是知,知、行工夫本不可离"(《答顾东桥书》)。知、行只是一个过程,在这个过程中,切实用力的方面叫做行,认识理解的方面叫做知,两者是不可分的。(四)动机即是行为。王守仁断言知行本来没有区别,动一念、起一意就是行为。他说:"今人学问,只因知、行分作两件,故有一念发动,虽是不善,然却未曾行,便不去禁止。我今说个知行合一,正要人晓得,一念发动处,便即是行了。发动处有不善,就将这不善的念克倒了,须要彻根彻底,不使那一念不善潜伏在胸中。此是我立言宗旨。"(《传习录》下)这是王守仁知行合一学说的中心意义,它表明了知行合一学说的目的所在。王守仁提出知行合一学说,就是认为动机与行动是一事,而强调了动机的重要。

在知行合一的四层含义中,第一层与第二层的意义是包含了唯物主义的因素的。王守仁指出了行为对于认识的重要,认为只有"身亲履历"才能知"路歧之险夷",只有"服劳奉养"才能知孝,只有"张弓挟矢"才能知射,这都是正确的说法。但王守仁知行合一学说的中心意义却在第四层意义。在这一层意义中,他模糊了行的含义,以为行不一定是身体的活动,一切思念活动都是行,这实际上等于抹煞了行。在这里,他所谓行,只是主观唯心主义所可能承认的行,即在"心外无事"、"心外无物"的前提下的所谓行。这样,他的知行合一学说,也就只能是唯心主义的观念了。

(4)"致良知" 陆九渊讲"本心",王守仁则喜讲"良知"。事实上,"良知"与"本心"没有区别,都是先验的道德意识,即生来"固有"的辨别是非、善恶的能力。本来,人们所有的辨别是非、善恶的能力并不是先验的,不是生来固有的,但唯心主义者却把它说成为先验的生来固有的。王守仁认为,这良知就是道德行为的基础,依照良知做去,便自然合乎道德标准,因为一切道德标准都是从"良知"出来的。他说:"知是心之本体,心自然会知,见父自然知孝,见兄自然知弟。"(《传习录》上)离开"良知",就没有一切道德。"有孝亲之心,即有孝之理;无孝亲之心,即无孝之理矣。有忠君之心,即有忠之理;无忠君之心,即无忠之理矣。"(《答顾东桥书》)然而,人虽有此"良知",却又有私欲,人如果被私欲蒙蔽,"良知"就不起作用了。只有消除私欲的蒙蔽,良知才自然显露,而行为也就无不合乎道德了。"此心无私欲之蔽,即是天理;不须外面添一分。以此纯乎天理之心,发之事父便是孝,发之事君便是忠,发之交友、治民便是信与仁。"(《传习录》上)除去私欲,回复良知,叫做"致良知",便是修养的主要方法。

王守仁认为,只要用"致良知"的工夫,达到本来的良知,就不必死记关于忠、孝、仁、义的教条,而一切行为自然合乎忠、孝、仁、义的标准。"夫良知之于节目时变,犹规矩、尺度之于方圆、长短也。节目时变之不可预定,犹方圆、长短之不可胜穷也。故规矩诚立,则不可欺以方圆,而天下之方圆不可胜用矣。尺度诚陈,则不可欺以长短,而天下之长短不可胜用矣。良知诚致,则不可欺以节目时变,而天下之节目时变不可胜应矣。"(《答顾东桥书》)所以,致良知的修养方法被认为是简易而灵活的。

王守仁断定人人都有"良知"这种先验的道德意识,而他所讲的这种道德意识的内容是忠、孝等封建道德,因之,他讲人人有"良知",实际上就是把封建统治阶级的道德说成为各阶级的人的生来固有的东西,这就是让人认为封建道德不是强制的而是内发的,使人更容易接受封建道德的约束。其次,他以灵活的良知来代替那些烦琐礼节的教条。他只确定了封建道德的最高原则，而在实际行动上却可以灵活运用，随机应变。这可以说是维护封建秩序的更有效的方法。

王守仁特别注重天理、人欲之辨。他说："只要去人欲、存天理方是工夫。静时念念去人欲、存天理，动时念念去人欲、存天理。"(《传习录》上)"圣人之所以为圣，只是此心纯乎天理而无人欲之杂。"(同上)王守仁极其反对功利思想。他慨叹道："至于今，功利之毒沦浃于人之心髓而习以成性也，几千年矣。"(《答顾东桥书》)他要求"将好色、好货、好名等私欲逐一追究搜寻出来，定要拔去病根，永不复起，方始为快"(《传习录》上)。王守仁坚持天理、人欲之辨，实际上就是强调封建统治阶级的根本利益，一方面反对贵族豪强的专权自恣，另一方面也卑视人民的提高物质生活的愿望。

王守仁提出"致良知"的学说，意在巩固当时在动摇中的封建伦理秩序。但是他的"致良知"学说中也有进步的因素，这就是在反对程、朱学说的斗争中，表现了反抗权威的倾向。他企图推倒朱熹的偶像。在反权威的时候，他甚至降低了孔子的绝对威权。他说："夫学贵得之心，求之于心而非也，虽其言之出于孔子，不敢以为是也，而况其未及孔子者乎？求之于心而是也，虽其言之出于庸常，不敢以为非也，而况其出于孔子者乎？"(《答罗整庵书》)他以个人的心与孔子的权威对立起来(尽管他认为孔子的话乃"求之于心而是"的)，这对于传统思想的威权起了一种破坏作用，应该承认其具有一定的进步意义。

(5)"万物一体" 王守仁以"万物一体"为修养的最高境界。

他说："夫圣人之心，以天地万物为一体，其视天下之人，无内外、远近，凡有血气，皆其昆弟、赤子之亲，莫不欲安全而教养之，以遂其万物一体之念。"（《答顾东桥书》）在《大学问》中，他更详述了这种心理状态，而以"天下犹一家，中国犹一人"为道德的最高标准。他还常常申述他对人民困苦的同情。"生民之困苦荼毒，孰非疾痛之切于吾身者乎？"（《答聂文蔚》）"每念斯民之陷溺，则为之戚然痛心，忘其身之不肖，而思以此救之。"（同上）这些话中，也包含有要求统治集团对人民的生活予以照顾的意义。但他所谓"生民"、"斯民"，主要还是指地主阶级成员而言。他标榜万物一体，主要是企图缓和各阶级之间的矛盾，以稳定封建统治秩序。

王守仁讲万物一体，却又反对爱无差等。"惟是道理自有厚薄。比如身是一体，把手足捍头目，岂是偏要薄手足？其道理合如此。禽兽与草木同是爱的，把草木去养禽兽，又忍得。人与禽兽同是爱的，宰禽兽以养亲，与供祭祀、燕宾客，心又忍得。……《大学》所谓厚薄，是良知上自然的条理，不可逾越。"（《传习录》下）其实这所谓"自然的条理"不过是地主阶级利益的反映而已。"把手足捍头目"一句更是明白地要求一般人民为统治者而牺牲。这种思想的阶级性是明显的。

王守仁在政治思想上没有创见。他认为理想的政治就是各阶层的人各安其分。在尧舜的时代，天下之人"皆相视如一家之亲。其才质之下者，则安其农工商贾之分，各勤其业，以相生相养，而无有乎希高慕外之心"（《答顾东桥书》）。这就是说，人们处于不同的阶级地位是合理的，受压迫的阶级应安于受压迫的地位。

王守仁以主观唯心主义代替程朱学派的客观唯心主义，以良知代替呆板的教条。他的学说富有诱惑性与吸引力,在明代中期以后,发生了很大的影响。

王守仁学说的主要意义就是把封建地主阶级的道德观念说成为任何人的心中固有的先验原则,这样给予封建道德以内在的基础,使封建道德在人们心中生根。黄宗羲认为王守仁的贡献在于"点出心之所以为心,不在明觉,而在天理",假如"向外寻理,终是无源之水,无根之木"(《明儒学案·姚江学案序》)。王守仁正是企图使封建道德成为"有源之水,有根之木"。他基本上是为封建统治秩序制造理论根据。在历史上,这种学说主要是起了巩固封建制度的作用。

但王守仁采取了反权威、反教条的姿态,在一定范围内对旧传统起了一些破坏作用,而对新思想则起了启发的作用。这是事实,不能否认。思想演变的过程是曲折的、复杂的,保守的思想体系中也往往包含了新思想的萌芽。王学便是如此。

第四节　王艮、李贽的思想与明末的思想斗争

一、王艮及其学派

王守仁的门徒遍天下,主观唯心主义盛行一时。他的弟子们的思想也不完全一致。邹守益等主张"收敛寂静",倾向于保守。王艮、王畿等态度狂放,加甚了王守仁的反权威、反教条的倾向。王艮一派称为泰州学派,在王学中是最有特色的。

王艮(1483—1540)号心斋,原系贩盐的小商人,壮年才学读《大学》《论语》等书。后来拜王守仁为师。一生讲学,没有作官。他的门徒不限于地主阶级知识分子,有些是小生产者。王艮强调

个人的重要性,在一定程度上反映了小私有者的观点。王艮的著作是《王心斋遗集》。

王艮在未见王守仁以前,已经提出自己的"格物说"。见王守仁以后,接受了王守仁的良知学说。但王守仁死后,王艮在宣扬他老师的思想时,实际上还是讲他自己的格物说。

王艮认为格物就是"安身"。格是辨别本末,物是吾身以及上下、前后、右左的物,家、国、天下都是物。在物中哪是本哪是末?他认为,身是本。晓得身是本,就应该先安身,然后再去干天下国家的事。他说:"吾身对上下、前后、右左是物。絜矩是格也。修身,立本也。立本,安身也。安身以安家而家齐,安身以安国而国治,安身以安天下而天下平也。故曰:修己以安人,修己以安百姓。修其身而天下平。不知安身,便去干天下、国家事,是之谓失本也。"(《遗集》卷一)这样,他认为身是家、国、天下的根本。他更认为身是天地万物之本。"止至善者,安身也。安身者,立天下之大本也。本治而末治,正己而物正也。大人之学也。是故身也者,天地万物之本也;天地万物,末也。知身之为本,是以明明德而亲民也。身未安,本不立也。本乱而末治者否矣。"(同上)他强调了安身的重要。

王艮从"保身"讲爱人。他说:"明哲保身者,良知、良能也。……知保身者则必爱身,能爱身则不敢不爱人,能爱人则人必爱我。人爱我,则吾身保矣。能爱身者则必敬身,能敬身则不敢不敬人,能敬人则人必敬我。人敬我,则吾身保矣。故一家者爱我则吾身保,吾身保,然后能保一家;一国者爱我则吾身保,吾身保,然后能保一国;天下爱我则吾身保,吾身保,然后能保天下。

知保身而不知爱人,必至于适己自便,利己害人,人将报我,则吾身不能保矣。吾身不能保,又何以保天下、国家哉? 知爱人而不知爱身,必至于烹身割股,舍生杀身,则吾身不能保矣。吾身不能保,又何以保君父哉?"(同上)他以保身作为伦理道德的出发点,这是重视个人的思想。

王艮不仅讲安身保身,还提出"尊身"的主张:"身与道原是一件。至尊者此道,至尊者此身,尊身不尊道,不谓之尊身;尊道不尊身,不谓之尊道。须道尊身尊,才是至善。……若以道从人,妾妇之道也。己不能尊信,又岂能使人尊信哉?"(《遗集》卷一)他认为人们既要爱自己,又要尊重自己,不应该随便屈从别人。

王艮所谓安身,包含解决个人物质生活问题的意义。他说:"即事是学,即事是道。人有困于贫而冻馁其身者,则亦失其本而非学也。"(同上)安身需要首先解决个人的衣食问题。他把个人生活看得很重,这是小私有者阶层的观点。

王艮不但强调个人的重要性,而且强调个人的主动性。他反对屈服于命运,提出了改变命运的"造命"观念。他说:"舜于瞽瞍,命也;舜尽性而瞽瞍底豫,是故君子不谓命也。……孔子之不遇于春秋之君,亦命也;而周流天下,明道以淑斯人,不谓命也。若天民则听命矣,故曰大人造命。"(《遗集》卷一)这就是说,假如人们遇到不顺利的环境,就应该改变自己的活动方法,以求实现自己的理想,决不可屈服于环境。他更主张:"出则必为帝者师,处则必为天下万世师"(同上),要以自己的学问来影响社会。又说:"学也者,学为人师也。学不足以为人师,皆苟道也。"(同上)认为研究学问就是要影响别人、引导别人。他的以身为本而以天下万物为末的学说，一方面夸大了主体而忽视了客观世界的第一性，另一方面也强调了主体的能动的作用。

王艮的学说很简单，其特点是强调个人。这可以说是反映了个体小生产者与小私有者的要求，这同当时社会中市民的活跃是有关的。

泰州学派的特点之一是将所谓学问传布于下层民众之中。

王艮的弟子朱恕，是一个樵夫，终身靠打柴为生。朱恕的弟子韩贞，号乐吾，以陶瓦为业。他以"化俗"为己任，随机指点。农、工、商、贾从他学的有一千多人。秋收后农闲的时候，他聚徒讲论，在一村中讲完，又到另一村。他反对谈论"世事"，说"光阴有几，乃作此闲谈耶？"又反对寻章摘句，说那是"搬弄陈言"。

泰州学派的一部分人将所谓学问传布于手工业者、农民与商人。事实上，他们所讲的，却仍是封建伦理思想。他们并没有提出什么新的政治要求，因而他们讲学，实际上只起了缓和阶级矛盾的作用。

泰州学派中也有近似游侠的人物，这就是颜钧与梁汝元。

颜钧字山农，主张"率性而行，纯任自然"。反对一切"道理格式"。曾因事下狱。他是曾经与当时的统治集团进行过斗争的。

梁汝元字夫山，后改姓名为何心隐，是颜钧的弟子。因反对县令的苛捐杂税，被捕下狱。后来又进行反对严嵩的斗争。他与张居正不和，后为张居正手下人所杀。

黄宗羲曾说："传至颜山农、何心隐一派，遂复非名教之所能羁络矣。"（《明儒学案·泰州学案序》）这些人反对传统教条的态度是相当激烈的。

泰州学派中有许多人受佛教禅宗的影响很深。赵贞吉(号大洲)主张会通儒、禅。罗汝芳(号近溪)讲"赤子良心,不学不虑",更是禅宗的思想。这些人都是主观唯心主义的宣传者。泰州学派中有近似游侠的人物,也有媚世自私没有风骨的人,如耿定向等。泰州学派也是很复杂的。

二、李贽的哲学观点与社会思想

明代后期,对儒家传统思想提出比较激烈的批评的思想家是李贽(1527—1602)。他在王艮与何心隐等的影响之下,提出了他的反传统的思想。

李贽号卓吾,出身于中小地主阶级,曾任县教谕,升礼部司务。四十岁始读王守仁书,遂为王学信徒。五十岁任姚安知府,三年即辞职,从此不再作官。与耿定向之弟耿定理友好,住在耿家。耿定理死,他与耿定向意见不合,移居麻城僧寺。后即削发为僧。耿定向等唆使麻城人驱逐他。焦竑迎接他到南京。马经纶迎接他到通县。礼部给事中张向达上章劾他"有伤风化,惑乱人心",遂被捕下狱,在狱中约一月,以剃刀自杀。他是中国历史上为追求思想自由而牺牲的一个进步思想家。著作有《焚书》、《藏书》、《初潭集》、《易因》等。

李贽的思想在一定程度上反映了市民阶层的要求与观点。他对商人抱一定的同情。他说:"商贾亦何可鄙之有?经风涛之险,受辱于关吏,辛勤万状,所得者末。"(《焚书·与焦弱侯》)他又认为"私"是当然的:"夫私者,人之心也。人必有私而后其心乃见。若无私则无心矣。……此自然之理,必至之符,非可以架空而臆说也。然则为无私之说者,皆画饼之谈。"(《藏书·德业儒臣后论》)他又认为利是重要的:"天下曷尝有不计功谋利之人哉?"(《焚书·贾谊》)这些议论,都多少地表现了市民或商人阶级的要求与观点。

李贽有许多同情人民的言论。他把官吏比做盗贼(《焚书·李涉赠盗》),比做老虎(同书《封使君》)。但他对历史上的农民起义却抱有反感。他骂赤眉、黄巢为盗贼,骂黄巾、张鲁、孙恩等为妖贼(《藏书·贼臣传》)。他不能认识到历史上农民反抗斗争的正义性,可见他不是代表农民的。

李贽发表的一些激烈的言论,被当时道学家看做"异端",他也就以异端自居。他说:"今世俗子与一切假道学共以异端目我,我谓不如遂为异端。"(《焚书·答焦漪园》)。但他又自称:"虽落发为僧而实儒也。"(《初潭集·自序》)他虽然没有完全摆脱儒学,但他的思想中有突破儒家传统思想之处,所以他是一个进步思想家。

(1)"伦物"与"真空" 李贽的宇宙观虽包含了某些唯物主义的因素,但基本上还是唯心主义的。

李贽早年曾经有自发的反宗教的倾向。他说过:"余自幼倔强难化,不信学,不信道,不信仙、释,故见道人则恶,见僧则恶。"(《王阳明先生道学钞》附《王阳明先生年谱后语》)可以说,他早年曾基于对生活的体验而相信唯物主义的观点。但后来受王守仁与佛教的影响,接受了主观唯心主义。他对程、朱学派的客观唯心主义进行了反驳。他说:"有天地然后有万物。然则天下万物皆生于两,不生于一,明矣。而又谓一能生二,理能生气,太极能生两仪,何欤？夫厥初生人,惟是阴、阳二气,男、女二命,初无所谓一与理也。而何太极之有？以今观之,所谓一者果何物,所谓理者果何在,所谓太极者果何所指也?"(《焚书·夫妇论》)这是说,最初只有阴阳二气,没有在气之先的"理"或在二之先的"一"。在这里,李贽批判了客观唯心主义"理能生气"的学说,这应该说是他哲学思想中的唯物主义因素。李贽又提出了"穿衣、吃饭即是人伦、物理"的说法,他说:"穿衣、吃饭即是人伦、物理,除却穿衣吃饭,无伦物矣。世间种种,皆衣与饭类耳。故举衣与饭而世间种种自然在其中。"(《焚书·答邓石阳》)这就是认为,人们的物质生活是最重要的,所谓人伦(道德)、物理(事物的规律),都不外乎人们的物质生活。这里也包含着唯物主义的因素。

然而,李贽又认为,所谓"人伦物理"不过是"真空"的表现,"真空"才是世界的根本。他说:"学者只宜于伦物上识真空,不当于伦物上辨伦物。"(《焚书·答邓石阳》)他接受了佛家的唯心主义,认为客观世界只存在于"真心"之中。他说:"岂知吾之色身,洎外而山河,遍而大地,并所见之太虚空等,皆是吾妙明真心中一点物相耳。"(《焚书·解经文》)人的身体以及整个物质世界都是真心中所有的现象。所谓"真空"或者"真心"即是绝对的精神。

李贽指出了本体与现象的相即不离的关系:"若无山河大地,不成清净本原矣。故谓山河大地即清净本原可也。若无山河大地,则清净本原为顽空无用之物,为断灭空、不能生化之物,非万物之母矣,可值半文钱乎?"(《焚书·答自信》)所谓"清净本原",就是"真空",即是精神性的本体。在李贽看来,假如"清净本原"不表现为山河大地,那就不成其为"本原"了。他虽然强调"本原"不是"顽空",不是"断灭空",但毕竟认为山河大地物质世界以"清净本原"为根据。可见他的宇宙观基本上是唯心主义的。

(2)是非 在认识论方面,李贽的学说基本上也是唯心主义的。他肯定了"生知",认为人人都是生知的。"天下无一人不生知,无一物不生知,亦无一刻不生知者,但自不知耳。"(《焚书·答周西岩》)这所谓生知的意义,虽不甚明确,但他承认生知则是很明显的,所以应该说是唯心主义。他又说过:"所格者何物?所致者何知?盖格物则自无物,无物则自无知。"(《焚书·答周若庄》)把格物致知归结为无物无知,更是一种神秘主义的说法了。

李贽在哲学思想上的创造性的贡献是提出了真理与道德标准的相对性的学说。他强调"是非"是变迁的。这所谓是非,包括真假、善恶两方面的意义。他认为是非是变迁的,即是认为真理是变迁的,道德标准是变迁的。他说:"人之是非,初无定质。人之是非人也,亦无定论。无定质,则此是彼非,并育而不相害;无定论,则是此非彼,亦并行而不相悖矣。……前三代吾无论矣,后三代,汉、唐、宋是也,中间千百余年而独无是非者,岂其人无是非哉?咸以孔子之是非为是非,故未尝有是非耳。然则予之是非人也又安能已?夫是非之争也,如岁时然:昼夜更迭,不相一也,昨日是而今日非矣,今日非而后日又是矣。虽使孔夫子复生于今,又不知作如何非是也,而可遽以定本行罚赏哉?"(《藏书·世纪列传总目前论》)这就是说,是非是随时变迁的,一时代应有一时代的是非,个人应该有自己的是非,而不应该以孔子的是非为是非。这是鲜明的反对传统权威的言论。

李贽指出了真理的相对性。虽然他不能理解相对真理与绝对真理的关系,但是他否认孔子的学说为绝对真理,这是有巨大的进步意义的。

在伦理学说方面,李贽对于所谓"礼法"的一部分内容,提出了批评。他自谓"我则从容礼法之外"(《焚书·又答石阳太守》)。他所着重批评的是男、女不平等的偏见。他肯定男、女在才智上是平等的。"谓人有男女则可,谓见有男女岂可乎?谓见有长短则可,谓男子之见尽长,女人之见尽短,又岂可乎?设使女人其身,而男子其见,乐闻正论,而知俗语之不足听,乐学出世,而知浮世之不足恋,则恐当世男子视之,皆当羞愧流汗,不敢出声矣。"(《焚书·答以女人学道为见短书》)他更赞美卓文君私奔司马相如的行为:"相如,卓氏之梁鸿也。使当其时,卓氏如孟光之必请于王孙,吾知王孙必不听也。嗟夫!斗筲小人,何足计事!徒失嘉偶,空负良缘,不如早自抉择,忍小耻而就大计。"(《藏书·司马相如传论》)这些议论,打破了男女不平等的偏见,主张婚姻自主,在当时实在是大胆的新思想。

关于君臣、君民的关系,李贽曾说过:"夫臣子之于君亲,一理也。天下之财皆其财,多用些亦不妨;天下民皆其民,多虐用些亦则得忍受。但有大贤在其间,必有调停之术,不至已甚足矣。只可调停于下,断不可拂逆于上。"(《焚书·复晋川翁书》)这些话虽表现了对君民关系的不满,但仍然认为君令不可反抗。关于父子关系,他依然肯定"孝则百行之先"(同书《读若无寄母书》)。可见,如果说李贽反对一切封建道德,那是不合事实的。

李贽对儒家经典提出了深刻而猛烈的批评。首先,他认为做人不必一定效法孔子:"夫天生一人,自有一人之用,不待取给于孔子而后足也。若必待取足于孔子，则千古以前无孔子，终不得为人乎?"(《焚书·答耿中丞》)他更认为六经、《语》、《孟》没有价值。"夫六经、《语》、《孟》，非其史官过为褒崇之词，则其臣子极为赞美之语；又不然，则其迂阔门徒、懵懂弟子，记忆师说，有头无尾，得后遗前，随其所见笔之于书。后学不察，便谓出自圣人之口也，决定目之为经矣。孰知其大半非圣人之言乎?"(同书《童心说》)他指出，六经、《语》、《孟》中的话，决不是"万世之至论"(同上)。他这样对儒家经典进行正面的攻击，猛烈地摇撼了传统思想的基础。

李贽还揭露假道学的言行不符。他在写给耿定向的信中说："试观公之行事，殊无甚异于人者。人尽如此，我亦如此，公亦如此。自朝至暮，自有知识以至今日，均之耕田而求食，买地而求种，架屋而求安，读书而求科第，居官而求尊显，博采风水以求福荫子孙。种种日用，皆为自己身家计虑，无一厘为人谋者。及乎开口谈学，便说尔为自己，我为他人；尔为自私，我欲利他。……以此而观，所讲者未必公之所行，所行者又公之所不讲，其与言顾行、行顾言何异乎!"(同书《答耿司寇》)李贽认为，讲道学的人，只是一些言行不相顾的伪君子罢了。"口谈道德而心存高官，志在巨富；既已得高官巨富矣，仍讲道德说仁义自若也。"(同书《又与焦弱侯》)他无情地揭露了假道学的真面目。

李贽虽然没有对礼教提出全面的批判，但他批判了礼教的一些方面，可以说，他表现了反礼教的倾向。

(3)"民自治自理"　在政治思想方面，李贽对封建专制主义提出了批评，表现了初步的民主观念。他指出，贪暴的君主固然是扰民的,而所谓仁者也是害民的。所谓"德、礼、刑、政",都只是束缚人民的工具而已。他说:"夫天下之人不得所也久矣,所以不得所者,贪暴者扰之,而仁者害之也。仁者以天下之失所也而忧之,而汲汲焉欲贻之以得所之域,于是有德、礼以格其心,有政、刑以絷其四体,而人始大失所矣。"(《焚书·答耿中丞》)德、礼、政、刑实际上是有害于民的。"有条教之繁,有刑法之施,而民日以多事矣。"(同书《论政篇》)他这样反对儒家的"条教"与法家的"刑法",在思想继承上是阐述了先秦时代老、庄的学说,在实际上是对封建专制主义的反抗。

李贽认为最好的政治是不干涉人民。"将民实自治,无容别有治之之方欤? 是故恬焉以嬉,遨焉以游,而民自理也。"(同书《送郑大姚序》)他提出"自治"、"自理"的观点,认为人民能够自己管理自己,不需要统治者干涉。这是他对民主思想的一项重要贡献。

李贽以"无为"作为政治的最高理想。他说:"至道无为,至治无声。"(《送郑大姚序》)但无为只是不干涉,并非无所作为。由此,他强调有为的重要性。他说:"自舜以下,要皆有为之圣人也。太公之富、强,周公之礼、乐,举措虽异,有为均也。孔子梦寐周公,故相鲁三月而礼教大行。虽非黄、唐以前之无为,独非大圣人之所作为欤? 安在乎必于无为而后可耶?"(《藏书·德业儒臣后论》)这是说,必要的措施还是应该有的,有益于人民的事业是应该兴办的。

总之,李贽是一个反抗封建专制主义而为启蒙思想开拓道路的战士。

三、东林学派的思想倾向

明代末年,发生了东林派人与宦官权贵的斗争。

东林学派的领袖是顾宪成(1550—1612)与高攀龙(1562—1626)。顾宪成号泾阳,高攀龙号景逸。他们讲学于江苏东林书院,主持清议,批评朝政,专门攻击宦官权贵。宦官权贵把持朝政,不顾封建国家的根本利益,残酷地压榨人民,常常激起民变。东林学派的政治斗争,一方面是为了维持封建统治阶级的长久利益,另一方面又与市民反封建压迫的斗争相呼应。

1626年,宦官魏忠贤命缇骑逮捕周顺昌、高攀龙等。高攀龙自杀。周顺昌被逮捕时引起一次激烈的民变,市民颜佩韦等起来展开了反抗斗争。由此可见,东林的斗争与市民的斗争是有一定联系的。

东林学派中的人物是与市民有联系的开明绅士。明末,东南一带有一部分地主阶级分子投资于工商业,他们是与工商业有联系的绅士。东林学派即是代表这些人的利益。

顾宪成与高攀龙基本上都属于程、朱学派,但也讲良知,表现了调和朱、王的倾向,同时也批评了王守仁的一部分学说。

东林学派思想的特点是主张明辨"是非",反对任何模糊是非区别的思想。顾宪成说:"人须是一个真。是非之心,人皆有之,只以不真之故,便有夹带。是非太明,怕有通不去、合不来的时节,所以须要含糊;少间,又于是中求非、非中求是,久之且以是为非、以非为是,无所不至矣。"(《顾端文遗书·小心斋札记》)高攀龙说:"纪纲世界,只是非两字。"(《高子遗书·语》)"惟是知是必行,知非必去,斩斩截截,洁洁净净,积习久之,至于动念必正,方是此件。"(同书《答耿庭怀》)顾、高所谓"是",就是封建的伦理道德。他们的言论,基本上反映了封建统治阶级的长久利益,但其中也包含了工商业者与中小地主阶级反抗皇室贵族的特权的要求。

东林学派特别重视节操,重视真实的道德履践。顾宪成说:"官辇毂,念头不在君父上;官封疆,念头不在百姓上;至于水间林下,三三两两,相与讲求性命,切磨德义,念头不在世道上,即有他美,君子不齿也。"(《明儒学案·东林学案序》引)他要求士大夫注意统治阶级的根本利益,并照顾人民的生活。他又批评当时的学风道:"史际明(名孟麟,也是东林学派中人)曰:'宋之道学在节义之中,今之道学在节义之外。'予曰:'宋之道学在功名、富贵之外,今之道学在功名、富贵之中。'"(《小心斋札记》)他反对追求名位,而注重节操。他指出:人们只有在特殊条件之下能坚定不移,刚强不屈,才算是有德行。"平居无事,不见可喜,不见可嗔,不见可疑,不见可骇;行则行,住则住,坐则坐,卧则卧,即众人与圣人何异?至遇富贵,鲜不为之充诎矣;遇贫贱,鲜不为之陨获矣;遇造次,鲜不为之扰乱矣;遇颠沛,鲜不为之屈挠矣。然则富贵一关也,贫贱一关也,造次一关也,颠沛一关也。到此真令人肝腑具呈,手足尽露,有非声音笑貌所能勉强支吾者。"(《顾端文遗书·当下绎》)在顾宪成看来,真有操守的人,当富贵时必不骄侈淫佚,当贫贱时必不屈身辱己,当仓卒之时必不慌乱无措,当挫折困难时必不同流合污。这些道理,本是宋、明道学家常常讲的,而东林学派对此特别重视。

高攀龙评论王守仁学说的流弊道:"姚江之弊,始也扫闻见

以明心耳,究而任心而废学,于是乎诗书礼乐轻,而士鲜实悟。始
也扫善恶以空念耳,究且任空而废行,于是乎名节忠义轻,而士鲜
实修。"(《崇文会语序》)这就是主张以不脱离事物的"实悟"与特
重是非之分的"实修"来代替"扫闻见"、"扫善恶"的王学。东林
学派最反对的是王畿、何心隐、李贽等的学说。王、何、李等具有
打破传统思想束缚的倾向,他们通过讲学,把传统道德的支配力
量削弱了,但新的行为标准却没有建立起来。有权有势的贵族宦
官,便乘其敝而横行无忌。对于这种现象,东林学派是很不满的,
所以他们在以严峻的明辨是非的态度与当权的腐败势力进行搏
斗时,其所走的道路就与王畿和泰州学派不同了。

四、刘宗周的哲学思想

刘宗周(1578—1646)号念台,一号蕺山。是与东林声息相
通的学者。崇祯时,任顺天府尹,屡次进谏言。后又任左都御史,
因进谏被革职。南明浙江政权覆亡,绝食二十日而卒。他是明代
末年最重要的唯心主义思想家。他的著作由他的学生编为《刘
子全书》。

刘宗周的思想在继承上属于王学的系统,他最佩服王守仁,
但是反对王畿。他的思想基本上是主观唯心主义,但其中也包含
了某些唯物主义的因素。

刘宗周发挥罗钦顺"理不离气"的观点,否认在气之先的理。
他说:"盈天地间,一气而已矣。有气斯有数,有数斯有象,有象
斯有名,有名斯有物,有物斯有性,有性斯有道。故道,其后起也。
而求道者辄求之未始有气之先,以为道生气,则道亦何物也,而能
遂生气乎?"(《语录》)"理即是气之理,断然不在气先,不在气之

外。"(同上)这是说,理是不外于气的,在理、气二者之中,气是根本的。刘宗周这样反驳了程、朱学派的客观唯心主义。

但刘宗周不是唯物主义者,他认为心是最根本的。他说:"身在天地万物之中,非有我之得私。心在天地万物之外,非一膜之能囿。通天地万物为一心,更无中、外可言。体天地万物为一本,更无本心可觅。"(同上)这是说,身是万物中之一物,心却含包天地万物在内。天地万物只存在于心中。

刘宗周指出心与世界的关系:"一心也,而在天谓之诚,人之本也;在人谓之明,天之本也。……一气之变,杂然流行。类万物而观,人亦物也,而灵者不得不灵,灵无以异于蠢也。故灵含蠢,蠢亦含灵。类万物而观,心亦体也,而大者不得不大,大无以分于小也。故大统小,小亦统大。"(同上)这是说,人的身以天为本,而人的心却又是天之本。在身中之心虽可谓小,但其中统括了广大的宇宙。这是一种主观唯心主义。

刘宗周提出了"即心即物"的观点:"盈天地间皆物也。自其分者而观之,天地万物各一物也;自其合者而观之,天地万物一物也。一物本无物也,无物者理之不物于物,为至善之体,而统于吾心者也。虽不物于物,而不能不显于物,耳得之而成声,目寓之而成色,莫非物也,则莫非心也。……即心即物,非心非物,此谓一以贯之。"(《大学杂辨》)这是说,一切物都是理的表现,而此理即在心中。一切物都是耳、目之所认识,而耳、目的认识也就是心的认识。一切物都是心中之理的显现,心与物是统一的。这是一种相当细致的唯心主义。

刘宗周认为,作为天地万物之本的心,又叫做"独"。他说:

"无极而太极,独之体也。"(《语录》)"隐微之地,是名曰独。其为何物乎?本无一物之中,而物物具焉,此至善之所统会也。致知在格物,格此而已。独者物之本,而慎独者格物之始事也。"(《大学杂辨》)这是说,自己所独知者为独,即内在的主观意识。刘宗周以独为天地万物之本,就是以主观意识为世界的根源。

刘宗周的学说是王守仁的主观唯心主义的发展。他的关于理气问题的唯物主义见解,对于明、清之际的唯物主义的高涨,曾经起了准备的作用。

五、方以智的唯物主义思想

方以智(1611—1671)字密之。崇祯时,曾任翰林院检讨。南明永历帝即位,充经筵讲官,不久即去职。清兵下广东,方以智出家为僧,改名大智,号无可,又号宏智、药地、浮山愚者等。早年著作有《通雅》《物理小识》,基本上是明亡以前写成的。晚年著有《炮庄》,还有《浮山文集》。

方以智是明末著名的博学之士,对于天文、地理、物理、数学、经学、文字学等都有研究。他的《通雅》与《物理小识》基本上都是科学著作,是对当时的科学知识的总结。在《物理小识》中,除了分类辑录当时关于科学的知识并加以阐发推论以外,还提出了若干哲学观点。

方以智把学术分为两类:一类是"通几",一类是"质测"。他说:"寂感之蕴,深究其所自来,是曰通几。物有其故,实考究之,大而元会,小而草木螽蠕,类其性情,征其好恶,推其常变,是曰质测。质测即藏通几者也。"(《物理小识·自序》)通几即对深刻的原理之研究,就是哲学。质测即对一般事物的规律的研究,就是实证科学。方以智曾经研究了明代末期从西方输入的科学知识,他自称:"借远西为郯子,申禹周之矩积。"(同书《总论》)他基本上接受了西方传来的天文学说,但是反对天主教的宗教思想。他评论西学道:"万历年间,远西学入,详于质测而拙于言通几。"(同书《自序》)这就是说,西方传来的科学有价值,而天主教的宗教教义则是无足取的。

方以智的哲学思想基本上是唯物主义的,他是明末唯物主义的主要代表。

(1)气　方以智继承了中国唯物主义的传统,认为世界是气的世界,一切物类都是气所构成的。他在《物理小识》中说:"气行于天曰五运,产于地曰五材,七曜列星,其精在天,其散在地,故为山为川,为鳞羽、毛介、草木之物。"(《总论》)山河与动植物都是气所变成的。他肯定气是实在的:"夫气为真象。"(卷一)他举出许多事实来证明气之为客观的存在:"世惟执形以为见,而气则微矣。然冬呵出口,其气如烟;人立日中,头上蒸歊,影腾在地。考钟伐鼓,窗棂之纸皆动。则气之为质,固可见也。充一切虚,贯一切实,更何疑焉?"(同上)气虽然无形,但确是实在的。虚空中充满了气,具体的物都是气所构成。他说:"一切物皆气所为也,空皆气所实也。"(同上)又说:"虚固是气,实形亦气所凝成者。"(同上)无论虚实,都是气。他更从气来说明光、声的现象,提出"气发为光、声"的学说:"气凝为形,发为光、声,犹有未凝形之空气与之摩荡嘘吸。故形之用止于其分,而光、声之用常溢于其余。气无空隙,互相转应也。"(同上)又说:"气凝为形,蕴发为光,窍激为声,皆气也。而未凝、未发、未激之气尚多。故概举气、形、光、声为四几焉。"(同上)方以智关于光、声的解释虽然简单,但确是想根据具体事实来说明光、声的原理。他的"气发为光、声"的命题是前人未有的创论。

(2)道器 方以智认为,物是有"则"的,有"理"的。而物之则、物之理,就是"所以为物",即物之所以然。他说:"当前物则,天度同符,格之践之,引触酬酢,信其不二,享其不惑。此则有所以为物、所以为心、所以为天者,岂徒委之气质而已乎?"(《物理小识》卷一)他又说:"物有则,空亦有则。以费知隐,丝毫不爽,其则也,理之可征者也。"(同上)理就是一定的规律,是"不二"的,是"丝毫不爽"的,是可以从复杂的现象中推测而知的("以费知隐")。

方以智指出,理是在气中的,他说:"圣人合虚实、神形而表其气中之理。……彼离气执理,与扫物尊心,皆病也。理以心知,知与理来,因物则而后交格以显。岂能离气之质耶?"(同上)这是说,虚实、神形都是气的变化,而理在气中,如果"离气执理",那就是错误了。他又说:"本末源流,知则善于统御,舍物则理亦无所得矣。"(同书《总论》)强调理是物之理,是不能离物的。

方以智不但反对"舍物以言理"(同书《总论》),而且反对离器而言道。他说:"为物不二之至理,隐不可见,质皆气也。征其端几,不离象数。彼扫器言道、离费穷隐者,偏权也。"(同书卷一)这是说,理在物中,道在器中,隐在费中,如果把道说成为超离器物以外的,那就偏谬了。他肯定了道、器的统一关系:"性命之理必以象数为征。未形则无可言,一形则上道下器,分而合者也。"(同书《总论》)认为道、器虽有区别,但二者是不相离的。

在理、气关系和道、器关系的问题上,方以智坚持了唯物主义的观点。

(3)心物 方以智提出了心物不二的学说,他说:"即性命、生死、鬼神,只一大物理也。舍心无物,舍物无心。"(《物理小识·总论》)他又说:"日、月、星辰,天悬象数如此。官肢经络,天之表人身也如此。图、书、卦、策,圣人之冒准约几如此。无非物也,无非心也。犹二之乎?"(同书卷一)这就是说,一切都是物,一切也都是心。这里讲一切都是物,意义是很明显的;但讲一切都是心,意义就不明晰了。他说:"盈天地间皆物也。人受其中以生,生寓于身,身寓于世,所见所用,无非事也。事一物也。圣人制器利用以安其生,因表理以治其心。器固物也,心一物也。深而言性命,性命一物也。通观天地,天地一物也。"(《物理小识·自序》)一切存在都是物,心也是物。这就是所谓"舍物无心"的意义。方以智肯定物的可知:"天地一物也,心一物也,惟心能通天地万物,知其原,即尽其性矣。"(同书《总论》)认为心是一物,它能认识一切物。他又说:"天示其度,地产其状,物献其则,身具其符,心自冥应。"(同书卷一)认为心自然而然能反映世界的规律。心能了解万物,万物都为心所知,这大概就是所谓"舍心无物"的意义。然而,从承认物的可知进而断定"舍心无物",是不适当的。这对于唯心主义作了重大的让步。方以智以"扫物尊心"为"病",也就是反对主观唯心主义,这是正确的。但他的"舍心无物"的命题却是错误的,这是他哲学思想中的唯心主义残余。

方以智也谈到神,他所讲的神,既是指变化的动力,又是指人的精神,模糊了两种意义的界限。他说:"凡运动,皆火之为也,神之属也。……凡滋生,皆水之为也,精之属也。"(同书卷一)这里说的神,似指动力而言。他又说:"天以气为质,以神为神;地以质为质,以气为神。人兼万物而为万物之灵者神也。"(同书《总论》)这是说,自然界中的作为动力的神与人所有的作为认识作用的神是二而一的。这是一种泛神论学说。

方以智也肯定变化,他认为事物的变化是无穷尽的。他说:"变未有极乎? 变极自反乎? 惟神而明之者知之。……古所无者,何知今非创产? 今狎见者,乌知后之不变灭乎?"(《物理小识·总论》)这是说,在古往今来的过程中,旧有的事物常归于消灭,以前未有的事物会发生出来。方以智更提出了"宙轮于宇"的光辉命题,他说:"以推移之宙消贪心,以规矩之宇辨物则,而一万俱毕矣。去者已去。来者未来,今又逝也。贪执何为? ……管子曰'宙合',谓宙合宇也。灼然宙轮于宇,则宇中有宙,宙中有宇。"(同书卷二)宙即古往今来的时间,宇即上下四方的空间。方以智已认识到:在时间上,未来转为现今,现今转为过去。空间中的万物都随时间的轮转而轮转,都在推移转化之中。空间与时间不是彼此独立的,宙即在宇中,宇即在宙中。方以智的这种学说在当时是精彩的,可惜他对此没有详尽地发挥。

方以智基本上是一个科学家,他的哲学思想含藏于科学之中,这就是他自己所说:"质测即藏通几。"他在哲学上的贡献是简要地阐发了唯物主义的若干基本观点。

第四章　明清之际至清代中期封建制度没落时期唯物主义的发展及其反对唯心主义的斗争
（十七世纪中期至十八世纪）

第一节　明清之际至清代中期哲学思想发展的社会历史背景

明代末年，贵族宦官集团加紧压榨人民，阶级矛盾达到极其尖锐的程度，于是爆发了农民大起义。在农民起义军攻下北京，得到初步胜利的时候，清统治者与明代的官僚大地主相勾结，乘机进入山海关，夺取了政权。

清军的侵入，使当时的社会矛盾发生了变化，民族矛盾上升为主要矛盾，而阶级矛盾则退居于次要矛盾的地位。农民起义军的大部分与南明政权联合起来，共同抗清。广大人民与中小地主阶级知识分子都起来进行英勇的抗清斗争。

清兵在南侵时到处屠杀，"扬州十日"、"嘉定三屠"，就是清兵暴行的显著事例。此时,一方面是清统治者与官僚大地主投降派,一方面是农民、市民与中小地主阶级广大群众,双方展开了激烈的斗争。

爱国主义知识分子都投入抗清斗争中。在武装反抗失败以后,他们改变斗争方式,从事于思想理论的斗争。明清之际的民族斗争是当时思想发展的主要条件。

清朝夺取政权以后,曾经打击明末已有相当发展的工商业。纺织业、采矿业都受到沉重打击。清政府采取了严格的闭关政策,不准商人从事海外贸易,国内手工业、商业的发展也受到影响。清政府有意地加强小农与家庭手工业的结合,阻碍了商品经济的发展。这样,明代已出现的资本主义幼芽就暂时萎缩了。

到十八世纪初,城市纺织业又向前发展,逐渐超过了明末的状况。在许多城市里,出现了分工很细、工匠众多的具有资本主义性质的手工工场。根据1955年在苏州发现的雍正年代的《奉各宪永禁机匠叫歇碑记》,当时苏州纺织业的情况是:"机户出资经营,机匠计工受值。"这基本上和明末情况一样。但是工匠人数增加了。根据《雍正朱批谕旨》,雍正年间,苏州的染坊工匠已有二万余人,机匠的人数当超过这个数字。

在清代封建社会,小农业与家庭手工业相结合的自然经济仍然占有支配地位,但资本主义的萌芽却有显著的增长。

在清代,满汉之间的民族矛盾一直没有消除,汉族人民不断地以各种形式进行斗争。此时,国内的主要矛盾是满汉地主阶级与广大人民之间的矛盾。满族统治集团与汉族大地主勾结起来压迫人民,人民经常起义,以反抗满、汉统治者的残酷压榨。农民、手工业者常常组织秘密会社,进行反抗封建特权的斗争。

从明清之际到清代中期,中国封建社会中孕育着的资本主义生产关系萌芽慢慢地增长起来,封建制度逐渐地受到侵蚀,处在缓慢的解体过程中。这种情况反映在思想上,便是具有启蒙性质的思想的出现。

明末西洋输入的天文学、算学知识,在国内得到一定程度的传布。

清代初年,曾经发生新旧历法的争论。1659 年杨光先作《辟邪论》,反对西洋历法。清政府任命杨光先主持天文衙门事务。到 1668 年,西洋教士南怀仁又受命治理历法,他奏明旧法的差误。次年(1669),康熙皇帝命大臣二十人到观象台观测,结果证明西法准确。于是,康熙皇帝就革去杨光先的职务。南怀仁与闵明我编定康熙永年历法。

1715 年(康熙五十四年)西人纪利安请制地平经纬仪,把旧仪器作废铜用,这是中国古代天文仪象的一大厄运。后来仅存明制的浑仪、简仪、天体仪三件。

到十八世纪中期,罗马教皇下令禁止中国教徒祭祀祖先,中国的天主教大受影响(清廷严禁教士传教)。后来,乾隆皇帝又下令禁止教士传教。于是中西文化交流陷于停顿状态。

清代的天算家大都兼治中法与西法。最著名的天算家是王锡阐(1628—1682)与梅文鼎(1633—1721)。王著有《晓庵新法》,梅的著作编为《梅氏丛书》。清代中期的学者江永、戴震都对天算有深刻的研究。

清代的医学研究,最值得注意的是王清任的《医林改错》。

他通过对尸体的仔细观察,对人身构造提出了新的见解。

明清之际至清代中期的思想斗争,是宋明时代思想斗争的继续。唯物主义以"气"为中心观念,客观唯心主义以"理"为中心观念,主观唯心主义以"心"为中心观念,它们彼此进行着斗争。

明清之际出现了唯物主义的高潮。当时的重要思想家在不同程度上都发挥了唯物主义学说。王夫之提出了对唯物主义的明确论证,顾炎武肯定了唯物主义的基本命题,黄宗羲虽然不能完全摆脱王守仁主观唯心主义的影响,但也批判了程朱学派的客观唯心主义思想。稍晚的颜元、李塨都发挥了唯物主义思想。

明清之际唯物主义的高潮,以明代后期社会经济的高度发展为间接的根源,以清统治者入关后汉族人民反压迫的实际斗争为直接的基础。明清之际的爱国主义思想家,在武装斗争失败以后,不得不改变斗争方式,从事于思想理论方面的工作:一方面清算过去的政治得失,提出了对专制主义的批判;一方面清算过去的学术思想,认识了唯心主义的危害性,批评了唯心主义的空疏,从而使自己的思想向唯物主义迈进。这些爱国主义思想家,企图建立新的理论体系,为将来的民族复兴奠定思想的基础。

明朝中期以后社会经济的发展,特别是资本主义萌芽的出现并逐渐增长,使思想家们在考虑问题时不得不重视工商业发展的要求,因而明末清初到清代中期的思想,具有一定程度的启蒙性质。当时,"理欲"问题成为一个突出的重要问题。大多数进步思想家批判了宋明以来的"理欲之辨"。重视人欲的思想在一定程度上反映了经济发展的要求。

清代中期的唯物主义者戴震把对理欲之辨的批判提到新的

高水平,他的思想反映了广大人民要求从封建统治者残酷压迫下解放出来的愿望。

清朝统治者利用程、朱理学作为统治工具,陆王心学也起了巩固封建统治的作用。但程朱学派与陆王学派中也有一些爱国主义思想家,发挥了朱熹、陆九渊的民族思想。

第二节　黄宗羲、顾炎武等的哲学观点与社会思想

一、黄宗羲的哲学与民主思想

黄宗羲(1610—1695)字太冲,世称梨洲先生。父黄尊素为东林学派中的人物之一,被魏忠贤陷害致死。黄宗羲受父遗命,问学于刘宗周。明思宗即位,他入都讼冤,以铁椎刺伤仇人。清兵南下,他召募义兵进行武装斗争,他的部队号为黄氏世忠营,但不久即败散。明室恢复绝望,他隐居著书。清政府屡次征召,他坚辞不出。著述甚多,最重要者为《明儒学案》、《宋元学案》(全祖望补成)、《明夷待访录》、《孟子师说》、《南雷文案》、《南雷文定》、《南雷文约》。

黄宗羲学识渊博,对天文、算学、历史、地理等都有研究。他特别重视史学,开辟了清代史学研究的风气。他的主要贡献在政治学说方面,提出了比前人更进一步的民主观念。

黄宗羲出身于中小地主阶级,但他的思想却在一定程度上反映了市民阶级的要求。这与浙江一带工商业的发达有关。他曾指出,工商也都是本,传统的以农为本、以工商为末的看法是不对的。"世儒不察,以工商为末,妄议抑之。夫工固圣王之所欲来,商又使其愿出于途者,盖皆本也。"(《明夷待访录·财计三》)他认为

有益于民生的工商业都是本,只有那些"为佛为巫而货"、"为优倡而货"、"为奇技淫巧而货"才是末,应该禁止。他肯定"切于民用"的工商是重要的,这表现了市民阶级的观点。

(1)理、气与心　黄宗羲的哲学思想基本上是刘宗周的学说的进一步发挥:一方面,在理气问题上,他宣扬"理在气中"的唯物主义观点;另一方面,在心、物问题上,他又认为心、物不二,提出了"心即气"的观点。同时,他又接受了王守仁的心外无理的学说,反对理在心外的唯物主义观点。这样,黄宗羲的哲学思想表现了两面性,也可以说是摇摆于唯物主义与唯心主义之间。

关于理气问题,黄宗羲很赞同罗钦顺的见解,说罗"论理气最为精确"(《明儒学案》卷四十七)。他指出:"理为气之理,无气则无理。……盖以大德敦化者言之,气无穷尽,理无穷尽,不特理无聚散,气亦无聚散也。以小德川流者言之,日新不已,不以已往之气为方来之气,亦不以已往之理为方来之理,不特气有聚散,理亦有聚散也。"(同书卷七)认为理是随气而存在,随气而改变的。他更提出关于理的唯名论见解:"天地之间,只有气,更无理。所谓理者,以气自有条理,故立此名耳。"(同书卷五十)此语可能有两种意义:其一,气是实体而理不是实体,这是正确的见解;其二,理只是人所设立的名称,实际并不存在,这就有否认客观规律的倾向,转入唯心主义了。

黄宗羲认为,世界是气的世界,又是心的世界,心就是气。他说:"天地间只有一气充周,生人、生物,人禀是气以生,心即气之灵处。……理不可见,见之于气;性不可见,见之于心。心即气也。"(《孟子师说》卷二)他又说:"气未有不灵者,气之行处皆是心,不仅腔子内始是心也。即腔子内亦未始不是气耳。"(《明儒学案》卷七)认为心就是气的"灵处",但气未有"不灵"者,因而心即是气。所谓"灵处",即认识作用。"心即气"的命题,从字面上看,似乎也可以理解为"心是物质性的",但它的真正意义是讲"一切物都有意识"。所以黄宗羲又说:"盈天地皆心也。变化不测,不能不万殊。心无本体,工夫所至,即其本体。故穷理者,穷此心之万殊,非穷万物之万殊也。"(《明儒学案·自序》)这里认定一切皆心,仍然继承了王守仁的思想。

黄宗羲讲心,与陆、王不同之处有二:第一,陆、王讲"人同此心,心同此理",强调心的永恒不变与唯一无二。黄宗羲却认为心是"万殊"的,万物具有万种不同的心。第二,陆九渊讲"本心",王守仁讲"心之本体",黄宗羲却认为"心无本体",这种学说就是否认天赋观念,否认先验主义。在这里,表现了黄宗羲的重要转变。陆九渊提出"心即理也"的命题,黄宗羲则认为"心即气",二者存在区别,但根本观点仍然是一致的。

程、朱学派区别了心与性,陆、王学派强调心性是一事。黄宗羲发挥心、性统一的观念,认为性不外于心。他说:"人受天之气以生,只有一心而已,而一动一静,喜、怒、哀、乐,循环无已。当恻隐处自恻隐,当羞恶处自羞恶,当恭敬处自恭敬,当是非处自是非……是即所谓性也。初非别有一物立于心之先,附于心之中也。"(《明儒学案》卷四十七)他认为心、性关系与气、理关系是一致的。理不外于气,所以性不外于心。由此,他更坚持心外无理之说:"天地万物之理,不外于腔子里,故见心之广大。若以天地万物之理即吾心之理,求之天地万物以为广大,则先生(指湛若水——引者)仍为旧说所拘也。"(同书卷三十七)这样,他又否认了自然规律的客观性。

黄宗羲接受了程颐两种知识的学说,也认为知有二种:一是"丽物之知",一是"湛然之知"。他说:"有知有不知,此丽物之知,动者也;为知之为不知,此照心也。丽物之知,有知有不知;湛然之知,则无乎不知也。"(《宋元学案·伊川学案》黄百家案语引)这所谓"丽物之知",就是以客观事物为基础的知识;所谓"湛然之知",就是一种直觉的认识。他认为在普通的认识之上还有一种直觉的认识,这也是唯心主义的观点。

(2)君与民 在封建社会中,儒家的正统思想基本上认为君民或君臣是绝对的隶属关系,臣民对于君主只有服从的义务。韩愈的《原道》所谓"君者,出令者也;臣者,行君之令而致之民者也;民者,出粟米麻丝、作器皿、通货财以事其上者也",可以说是汉、唐以来关于君臣民关系的正统思想之典型表述。黄宗羲批判了传统的关于君臣、君民关系的看法,指出秦汉以后的君民或君臣关系是不合理的。

黄宗羲认为,在君民的相互关系中,民应该是主,君应该是客,但秦、汉以后却颠倒过来了:"古者以天下为主,君为客,凡君之所毕世而经营者,为天下也。今也以君为主,天下为客,凡天下之无地而得安宁者,为君也。"(《明夷待访录·原君》)在"天下为主,君为客"的情况下,君主是为人民办事的:"不以一己之利为利,而使天下受其利;不以一己之害为害,而使天下释其害。"(同上)这是"明乎为君之职分"的君主。秦、汉以后的君主却都是害民而自利的,"视天下为莫大之产业"。为了争夺或享受这产业,用尽一切凶残的手段。"其未得之也,屠毒天下之肝脑,离散天下之子女,以博我一人之产业,曾不惨然,曰:我固为子孙创业也。其既得之也,敲剥天下之骨髓,离散天下之子女,以奉我一人之淫乐,视为当然,曰:此我产业之花息也。"(同上)基于这种情况,黄宗羲愤然说:"然则为天下之大害者,君而已矣。"(同上)他又指出,君主所谓大公,只是他一人之私利而已:"以我之大私为天下之大公。"他这样揭穿了君主以大公自居的欺骗性。他认为,有这样的君不如无君。"向使无君,人各得自私也,人各得自利也。"人人都是一样的,何以不允许人人各求私利而让君主一人独占一切利益呢!"岂天地之大,于兆人万姓之中,独私其一人一姓乎!"(同上)黄宗羲严厉地指斥了秦、汉以后的君权至上的专制主义制度。他的"天下为主,君为客"的主张,是相当明确的民主思想。

关于君与臣的关系,黄宗羲认为,知识分子出来做官,应该为人民办事,不应该专为君主服务。"缘夫天下之大,非一人之所能治,而分治之以群工。故我之出而仕也,为天下,非为君也;为万民,非为一姓也。"(同书《原臣》)黄宗羲严格地区分了"臣"与"仆妾",认为臣应该"以天下为事",而"君之仆妾"则仅仅是君主的"奔走服役之人",臣应该是君的"师友",不应该作君主私人的奴仆。

黄宗羲认为君、臣是共同治理天下的人。"夫治天下犹曳大木然。前者唱邪,后者唱许。君与臣,共曳木之人也。"(同上)由此,他作出了君、臣名异而实同的结论:"岂知臣之与君,名异而实同耶?"(同上)他认为,作为臣,应该力求天下之治。而所谓

"治"，则主要是谋求人民的安乐。"盖天下之治乱，不在一姓之兴亡，而在万民之忧乐。"(同上)他指出：人民生活安乐是治，人民生活愁苦是乱。而朝代的兴亡不是治乱的关键。一个朝代的兴未必是治，一个朝代的亡未必是乱。"桀纣之亡，乃所以为治也！秦政、蒙古(指元朝统治者——引者)之兴，乃所以为乱也。"(同上)他以人民生活的安乐与否来解释治乱，而把"一姓之兴亡"看作不重要的事情。他还对"杀其身以事其君"的传统道德观念进行反驳，认为臣不是"为君而设"的，所以也不必为君而死；臣所追求的应该是人民的利益。

黄宗羲关于君臣君民的学说，是对封建专制主义的批判，是相当明显的民主思想。

(3)法制与学校　黄宗羲对专制主义的法制提出了批评。他区别了"天下之法"与"一家之法"。他认为，"三代以上之法"是为天下而设立的，是为天下人民的生养教化而设立的，目的在于解决人民的物质生活与文化生活的问题，"未尝为一己而立也"(《明夷待访录·原法》)。而"三代以下"的法，则是为保持私家的政权而设立的，"后之人主，既得天下，唯恐其祚命之不长也，子孙之不能保有也，思患于未然以为之法"(同上)，这只是"一家之法"。制定这种法，目的在于保持政权，独占一切利益，"利不欲其遗于下，福必欲其敛于上"。于是，这种法不得不力求细密，然而，"法愈密而天下之乱即生于法之中"。这种法是有害于天下人民的。"前王不胜其利欲之私以创之，后王或不胜其利欲之私以坏之。坏之者固足以害天下，其创之者亦未始非害天下者也。"(同上)黄宗羲这样揭露了专制主义的法律之本质，指明封建社会的法制是专门保护君主私人利益而损害人民的。

黄宗羲希望废除专制主义的"一家之法",而恢复"天下之法"。他提出"有治法而后有治人"的命题,认为有正当的法制,然后依法办事,才能办出成绩。假如法制不合理,即使有"能治之人",也受法的牵制,不可能作出特殊成就来。"自非法之法桎梏天下人之手足,即有能治之人,终不胜其牵挽嫌疑之顾盼,有所设施,亦就其分之所得,安于苟简,而不能有度外之功名。"(同上)这就是说,改革法制是必要的。假如不从根本上改变法制,则社会状况是无从变好的。他强调了改革法制的必要性。

黄宗羲更提出了以学校为议政机关的学说。他主张扩大学校的职能,以学校为决定"是非"的最高机关。"必使治天下之具皆出于学校,而后设学校之意始备。"(《明夷待访录·学校》)"天子之所是未必是,天子之所非未必非。天子亦遂不敢自为非是而公其非是于学校。"(同上)认为政治上决定是非的最高权力应该归于学校。黄宗羲指出:东汉太学生的"危言深论",北宋太学生的主持公议,都是正当的。假如当时的朝廷以学校的非是为非是,国家就可保平安了。黄宗羲这种以学校为议政机关的学说,是以东林的学风为背景的。

黄宗羲认为学官不应由政府任命,而应由公众推举。"郡县学官,毋得出自选除。郡县公议,请名儒主之。"(同上)大学的校长,须由大儒担任。"大学祭酒,推择当世大儒,其重与宰相等。或宰相退处为之。"这祭酒应是皇帝的师傅。"每朔日,天子临幸太学,宰相、六卿、谏议皆从之。祭酒南面讲学,天子亦就弟子之列。政有缺失,祭酒直言无讳。"(同上)祭酒对于朝政应起监督指

导的作用,而郡县学官应监督指导郡县政事。"郡县朔望,大会
一邑之缙绅士子。学官讲学,郡县官就弟子列,北面再拜,师弟子
各以疑义相质难。其以簿书期会不至者罚之。郡县官政事缺失,
小则纠绳,大则伐鼓号于众。"(同上)这样,皇帝以至官吏在思想
上都应受学校的指导。

黄宗羲所谓学校,有议政的权力,有监督的作用,培养舆论,
决定是非,并能进退官吏。这可以说是各阶层的知识分子参与政
治的机构。这所谓学校,从议政的功能来讲,在一定程度上类似
于议会。应该说,黄宗羲所提出的扩大学校的职能的学说,是中
国历史上最早的关于议会的设想。

黄宗羲的民主观念,反映了当时的中小地主阶级知识分子的
要求,也反映了市民阶级的愿望。他要求改变君臣、君民的关系,
也就是主张废止专制主义。他认为,政府应为人民谋利益,应听
从人民的公论,应接受人民的监督。这是封建社会末期所可能产
生的民主思想。黄宗羲的政治思想基本上是从邓牧来的,但比邓
牧进了一步,在中国民主思想发展史上有重大的意义。

《明夷待访录》在清代被列入禁书。到清代末年,进步的知
识分子把这本书刊布出来,进行民主主义思想的宣传。当时这本
书发生了很大的启发鼓舞的作用。

二、顾炎武的哲学观点与政治思想

顾炎武(1613—1682)字宁人,世称亭林先生。少时耿介绝
俗。清兵下江南,嗣母王氏殉国,遗言后人勿事二姓。不久,他参
加昆山、嘉定一带的人民抗清起义。后被仇人控告,幸得友人归
庄营救始免。于是离家北游,往来于鲁燕晋陕豫诸省。晚岁卜居

于华阴。后又游山西,卒于曲沃。一生不忘兴复,六谒孝陵,六谒思陵。爱国之念,老而弥笃。学问很博,为清代考据学的宗师。著作最重要者为《日知录》、《天下郡国利病书》、《亭林文集》等。

顾炎武提出"经学即理学"的观点,反对空谈"性命"。他说:"理学之名,自宋人始有之。古之所谓理学,经学也,非数十年不能通也。……今之所谓理学,禅学也。"(《文集·与施愚山书》)他想以经学代替理学。他认为,研究学问,不应从事于天道、性命等空谈,而应该从事于历史与政治等实际问题的考察,注重节操的砥砺。他说:"今之君子……舍多学而识,以求一贯之方,置四海之困穷不言,而终日讲危微精一之说……我弗敢知也。……性也、命也、天也,夫子之所罕言,而今之君子之所恒言也。出处、去就、辞受、取与之辨,孔子、孟子之所恒言,而今之君子所罕言也。……愚所谓圣人之道者如之何?曰'博学于文',曰'行己有耻'。自一身以至于天下国家,皆学之事也。自子臣弟友以至出处、往来、辞受、取与之间,皆有耻之事也。……呜呼,士而不先言耻,则为无本之人;非好古而多闻,则为空虚之学。以无本之人而讲空虚之学,吾见其日从事于圣人而去之弥远也。"(《文集·与友人论学书》)他所讲求的,一是"博学于文",即对社会历史的考察、探讨;二是"行己有耻",即砥砺操守气节。这是顾炎武所提倡的学风。这种学风,注重对实际问题的研究与道德品质的提高,反对脱离事物的空谈。这种主张,有宣扬唯物主义的观点、反对唯心主义的意义,这是进步的。但他认为天道、性命问题一概不必谈,也有忽视对深刻的理论问题进行研究的狭隘倾向。

顾炎武曾讨论过哲学理论问题。他赞美张载关于气的学说。

他说："张子《正蒙》有云：'太虚不能无气，气不能不聚而为万物，万物不能不散而为太虚，循之出入，是皆不得已而然也。'……其精矣乎！"(《日知录》卷一)他承认"盈天地之间者气也"(同上)。又指出道不能离气。"形而上者谓之道，形而下者谓之器。非器则道无所寓。"(同上)这些话虽简单，然而是明显的唯物主义观点。

顾炎武特重民族主权，他区别了"亡国"与"亡天下"。他说："有亡国，有亡天下。亡国与亡天下奚辨？曰：易姓改号，谓之亡国。仁义充塞，而至于率兽食人，人将相食，谓之亡天下。……是故知保天下，然后知保其国。保国者，其君其臣，肉食者谋之。保天下者，匹夫之贱，与有责焉耳矣。"(《日知录》卷十三)这所谓"亡天下"，实际上指民族主权的丧失。他认为朝代的兴亡不算重要，而民族的主权则是最重要的。他还提出"华、夷之防"大于"君、臣之分"的理论。他说："君、臣之分，所关者在一身；华、夷之防，所系者在天下。故夫子之于管仲，略其不死子纠之罪，而取其一匡九合之功。盖权衡于大小之间，而以天下为心也。夫以君、臣之分，犹不敌华、夷之防，而《春秋》之志可知矣。"(同书卷六)"君臣之分"是一个朝代的政权的问题；"华夷之防"是民族主权的问题。保持民族主权，抗御外来侵陵，才是政治上首要的事情。这是顾炎武的爱国主义学说。

顾炎武曾经赞美过黄宗羲的《明夷待访录》，而他也有与之类似的见解。他认为，人民应该有议政的权利。他说："天下有道，则庶人不议。然则政教、风俗苟非尽善，即许庶人之议矣。故盘庚之诰曰：'无或敢伏小人之攸箴。'而国有大疑，卜诸庶民之从逆。子产不毁乡校，汉文止辇受言，皆以此也。"(同书卷十九)他批评"庶人不议"的传统思想,认为一般人民可以评论关于政教、风俗的问题,这也是初步的民主思想。

关于政治制度,顾炎武反对过分的中央集权,主张赋予地方以相当权力。他说:"所谓天子者,执天下之大权者也。其执大权奈何? 以天下之权,寄之天下之人,而权乃归之天子。自公卿、大夫至于百里之宰、一命之官,莫不分天子之权,以各治其事,而天子之权乃益尊。后世有不善治者出焉,尽天下一切之权而收之在上;而万几之广,固非一人之所能操也。而权乃移于法。于是多为之法以禁防之。虽大奸有所不能逾,而贤智之臣亦无能效尺寸于法之外,相与兢兢奉法,以求无过而已。于是天子之权,不寄于人臣,而寄之吏胥,是故天下之尤急者守令亲民之官,而今日之尤无权者莫过于守令。守令无权,而民之疾苦不闻于上,安望其致太平而延国命乎?"(《日知录》卷九)这是说,皇帝独揽大权,则废弛不理之事必多。欲革此弊,则地方官吏应当有一定的权力。顾炎武主张适当的地方分权,这与宋代叶适的见解相近。

顾炎武在清代影响很大,但他说的"博学于文"后来被曲解为致力于"训诂考证",而他强调的"自一身以至于天下国家皆学之事",则被忽略了。这种情况是清朝政府对学术思想实行高压政策所造成的。

三、吕留良的爱国主义思想

吕留良(1629—1683)字用晦,号晚村。明亡,他散家财结客,图谋兴复,备尝艰苦,后家居授徒。尝作诗云:"谁教失脚下渔矶,心迹年年处处违。雅集图中衣帽改,党人碑里姓名非。苟全始信谈何易,饥死今知事最微。醒便行吟埋亦可,无惭尺布裹头归。"清廷举博学鸿词,有人举荐他,他誓死拒绝。后剪发为僧,名耐可。过数年,作祈死诗六篇,不久即病卒。后来雍正时,因曾静案件,竟被剖棺戮尸。著述焚毁,但民间仍流传不绝。最重要的著作是《四书讲义》、《吕晚村文集》等。

吕留良尊崇朱熹,特别表扬朱熹的民族思想。他指出:元代讲朱学的人所讲实非朱学,应该恢复朱学之真义,注重操守气节的砥砺。他说:"从来尊信朱子者,徒以其名而未得其真。……所谓朱子之徒,如平仲(许衡)、幼清(吴澄)辱身枉己,而犹哆然以道自任,天下不以为非。此道不明,使德祐(指宋恭帝赵㬎——引者)以迄洪武(指明太祖)其间诸儒,失足不少。……紫阳之学(指朱学),自吴、许以下已失其传,不足为法。今示学者,似当从出处、去就、辞受、交接处,画定界限,扎定脚跟,而后讲致知、主敬工夫。乃足破良知之黠术,穷陆派之狐禅。盖缘德祐以后,天地一变,亘古所未经,先儒不曾讲究到此。时中之义,别须严辨,方好下手入德耳。"(《文集·复高汇旃书》)这就是说,必须首先在民族气节操守上"画定界限,扎定脚跟",然后再谈其他知识。所谓"德祐以后,天地一变"即元朝代宋,清朝代明,汉族政权瓦解,乃是天地间的大变化。当此之时,如果有人屈身为异族统治者服务,那就是"辱身枉己"了。吕留良指出,华、夷之辨,乃是世界上第一大事。"……看'微管仲'句,一部《春秋》大义,尤有大于君、臣之伦,为域中第一事者,故管仲可以不死耳,原是论节义之大小,不是重功名也。"(《四书讲义》卷十七)这就是说君、臣关系固然重要,但"华、夷之辨"更大于"君、臣之伦"。换言之,维护民族主权,反抗异族入侵,才是第一重要的事情。这是吕留良爱国主义思想的精髓,基本上和顾炎武是一致的。

吕留良推崇程、朱,清代朝廷也推崇程、朱。但吕留良的学说与清代朝廷的御用学者绝不相同。吕留良又说:"后世事君,其初应举时,原为门户温饱起见。一片美田宅长子孙,无穷嗜欲之私,先据其中,而后讲如何事君。便讲到敬事,也只成一种固宠患失学问。"(《四书讲义》卷十八)这是吕留良对当时一般向上爬的程、朱学派学者的批判。吕留良所讲的朱学与清代朝廷所鼓励的朱学是截然不同的。

四、陈确对理欲之辨的批判

陈确(1604—1677)字乾初,年四十始受学于刘宗周。明亡,隐居著书。晚岁得颤挛疾,病困十余年而卒。著有《大学辨》、《性解》等书。

陈确论学,颇有特见,他怀疑《大学》,说《大学》的思想有自相矛盾之处。他提出新的性善说,认为必待涵养成熟而后人性之善才表现出来:"盖人性无不善,于扩充尽才后见之也。如五谷之性,不艺植,不耘籽,何以知其种之美耶?……是故蘐蓘勤而后嘉谷之性全,怠勤异获,而曰莠麦之性有善恶,必不然矣。涵养熟而后君子之性全,敬肆殊功,而曰生民之性有善恶,必不然矣。"(黄宗羲《南雷文定后集》卷三《陈乾初先生墓志铭》引)又说:"物成然后性正,人成然后性全。物之成以气,人之成以学。"(同上)本性与修养是分不开的,修养的成就即是本性的显现。离开修养,本性也无从显现了。这是对那以初生状况为本性的思想之反驳,也即强调修养、学习的重要。

陈确的最主要的创见,是关于天理、人欲问题的学说。他反对程、朱学派的天理、人欲之辨。"周子无欲之教,不禅而禅。吾儒只言寡欲,不言无欲。圣人之心,无异常人之心。常人之所欲,亦即圣人之所欲也。人心本无所谓天理。天理正从人欲中见。人欲恰好处即天理也。向无人欲,则亦并无天理之可言矣。"(同上)天理即在人欲中,天理不是脱离人欲的。这一学说,含有对封建礼教进行批判的意义,是具有启蒙性质的思想,可以说是戴震的理、欲学说的前导。

五、唐甄的民主思想

唐甄(1630—1704)字铸万,号圃亭。顺治十四年举人。曾任山西长子县知县,教民种桑,改进人民生活。仅十月,以逃人牵累被革职。后隐居江苏,著《潜书》讨论学术、政治诸问题。

唐甄在哲学思想方面接受了王守仁的良知学说,是一个唯心主义者,但他特别强调事功的重要。他认为,假如"专执身心",不讲事功,便是"大失"。他说:"儒者不言事功,以为外务。海内之兄弟,死于饥馑,死于兵革,死于虐政,死于外暴,死于内残,祸及君父,破灭国家。当是之时,束身锢心,自谓圣贤。世既多难,己安能独贤?"(《潜书·良功》)有学问修养,必须能解决实际问题。他认为,"心性"与"事功"应该是统一的:"天下岂有功不出于心性者哉?功不出于心性,是无天地而有万物也。岂有心性无功者哉?心性无功,是有天地而不生万物也。"(同上)事功应出于"心性"的修养,"心性"修养应表现为事功,他认为这两者应该是相互结合的。

唐甄的主要贡献是在伦理思想与政治思想方面。在伦理学说方面,他指出:忠、孝、仁、义诸道德都可以致人于死,都可以成崇。他认为屈原是"忠崇",伍员是"孝崇",宋襄公是"仁崇",季路是"义崇",荀息是"信崇",庄周是"道崇"。他总结说:"忠孝,大伦也;仁义信,美德也;道,大路也。不正其心,不得其方,失身之主,祸人之国,其害甚大,若之何不省也?"(《潜书·破崇》)这就是说,所谓道德是可以杀人的,这表现了他对封建道德的怀疑态度。

在政治思想方面,唐甄提出了对专制主义的激烈批判。首先,他指斥当时社会的不平现象。他说:"天地之道故平,平则万物各得其所。及其不平也,此厚则彼薄,此乐则彼忧。为高台者,必有洿池;为安乘者,必有茧足。王公之家,一宴之味,费上农一岁之获,犹食之而不甘。吴西之民,非凶岁为黩粥,杂以荞秆之灰,无食者见之,以为是天下之美味也。人之生也,无不同也;今若此,不平甚矣。"(《潜书·大命》)不平太甚,社会秩序就不易维持,"惧其不平以倾天下也"(同上)。

唐甄猛烈地攻击封建帝王,认为秦汉以后的帝王都是人民的贼:"自秦以来,凡为帝王者皆贼也。……杀一人而取其匹布、斗粟,犹谓之贼;杀天下之人而尽有其布粟之富,而反不谓之贼乎?"(《潜书·室语》)帝王夺取政权,都是用血腥手段,都是残忍已甚的。他更极论封建帝王的罪恶道:"大将杀人,非大将杀之,天子实杀之。偏将杀人,非偏将杀之,天子实杀之。……杀人者众手,实天子为之大手。天下既定,非攻非战,百姓死于兵与因兵而死者十五六。暴骨未收,哭声未绝,目眦未干,于是乃服衮冕,乘法驾,坐前殿,受朝贺,高宫室,广苑囿,以贵其妻妾,以肥其子孙。彼诚何心,而忍享之?"(同上)这是唐甄对专制主义的抗议,表现了他可贵的民主思想。

唐甄虽然反对贵贱悬殊的现象,但他又提出"贫富相资"的学说,为商人阶级的利益辩护。他说:"潞之西山之中有苗氏者,富于铁冶,业之数世矣。多致四方之贾,椎凿、鼓泻、担挽,所借而食之者常百余人。或诬其主盗,上猎其一,下攘其十,其冶遂废。向之借而食之者,无所得食,皆流亡于河漳之上。此取之一室丧其百室者也。……里有千金之家,嫁女、娶妇、死丧、生庆、疾病、医祷、燕饮、赉馈、鱼肉、果蔬、椒桂之物,与之为市者众矣。缗钱锱银,市贩贷之;石麦斛米,佃农贷之;匹布尺帛,邻里党戚贷之:所赖之者众矣。此借一室之富可为百室养者也。海内之财,无土不产,无人不生;岁月不计而自足,贫、富不谋而相资。"(《潜书·富民》)他痛切地指责官吏对铁冶业者的扰害与压迫,同时指出工商业者对贫民是有好处的。从这些地方来看,应该承认,唐甄的思想在一定程度上反映了市民阶级的要求,这与他所居住的地域是有关系的。他久居江苏,当地工商业比较发达。他自己又曾经营店铺,了解商人的疾苦,所以能够表现出市民阶级的观点。

唐甄的民主观念与黄宗羲的民主观念有不谋而合的地方。他们都提出了对封建专制主义的抗议,都在一定程度上反映了工商业者的要求。这和中国十七世纪东南一带工商业的发展是密切相关的。

第三节　王夫之的唯物主义

王夫之(1619—1692)字而农,晚年隐居衡阳石船山,世称船山先生。清兵攻入湖南,王夫之曾于衡山召集义兵抵抗,失败后,投奔明桂王,任行人司行人,以劾权奸王化澄,几乎被害。后见事无可为,遂决计隐居著书。晚岁自作墓碑云:"抱刘越石之孤忠而命无从致,希张横渠之正学而力不能企。幸全归于兹丘,固衔恤以永世。"他中年以后即遁藏深山,始终未薙发,"完发以终"。著书极多,在哲学上最重要的是《周易外传》《尚书引义》《诗广传》《读四书大全说》《张子正蒙注》《思问录》《黄书》《噩梦》《俟解》《续春秋左氏传博议》《读通鉴论》《宋论》。

王夫之是明清之际伟大的哲学家。他的哲学思想是中国古典唯物主义的最高峰。他出身于中小地主阶级,他的思想基本上反映了地主阶级革新派的要求。我们可以从他对当时社会各阶级所持的态度来考察他的思想的阶级本质。首先,他反对豪强大地主的特权。他说:"利者,公之在下而制之在上,非制之于豪强而可云公也。"(《读通鉴论》卷二)他看出了豪强大地主同农民及中小地主的矛盾:"强豪兼并之家,皆能渔猎小民而使之流离失所。"(《读四书大全说》卷一)其次,他鄙视商人,认为"生民者农,而戕民者贾"(《读通鉴论》卷三)。更指斥商人与官吏互相勾结:"贾人者,暴君污吏所驱进而宠之者也。暴君非贾人无以供其声色之玩,污吏非贾人无以供其不急之求。假之以颜色而听其辉煌,复何忌哉? 贾人之富也,贫人以自富者也。……欺贫懦以矜夸,而国安得不贫,民安得而不靡?"(同书卷二)他虽然指斥商贾贪利害民,但也承认商人是不可缺少的:"商贾贸贩之不可缺也。民非是无以通有无而赡生理,虽过缴民利而民亦待命焉。"(《宋论》卷二)并且认为,"大贾富民"的存在,在一定条件之下,也于人民有利:"千户之邑,极于瘠薄,亦莫不有素封巨族冠其乡焉。此盖以流金粟,通贫弱之有无,田夫畦叟,盐鲑布褐,伏腊酒浆所自给也。卒有旱涝,长吏请蠲赈,卒不得报,稍需日月,道殣相望。而怀百钱,挟空券,要豪右之门,则晨户叩而夕炊举矣。故大贾富民者,国之司命也。"(《黄书·大正》)他肯定了商贾在社会经济生活中的重要地位。

对于以农民为主的下层群众,王夫之同情他们的困苦生活。他痛切地说:"今夫农夫泞耕,红女寒织,渔凌曾波,猎犯鸷兽,行旅履霜,酸悲乡土,淘金、采珠、罗翠羽、探珊象,生死出入,童年皓发以获赢余者,岂不顾父母,拊妻子,慰终天之思,邀须臾之乐哉?而刷玄鬓,长指爪,宴安谐笑于其上者,密布毕网,巧为射弋,甚或鞭楚斩杀以继其后,乃使悬磬在堂,肌肤剟削,含声阴涕,郁闷宛转于老母弱子之侧,此亦可寒心而栗体矣。"(《黄书·大正》)在这里,王夫之以严肃的态度,责斥了封建特权阶级对以农民为主的下层群众的迫害,他对这些被迫害者表现了深刻的同情。不过,他终究受到阶级的局限,认为"农圃"与"商贾"同属于"小人"之列而"君子、小人"是不可逾越的一个"大防"(《读通鉴论》卷十四)。在他看来,封建等级制度还是应当维持的。

从王夫之对豪强、商贾、农民等阶层的态度看来,他基本上是站在地主阶级革新派的立场上,反对豪强大地主的压榨人民,要求减轻对人民的压迫与剥削,但又主张维持封建等级制度。这些,正表现了中小地主阶级的两面性。他的"大贾富民者,国之司命"的观点,也可能是与市民阶级的观念有联系的。他虽接受了传统的重农抑商的思想,但也指出了商人的作用,这可以说是反映了明朝中期以来资本主义因素发展的要求。

　　贯穿于王夫之思想中的一个最显著的特点,是反对民族压迫的爱国主义精神。他的唯物主义哲学思想与他的反民族压迫的爱国主义有必然的关系。他怀抱着民族复兴的坚定信心,试图以唯物主义来启发当时及以后的知识分子,继续奋斗;以唯物主义的新学说为将来汉族复兴建立思想基础。

　　(1)"天下惟器" 王夫之提出了天下惟器的学说,肯定了世界的物质性,分析了物质与规律的关系,从而批判了程、朱学派的理在事物之先的客观唯心主义思想。

　　王夫之认为,气是世界的唯一的实体,它的运动变化的规律叫"理"。"理"是不能离开气而独立存在的。他说:"理只是象二仪之妙,气方是二仪之实。……天人之蕴,一气而已。从乎气之善而谓之理,气外更无虚托孤立之理也。"(《读四书大全说》卷十)"天下岂别有所谓理,气得其理之谓理也。气原是有理底。尽天地之间,无不是气,即无不是理也。"(同上)他这样肯定了理在气中。

　　王夫之指出,世界上只有具体的东西是自己存在的。他说:"天下惟器而已矣。道者器之道,器者不可谓之道之器也。无其道则无其器,人类能言之。虽然,苟有其器矣,岂患无道哉?君子之所不知,而圣人知之;圣人之所不能,而匹夫、匹妇能之。人或昧于其道者,其器不成,不成非无器也。无其器则无其道,人鲜能言之,而固其诚然者也。洪荒无揖让之道,唐、虞无吊伐之道,汉、唐无今日之道,则今日无他年之道者多矣。未有弓矢而无射道,未有车马而无御道,未有牢醴璧币、钟磬管弦而无礼乐之道。则未有子而无父道,未有弟而无兄道。道之可有而且无者多矣。故无其器则无其道,诚然之言也,而人特未之察耳。"(《周易外传》卷五)所谓"道",指理而言,即事物的规律;所谓"器",就是具体的物件。如弓矢车马、父子兄弟都是器。规律是事物所具有的,是寄寓于事物之中的。所以我们只能说规律是事物的规律,而不能说事物是规律的事物。有某种事物,即有某种规律;没有某种事物,即没有某种规律。在历史上,某种事物没有出现的时候,就不能说已有那种事物所表现的规律。所以,规律并不是永恒的,而是随着事物的发展而表现的。在这里,王夫之明确地论证了事物与规律的关系,否认了客观唯心主义者所讲的在事物之先的"道"或者"理",也就是否认了绝对观念。

王夫之曾讨论了"天"与"理"的关系问题。在宋代哲学中,张载讲天即太虚,也即是气;程颐、朱熹讲天即是理。王夫之在《读四书大全说》中曾经批判了程、朱学派以天为理的学说,认为应该承认天即是气。他说:"言天言理,俱必在气上说。若无气处则俱无也。"(《读四书大全说》卷十)理是不离于气的,而天应从气上说。"程子言:'天,理也。'既以理言天,则是亦以天为理矣。以天为理,而天固非离乎气而得名者也,则理即气之理,而后天为理之义始成。浸其不然,而舍气言理,则不得以天为理矣。何也?天者,固积气者也。乃以理言天,亦推理之本而言之,故曰'天者理之所自出'。凡理皆天,固信然矣,而曰'天一理也',则语犹有病。……故可云'天者理之自出',而不可云'天一理也'。"(同上)天是积气,而其中包含了理,应该说天是"理之所自出"。在这个学说中,包含了气是第一性的、理不能离气而独存的唯物主义见解。

　　但王夫之关于"天"与"理"二者关系的思想曾经表现摇摆。在他的晚年著作《读通鉴论》中，他又接受了程、朱学派"天者理也"的学说："天之命，有理而无心者也。……天者，理也。其命，理之流行者也。"（卷二十四）《宋论》中也说："夫岂有苍苍不可问之天哉？天者，理而已矣；理者，势之顺而已矣。"（卷七）这里承认了天即是理。这是王夫之对客观唯心主义的让步。但从"理者，势之顺而已矣"的话看来，他还是坚持理在气中的唯物主义观点的。

　　（2）气无生灭　王夫之肯定，世界是永恒的，气是永恒的；世界无所谓始终，气无所谓生灭。物质世界永久存在，既没有开始，也没有终结。他说："以理求之，天地始者，今日也；天地终者，今日也。其始也，人不见其始；其终也，人不见其终。其不见也，遂以谓邃古之前，有一物初生之始；将来之日，有万物皆尽之终，亦愚矣哉！"（《周易外传》卷四）假如说始终，则只今日便是天地的一始一终，此外更无始终可说。

　　世界无始终，也就是说没从无生有、从有化无的情况，世界永远是有。由此，王夫之提出了"体用胥有"的命题："天下之用，皆其有者也，吾从其用而知其体之有，岂待疑哉？用有以为功效，体有以为性情。体用胥有而相需以实。"（《周易外传》卷二）"体"主要指"性情"而言，所谓"性情"即是本质与属性。"用"指"功效"而言，所谓"功效"即是作用或表现。本质与现象都是"有"，即都是实际存在的。

　　王夫之否认了所谓"无"的实在性。他指出，所谓无，只是相对的无，而没有绝对的无："言无者，激于言有者而破除之也，就言有者之所谓有,而谓无其有也。天下果何者而可谓之无哉?言龟无毛,言犬也,非言龟也。言兔无角,言麋也,非言兔也。言者必有所立,而后其说成。今使言者立一无于前,博求之上下四维古今存亡而不可得,穷矣。"(《思问录·内篇》)这个看法是对张载学说的发挥。

王夫之对于物质不灭的观念,作了进一步的发展。他说:"以天运、物象言之,春、夏为生、为来、为伸,秋、冬为杀、为往、为屈,而秋、冬生气潜藏于地中,枝叶槁而根本固荣,则非秋、冬之一消灭而更无余也。车薪之火,一烈已尽,而为焰、为烟、为烬,木者仍归木,水者仍归水,土者仍归土,特希微而人不见尔。一甑之炊,湿热之气,蓬蓬勃勃,必有所归。若盦盖严密,则郁而不散。汞见火则飞,不知何往,而究归于地。有形者且然,而况其絪缊不可象者乎?未尝有辛勤岁月之积一旦悉化为乌有明矣。故曰往来,曰屈伸,曰聚散,曰幽明,而不曰生灭。生灭者,释氏之陋说也。"(《张子正蒙注》卷一上)这是说,个别的具体东西虽然会消灭,但其中所包含的材料或要素是不会消灭的。气只有往来、屈伸、聚散的变化,而无所谓生灭。王夫之的这一看法也是从张载来的,但讲得更具体更清楚了。

(3)物与心 王夫之分析了物质与精神、存在与思维的关系,他明确地论证了物质世界的独立存在,对主观唯心主义进行了反驳。

王夫之讨论了"能、所"关系的问题,即认识主体与客观对象的相互关系的问题。他指出:"能""所"的分别是实际所固有的,但"所"必定有其实体,而"能"必定有其作用,能知的作用是由所知引起的,而且能知一定要与所知相符合。他说:"境之俟用者曰所,用之加乎境而有功者曰能。能、所之分,夫固有之。释氏为分授之名,亦非诬也。乃以俟用者为所,则必实有其体;以用乎俟用而以可有功者为能,则必实有其用。体俟用,则因所以发能,用用乎体,则能必副其所。体、用一依其实,不背其故,而名实各相称矣。乃释氏以有为幻,以无为实,'惟心惟识'之说,抑矛盾自攻而不足以立。于是诡其词曰:'空我执而无能,空法执而无所。'然而以心合道,其有能有所也,则又固然而不容昧。是故其说又不足以立。则抑能其所,所其能,消所以入能,而谓能为所,以立其说,说斯立矣。故释氏凡三变而以能为所之说成。"(《尚书引义》卷五)这里"因所以发能"、"能必副其所"二句,确定了主体与客体的关系。主体的认识是客体所引起的,而且必与客体相应。这也就是说,外在的客体是第一性的,主体的认识作用是第二性的。

王夫之区别了活动与对象:"所孝者父,不得谓孝为父;所慈者子,不得谓慈为子;所登者山,不得谓登为山;所涉者水,不得谓涉为水。……所著于人伦、物理之中,能取诸耳目心思之用。所不在内,故心如太虚,有感而皆应。能不在外,故为仁由己,反己而必诚。君子之辨此审矣。"(同上)这里说,活动的对象与活动是有区别的,认识的对象与认识活动是二事。对象是外在的,活动则是主体的作用。对象是离开主体的作用而独立存在的。

王夫之对能、所问题的分析是很深刻的。他确定了能、所的实在关系,从而反驳了主观唯心主义否认客观世界独立存在的谬说。

王夫之肯定,人们所认识的色、声、味都是客观的,都是客观世界的内容。"色、声、味之在天下,天下之故也。色、声、味之显于天下,耳、目、口之所察也。……天下固有五色,而辨之者人人不殊;天下固有五声,而审之者古今不忒;天下固有五味,而知之者久暂不违。不然,则色、声、味惟人所命,何为乎胥天下而有其同然者? 故五色、五声、五味,道之撰也。"(《尚书引义》卷六)由色、声、味是客观的,所以人人对于色、声、味的认识是一致的。由此,王夫之作出了这样的结论:"天下之有无,非思虑之所能起灭,明矣。"(《思问录·内篇》)世界的存在是独立于人的意识之外的。

关于自然世界与人类精神的关系,王夫之指出,自然是在先的,而人类是后来产生的。"乾坤絪缊之生,为草木、禽兽,其大成者为人。天、地慎重以生人。人之形开神发,亦迟久而始成。"(《周易外传》卷五)自然世界是没有心的,心是人的特点。"天地无心而成化,故其体道也,川流自然而不息。人必有心而后成能。"(《读四书大全说》卷五)天地在先而无心,人有心而在后。

王夫之坚决反对王守仁"心外无物"的学说,认为一切都是物:"天之风、霆、雨、露亦物也,地之山、陵、原、隰亦物也,则其为阴阳为柔刚者皆物也。物之飞、潜、动、植亦物也,民之厚生利用亦物也,则其为得失、为善恶者皆物也。凡民之父、子、兄、弟亦物也,往圣之嘉言懿行亦物也,则其为仁、义、礼、乐者皆物也。"(《尚书引义》卷一)自然现象是物,而人类生活现象也是物。这就是说,自然现象与人生现象都是离开个人的主观认识而存在的,他们对于某一个人说来,都是客观性的。

　　王夫之指出，假如能尽量研究事物，对一切物都有充分认识，就达到心、物一致的境界。他说："帝尧以上圣之聪明，而日取百物之情理，如奉严师，如事天祖，以文其文，思其思，恭其恭，让其让，成盛德，建大业焉。心无非物也，物无非心也。故其圣也，如天之无不覆帱，而俊德、九族、百姓、黎民、草木、鸟兽、咸受化焉。圣人之学，圣人之虑，归于一钦，而钦之为实，备万物于一己而已矣。"（同上）这里所谓"心无非物，物无非心"，是讲他所想象的帝尧所达到的境界。因为"日取百物之情理"悉心体究，所以达到了"备万物于一己"的对万物无不理解的境界，也就是达到了主观与客观相互一致的境界。

　　王夫之在讨论自然与人心的关系时，在基本的唯物主义观点中却夹杂了唯心主义成分。他认为，心能知天，故可说心即是天。他说："顺而言之，则惟天有道，以道成性，性发知道。逆而推之，则以心尽性，以性合道，以道事天。惟其理本一原，故人心即天。"（《张子正蒙注》卷一上）从发生的过程讲，由天而性而心；从认识的过程讲，由心而性而天。天、性、心是一贯的，所以心即是天。这是对程、朱客观唯心主义的重大让步。他甚至认为人心之中具有自然界的一切原理。"目所不见之有色，耳所不闻之有声，言所不及之有义，小体之小也。至于心而无不得矣。思之所不至而有理，未思焉耳。故曰'尽其心者知其性'。心者，天之具体也。"（《思问录·内篇》）这样，心竟是"具体而微"的天了。但是实际上，心不过具有认识的能力而已。在这里，王夫之接受了程、朱"理具于心"的唯心主义思想。

　　王夫之的唯物主义学说是不彻底的，包含有唯心主义的残余。但是,他对唯物主义基本命题的论证与阐明,是非常光辉的。他已经对唯物主义作出了巨大的贡献。

(4)变化日新 王夫之提出了关于客观辩证法的学说。首先,他指出,运动是永恒的、绝对的,而静止只是运动的过程中的一种状态。"'太极动而生阳',动之动也;'静而生阴',动之静也。废然无动而静,阴恶从生哉? 一动一静,阖辟之谓也。由阖而辟,由辟而阖,皆动也。废然之静,则是息矣。'至诚无息',况天地乎?'维天之命,於穆不已',何静之有?"(《思问录·内篇》)静只是相对的,只是动中之静,没有绝对的静。他又说:"太虚者,本动者也,动以入动,不息不滞。"(《周易外传》卷六) 太虚即天,天是运动不息的。

王夫之认为,天地万物都是时时刻刻变化更新的。"天地之德不易,而天地之化日新。今日之风雷,非昨日之风雷,是以知今日之日月,非昨日之日月也。风同气,雷同声,月同魄,日同明,一也。抑以知今日之官骸,非昨日之官骸,视听同喻,触觉同知耳。"(《思问录·外篇》)"江河之水,今犹古也,而非今水之即古水;灯烛之光,昨犹今也,而非昨火之即今火。水、火近而易知,日、月远而不察耳。爪、发之日生而旧者消也,人所知也;肌肉之日生而旧者消也,人所未知也。人见形之不变,而不知其质之已迁,则疑今兹之日月,为邃古之日月,今兹之肌肉,为初生之肌肉,恶足以语日新之化哉?"(同上)自然界中的事物,人的身体的各部分,都是时时更新的,其外表的形式虽如旧,但内容却已经变更了。

王夫之认为人是日日新生的:"今且可说死只是一死,而必不可云生只是一次生。……要以未死以前统谓之生,刻刻皆生气,刻刻皆生理,虽绵连不绝,不可为端,而细求其生,则无刻不有肇造之朕。"(《读四书大全说》卷六)这是说,人的一生是生生不已的过程,日日有其新生。

王夫之接受了张载关于"两一"的学说,并作了进一步的发挥。他指出:对立两方面的统一,乃是两方面的相互包含、相互转化,而不是有一个第三者把两者结合起来。"两端者,虚实也,动静也,聚散也,清浊也,其究一也。(张子)实不窒虚,知虚之皆实。静者静动,非不动也。聚于此者散于彼,散于此者聚于彼。浊入清而体清,清入浊而妙浊,而后知其一也。非合两而以一为之纽也。"(《思问录·内篇》)"两"者之"一"是两者的统一的关系,并非另有一个"一"把两者结合起来。

王夫之认为,世界上一切事物和现象的界限都不是截然分开,绝对对立的,而是相互包含、相互转化的。他举出了许多例证加以说明:"天下有截然分析而必相对待之物乎?求之于天地,无有此也;求之于万物,无有此也。反而求之于心,抑未谂其必然也。……天尊地卑,义奠于位;进退存亡,义殊乎时;是非善恶,义判于几;立纲陈常,义辨于事。若是者,可谓之截然而分析矣乎?天尊于上,而天入地中,无深不察;地卑于下,而地升天际,无高不彻:其界不可得而剖也。进极于进,退者以进;退极于退,进者以退;存必于存,邃古之存,不留于今日;亡必于亡,今者所亡,不绝于将来:其局不可得而定也。"(《周易外传》卷七)对待的两方面或者相互包含,或者相互转化,都不是截然分割而绝对对立的。

王夫之还讨论了关于"物极必反"的问题。他认为,假如说事物的变化一定要达到极度然后才转到反面,是不合事实的。他说:"两间之化,人事之几,往来吉凶,生杀善败,固有极其至而后反者,而岂皆极其至而后反哉? ……方动即静,方静旋动。静即含动,动不舍静。……待动之极而后静,待静之极而后动,其极也唯恐不甚,其反也厚集而怒报之,则天地之情,前之不恤其过,后之褊迫以取偿,两间日构而未有宁矣。此殆夫以细人之衷测道者与?"(《思问录·外篇》)以动、静为例,动、静是互相包含的,所以相互转化,不必等到极处才转变为反面。变化的情况是复杂的,有时是极而后反,有时是迅速转变不待极而即转化。王夫之指出了事物变化的复杂性。但是实际世界中"其极也唯恐不甚,其反也厚集而怒报之"的情形是屡见不鲜的。"两间日构而未有宁"乃是事实。自然界与社会历史中都充满了斗争。王夫之还没有认识到斗争的普遍性。

(5)格物与致知 王夫之的认识论基本上是唯物主义的,但也包含有唯心主义的成分。他首先分析了知觉发生的条件:"形也,神也,物也,三相遇而知觉乃发。"(《正蒙注》卷一上)这是说,感觉器官、精神作用、客观对象三者相遇,才会发生知觉。三者缺一不可。他论心与感官的联系道:"一人之身,居要者心也。而心之神明,散寄于五藏,待感于五官。肝、脾、肺、肾、魂魄,志思之藏也,一藏失理而心之灵已损矣。无目而心不辨色,无耳而心不知声,无手足而心无能指使,一官失用而心之灵已废矣。其能孤扼一心以绌群用,而可效其灵乎?"(《尚书引义》卷六)心的认识作用是依靠感官的。然而,假若不用心,感官也就不能发生应有的作用:"耳与声合,目与色合,皆心所翕辟之牖也。合,故相知,乃其所以合之故,则岂耳、目、声、色之力哉?故舆薪过前,群言杂至,而非意所属,则见如不见,闻如不闻。其非耳、目之受而即合,明矣。"(《正蒙注》卷四上)耳有所闻,目有所见,其中包含了精神的作用。

王夫之认为知识有两类:一是经验的知识,叫做"格物";一是推理的知识,叫做"致知"。格物与致知是两件事。他说:"夫知之方有二,二者相济也,而抑各有所从。博取之象数,远证之古今,以求尽乎理,所谓格物也。虚以生其明,思以穷其隐,所谓致知也。非致知,则物无所裁而玩物以丧志;非格物,则知非所用而荡智以入邪。二者相济,而不容不各致焉。"(《尚书引义》卷三)格物是考察现象以认识事物的规律,致知则是根据原理加以分析以尽其隐微。前者是归纳的知识,后者是分析的知识。

王夫之认为,道德的认识属于所谓致知。"吾心之知,有不从格物而得者,而非即格物即致知审矣。……孝者不学而知,不虑而能;慈者不学养子而后嫁。意不因知,而知不因物,固矣。……则格物致知亦自为二,而不可偏废矣。"(《读四书大全说》卷一)孝、慈等道德认识,不依靠于对外物的观察,而仅凭借内心的推理。在这里,王夫之似乎认为道德认识是先验的,这就陷于唯心主义了。

王夫之虽然认为有"知不因物"的推理知识,但他着重指出:假如研究客观世界,寻求事物的根源,那就必须考察客观实际,从事物现象出发。否则,凭空臆断,必然是错误的。他说:"善言道者,由用以得体;不善言道者,妄立一体而消用以从之。人生而静以上,既非彼所得见矣,偶乘其聪明之变,施丹垩于空虚,而强命之曰体,聪明给于所求,测万物而得其影响,则亦可以消归其用而无余,其邪说自此逞矣,则何如求之感而遂通者,日观化而渐得其原也。故执孙子而问其祖考,则本支不乱;过宗庙、墟墓而孙子之名氏,其有能亿中之者哉? 此亦言道者之大辨也。"(《周易外传》卷二)这是说,应该由现象(用)而达到本质(体),观察变化而逐渐认识其根源,如果先凭空假定一个本质,然后勉强解释一切现象,那就是主观主义的方法,其结果是不会得到真理的。

王夫之坚持"即事以穷理"的唯物主义方法论原则,反对"立理以限事"的主观主义思想方法。他说:"有即事以穷理,无立理以限事。故所恶于异端者,非恶其无能为理也,固然仅有得于理,因立之以概天下也。"(《续春秋左氏传博议》)这对唯心主义方法的批判是极其深刻的。

(6)行在知先　王夫之从唯物主义观点解决了知行问题。他认为,程、朱讲知先行后是不对的,王守仁讲知行合一也是不对的。他提出了行先知后的学说。他所讲的行,主要指"应事接物"的活动,但也指尽力去做其所讲求之事。他说:"知、行之分,有从大段分界限者,则如讲求义理为知,应事接物为行是也。乃讲求之中,力其讲求之事,则亦有行矣。"(《读四书大全说》卷三)凡有所用力,也可谓之行。他指出:知、行虽相互依靠,但二者还是有区别的。如果没有区别,那就说不上互相依靠了。所以,王守仁知行合一的学说是错误的。他说:"知、行相资以为用。惟其各有致功,而亦各有其效,故相资以互用。则于其相互,益知其必分矣。同者不相为用,资于异者乃和同而起功,此定理也。不知其各有功效而相资,于是姚江王氏知、行合一之说得借口以惑世。"(《礼记章句》卷三十一)王夫之认为王守仁知行合一乃是以知为行："若夫陆子静、杨慈湖、王伯安之为言也,吾知之矣。彼非谓知之可后也,其所谓知者非知,而行者非行也。知者非知,然而犹有其知也,亦惝然若有所见也。行者非行,则确乎其非行,而以其所知为行也。"(《尚书引义》卷三)王守仁讲"一念发动处即是行",确有以知为行的倾向。但陆九渊是主张知先行后的,在这个问题上,陆、王二家学说不同,王夫之没有注意到。

王夫之认为,行是知的基础:"且夫知也者,固以行为功者也。行也者,不以知为功者也。行焉可以得知之效也,知焉未可以得行之效也。将为格物穷理之学,抑必勉勉孜孜,而后择之精、语之详,是知必以行为功也。行于君民、亲友、喜怒、哀乐之间,得而信,失而疑,道乃益明,是行可有知之效也。……行可兼知,而知不可兼行。……君子之学,未尝离行以为知也必矣。"(《尚书引义》卷三)行是知的工夫,通过行,然后可得到知。知是不能脱离行的。知、行二者之中,行是根本。这是唯物主义的学说。

(7)生与欲　王夫之提出了富有启蒙意义的伦理学说。他首先批判了过去的人性论,而提出了别开生面的"性日生论",认为人性是日日新生的,不是一成不变的。他更反对程朱学派把人性分为本然之性与气质之性。他认为所谓性,就是气质之性,而气质之性,亦即本然之性。他说:"所谓气质之性者,犹言气质中之性也。质是人之形质,范围着者(这)生理在内,形质之内则气充之。而盈天地间,人身以内,人身以外,无非气者,故亦无非理者。理行乎气之中,而与气为主持分剂者也。故质以函气,而气以函理。质以函气,故一人有一人之生;气以函理,一人有一人之性也。……是气质中之性,依然一本然之性也。"(《读四书大全说》

卷七)性即是人身的气之中所函的理。这性是在气质之中的,并不是超乎气质的。

王夫之认为,性是日日在生成之中的。他说:"夫性者,生理也,日生则日成也。……夫天之生物,其化不息。初生之顷,非无所命也。何以知其有所命?无所命,则仁、义、礼、智无其根也。幼而少,少而壮,壮而老,亦非无所命也。何以知其有所命?不更有所命,则年逝而性亦日忘也。……二气之运,五行之实,始以为胎孕,后以为长养,取精用物,一受于天产地产之精英,无以异也。形日以养,气日以滋,理日以成。……目日生视,耳日生听,心日生思,形受以为器,气受以为充,理受以为德。……惟命之不穷也而靡常,故性屡移而异。……性也者,岂一受成侀,不受损益也哉?"(《尚书引义》卷三)这是说,世界上的一切事物都是变化日新的,人的身心各方面也都日非其故,所以人的性也是日日新生的。每一人的性都在发展变化的过程中,从幼而少而壮而老,性随生活的变化而变化。这是人性论中独创的学说,实际上是认为所谓初生的本性是不起作用的,一个人的才与德都是随生活条件的改变而改变的。这是对本性固定的观念之坚决反驳。

王夫之强调生命之可贵。他认为人应该珍重自己的生命。他说:"圣人者人之徒,人者生之徒。既以有是人矣,则不得不珍其生。"(《周易外传》)重视生命,应该实现生命所固有的特性与潜能:"圣人尽人道而合天德。合天德者,健以存生之理,尽人道者,动以顺生之几。"(同上)生命的特性是"健",即主动性;生命的潜能是"动"。人应该保持刚健的态度,而活动不息。

王夫之强调"动"的重要性,反对宋儒所讲的"主静"。他认为动是德行的基础:"圣贤以体天知化、居德行仁,只在一动字上。故恻隐、羞恶、辞让、是非之不相一而疑相碍者,合之于动,则四德同功矣。"(《读四书大全说》卷八)道德是动的,不是静的,惟有动,才能实行道德。

既然珍重生命,就应该重视身体。他说:"形者性之凝,色者才之撰也。故曰汤武身之也,谓即身而道在也。道恶乎察? 察于天地。性恶乎著? 著于形色。……性焉安焉者,践其形而已矣。"(《尚书引义》卷四)身体正是道德所借以实现的,人应该实现身体中所固有的潜能,这叫做"践形"。

王夫之重视生命、身体及活动的学说,教人从鄙视现实生活的宗教气氛中解放出来,这是饶有启蒙意义的思想。王夫之更批判了程、朱学派的理欲之辨。他指出,所谓天理,即在于人欲之中。"礼虽纯为天理之节文,而必寓于人欲以见。……唯然,故终不离人而别有天,终不离欲而别有理也。……孟子承孔子之学,随处见人欲,即随处见天理。"(《读四书大全说》卷八)理即在欲中,即人欲的内在的准则。王夫之反对禁欲主义。他说:"君子之用损也,用之于惩忿,而忿非暴发,不可得而惩也。用之于窒欲,而欲非已滥,不可得而窒也。……性主阳以用壮,大勇浩然,尢王侯而非忿。情宾阴而善感,好乐无荒,思辗转而非欲。……所谓损者,岂并其清明之嗜欲、强固之气质,概衰替之,以游惰为否塞之归也哉?"(《周易外传》卷三)这是说,过分的嗜欲是要抑制的,而合理的嗜欲则是要保存的。王夫之指明了生存欲望的重要性,使人们从严酷的禁欲主义束缚中解放出来,这也是启蒙的思想。

王夫之认为程朱学派所讲的修养方法过于严苛,流为"惨核",与申、韩仿佛,都是"束缚斯民而困苦之"(《宋论》卷三)。可见,在伦理学说方面,王夫之的反理学的倾向是很显著的。

(8)古今之变 王夫之讨论了历史观方面的问题,阐发了历史进化的观念。他指出:历史是前进的过程,后来胜于往古,上古时代并不是理想的状态,秦、汉以后的情况实比三代更好些。他说:"魏徵之折封德彝曰:'若谓古人纯朴,渐至浇伪,则至于今日,当悉化为鬼魅矣。'伟哉其为通论已。……使能揆之以理,察之以情,取仅见之传闻,而设身易地以求其实,则尧、舜以前,夏、商之季,其民之淳浇、贞淫、刚柔、愚明之固然,亦无不有如躬阅者矣。……唐、虞以前,无得而详考也,然衣裳未正,五品未清,婚姻未别,丧祭未修,狉狉獉獉,人之异于禽兽无几也。……至于春秋之世,弑君者三十三,弑父者三,卿大夫之父子相夷、兄弟相杀、姻党相灭,无国无岁而无之。孔子成《春秋》而乱贼始惧;删《诗》、《书》,定《礼》、《乐》,而道术始明。然则治唐、虞、三代之民难,而治后世之民易,亦较然矣。"(《读通鉴论》卷二十)唐、虞以前是野蛮时代,人民的生活与禽兽相去不远。到了春秋时代,社会道德也很低下;孔子提倡教化以后,情况才逐渐变好些。王夫之又说:"古者诸侯世国而大夫世官,势所必滥也。士之子恒为士,农之子恒为农,而天之生才也无择,则士有顽而农有秀。秀不能终屈于顽而相乘以兴,又势所必激也。封建毁而选举行,守令席诸侯之权,刺史、牧督司方伯之任,虽有元德显功,而无所庇其不令之子孙。……选举之不慎而守令残民,世德之不终而诸侯乱纪,两俱有害,而民于守令之贪残,有所借于黜陟以苏其困。故秦、汉以降,天子孤立无辅,祚不永于商、周;而若东迁以后,交兵毒民,异政殊俗,横敛繁刑,艾削其民,迄之数百年而不息者亦革焉,则后世生民之祸亦轻矣。郡县者,非天子之利也,国祚所以不长也;而为天下计,则害不如封建之滋也多矣。"(《读通鉴论》卷一)过去的思想家多以为秦、汉以后不如三代,王夫之则根据对事实的分析,指出三代的"封建制"对人民的害处大,秦、汉的"郡县制"对人民的害处比较小些。所以秦改封建为郡县,从人民的利害来讲,是前进了一步。这是王夫之的独创的见解。

王夫之还指出:三代的封建制,有一套办法,自成一个体系;秦、汉的郡县制,有一套办法,也自成一个体系。"一代之治,各因其时,建一代之规模以相扶而成治。故三王相袭,小有损益,而大略皆同。未有慕古人一事之当,独举一事,杂古于今之中,足以成章者也。……若法、则因时而参之礼、乐、刑、政,均四海,齐万民,通百为者,以一成纯而互相裁制。举其百,废其一,而百者皆病;废其百,举其一,而一可行乎?"(《读通鉴论》卷二十一)这是说,每一时代的制度所包含的各部分是互相关联的,虽然也需要随时损益,但大体一贯,不可割裂。王夫之根据这个理由反对复古主义,认为上古的选举贤才的办法,兵农不分的制度,在后世都不可能恢复了。王夫之对历史演变的观察是很明锐的。

(9)土地问题与"夏夷"之辨　在政治思想方面,王夫之讨论了土地问题。传统的观念是:土地为君主所有,人民耕种的土地是君主所授给的。王夫之对此加以否定。他指出:土地是自然物,应归开垦土地的人所有。他说:"天下受治于王者,故王者臣天下之人,而效职焉。若土则非王者之所得私也。天地之间有土,而人生其上,因资以养焉。有其力者治其地,故改姓受命,而民自有其恒畴,不待王者之授之。唯人非王者不治,则宜以其力养君子。井田之一夫百亩,盖言百亩而一夫也。夫既定而田从之。田有分而赋随之。"(《噩梦》)这是说,土地是人民自己开垦的,因而土地的所有权应属于人民,而不应属于君主。这是王夫之关于土地所有权的新观点,它否定了君主对土地的最高所有权。这种观点,反映了中小地主阶级与广大自耕农民对土地的要求。这种观点的提出,与当时清朝贵族"走马圈地"的霸占地亩的行为有一定关系,乃是对清朝贵族侵占人民土地的抗议。

王夫之还提出了"分别自种与佃耕"而征收田赋的主张。他说:"处三代以下,欲抑强豪富贾也难,而限田又不可猝行,则莫若分别自种与佃耕,而差等以为赋役之制。人所自占为自耕者,有力不得过三百亩。审其子姓丁夫之数,以为自耕之实,过是者皆佃耕之科。轻自耕之赋,而佃耕者倍之,以互相损益,而协于什一之数。水、旱则尽蠲自耕之税,而佃耕者非极荒不得辄减。"(《读通鉴论》卷二)这里说的"自耕者",包括自耕农、富农以及其他亲自经营农业生产的人;"佃耕者"指出租土地的地主。王夫之提出的按照"自耕"与"佃耕"分别课以赋役的主张,目的在于限制豪强大地主的特权,稳定小农经济。

王夫之根据历史进化的观点,批判了某些人恢复"井田"的主张。他指出:古今不同,三代的"封建"、"井田"等制度不应该也不可能恢复。他说:"以古之制治古之天下,而未可概之今日者,君子不以立事;以今之宜治今之天下,而非可必之后日者,君子不以垂法。"(《读通鉴论》卷末)所以,古代的"封建、井田、朝会、征伐、建官、颁禄之制",都不应该看做"万世之大经"。

王夫之具有浓厚的民族思想。他认为华夏与"夷狄",应该严格地区别开来,不可混淆其界限。他说:"有一人之正义,有一时之大义,有古今之通义。轻重之衡,公私之辨,三者不可不察。以一人之义,视一时之大义,而一人之义私矣;以一时之义,视古今之通义,而一时之义私矣;公者重,私者轻矣。……为天下所共奉之君,君令而臣恭,义也;而夷、夏者,义之尤严者也。五帝、三王劳其神明,殚其智勇,为天分气,为地分理,以绝夷于夏,即以绝禽于人,万世守之而不可易,义之确乎不拔而无可徙者也。"(《读通鉴论》卷十四)这是说,夷、夏之辨,乃"古今之通义",是坚定不移的准则。王夫之又指出,只有保持民族的主权,才谈得到各项道德。"族类之不能自固,而何他仁义之云云也哉?"(《黄书·后序》)他突出了捍卫民族利益的重要性。他认为,华夏与"夷狄",地域不同,生活习惯不同,因而性情也就不同,应该"各安其所";华夏不应压迫少数民族,少数民族贵族也不应侵扰华夏。如果少数民族贵族向华夏发动进攻,那么,华夏就必须坚决回击。王夫之有时把少数民族看成禽兽,不免有狭隘的种族观念,但基本上他是反对民族压迫,而主张各民族守其疆土、互不侵犯的。

王夫之对于中国古典唯物主义有很多的重大贡献。他深刻地分析了物质与规律的关系,明确地论证了物质世界的独立存在,对客观唯心主义与主观唯心主义进行了决定性的反驳。他还阐明了物质世界的永恒性,指陈了运动的绝对性,更从唯物主义观点说明了知、行关系。他对唯物主义的贡献是多方面的。

在伦理学说方面,王夫之也提出了新的观点,批判了主静、无欲的宗教式修养方法,指明了生命与身体的重要。在历史观方面,他阐明了历史进化的观点,给予复古主义以中肯的反驳。在他的全部学说中,贯穿着坚强的深挚的爱国主义精神。他是伟大的爱国主义思想家。

王夫之的唯物主义的历史意义,在于他从唯物主义观点出发,总结了北宋到明末的哲学思想斗争,从而发展了唯物主义的传统。

第四节　颜元、李塨的唯物主义思想

颜元(1635—1704)号习斋。少时好陆、王书,后又笃信程、朱,曾依照《朱子家礼》居丧,觉得这不合人情,并违背古礼,于是,他走上了批判程、朱的道路,主张恢复"周、孔正学"。他在五十多岁时,曾到河南开封,访友论学。晚年应聘为肥乡漳南书院主讲。他建立规制,设文事、武备、经史、艺能诸科。会遇水灾,堂舍尽没,乃辞归。他的主要著作为《四存编》、《四书正误》。

李塨(1659—1733)号恕谷,从学于颜元,发挥其学说。他曾到北京,与某些学者讨论学术。当时史学家万斯同在北京负重名,见他所著《大学辨业》,深以为是,称之为"圣学正传"。后来他又远游江南与陕西。晚年,他修葺习斋学舍,讲学授徒,从游弟子甚多。他的主要著作是《大学辨业》、《周易传注》、《论语传注》、《传注问》等。

颜元出身于小地主家庭,曾参加农业劳动,又靠教学、行医来维持生活。在生活上他是相当接近人民的。他猛烈地攻击为清朝统治者所利用的程、朱理学。生平拥护古礼,又主张彻底均田。

从他的彻底均田的主张看,他的思想在一定程度上反映了农民的要求;而从他拥护古礼来看,他又是维护封建制度的。应该承认,他基本上是站在小地主的立场从事社会活动,但他的思想上也部分地反映了农民的利益。李塨的思想的阶级性大体上和颜元相同。

（1）"三事三物之学"　颜元提出关于研究学问的独特主张:他既反对汉儒的训诂之学,又反对宋、明的理学或道学。他认为,程、朱、陆、王以"读书静坐"为学,是根本错误的。这些人的学说,不合乎周、孔的正统。他说:"宋儒谓是集汉、晋、释、老之大成者则可,谓是尧、舜、周、孔之正派则不可。"（《存学编》卷一）他又说:"为主静空谈之学久,必至厌事,厌事必至废事,遇事即茫然,贤豪不免,况常人乎? 予尝言误人才、败天下事者,宋人之学也,不其信夫!"（《习斋年谱》）他反对"主静空谈之学",主张研究实际的学问。

颜元认为,真正的学问应该是"三事三物之学"。何谓三事?伪《古文尚书·大禹谟》:"水、火、金、木、土、谷,谓之六府。正德、利用、厚生,谓之三事。"何谓三物?《周礼·大司徒》:"以乡三物教万民而宾兴之。一曰六德:知、仁、圣、义、忠、和;二曰六行:孝、友、睦、姻、任、恤;三曰六艺:礼、乐、射、御、书、数。"颜元认为,周公、孔子所谓学的内容就是如此。不过,他实际上所注重研究的是礼、乐、兵、农之学。他经常"习礼",又长于音乐,研究兵法、武术,也讨论有关农田水利的问题。在治学方法上,他反对专门从事于"读、讲、著",而主张"习行"。

颜元反对空谈玄想,主张从事于实际问题的研究,这基本上是正确的,在当时有重大的进步意义。但是他所认为实际的东西也不一定就是实际的。他最注重的是礼,要求实行古礼。其实所谓古礼,乃是不合实际需要的骨董。

李塨继承了颜元的学风。但为了从事宣传,展开理论的争辩,他不得不多著书。这样,颜元专重"习行"的精神就逐渐减弱了。

(2)"理在事中" 颜元的宇宙观基本上是唯物主义的,但也包含了唯心主义的残余。他认为,理、气是互相结合的,是彼此统一的。他说:"盖气即理之气,理即气之理。"(《存性编》)"知理、气融为一片,则知阴、阳二气,天道之良能也;元、亨、利、贞四德,阴、阳二气之良能也;化生万物,元、亨、利、贞之良能也。"(同上)"理、气俱是天道。"(《存学编》)他认为天道是理气的统一体。

李塨提出了"理在事中"的唯物主义学说,他指出,所谓理,乃是事物的条理,即在事物之中。他说:"在天在人通行者名之曰道。理字则圣经甚少,《中庸》文理与《孟子》条理,同言道秩然有条,犹玉有脉理,亦虚字也。《易》曰:'穷理尽性以至于命。'理见于事,性具于心,命出于天,亦条理之义也。"(《论语传注问》)"夫事有条理曰理,即在事中,今曰理在事上,是理别为一物矣。理,虚字也,可为物乎? 天事曰天理,人事曰人理,物事曰物理。《诗》曰'有物有则',离事物何所为理乎?"(同上)这里区别了"理在事中"与"理在事上"。程、朱以理为"形而上者",就是讲理在事上。实际上,理是不能离开事物而独存的。李塨的这个分别很清楚,这是他在宇宙观方面的主要贡献。

颜元关于理、气问题的观点是唯物主义的,但他又承认有所谓上帝。《存性编》中有"浑天地间二气四德化生万物之图"，他在解说中写道："大圈，天道统体也。上帝主宰其中，不可以图也。"关于上帝，他别无解释。上帝观念是他的思想中唯心主义的残余。

（3）"手格其物而后知至"　颜元的认识论具有显明的唯物主义性质。他认为外在事物是人类认识的基础。"知无体，以物为体；犹之目无体，以形色为体也。故人目虽明，非视黑视白，明无由用也；人心虽灵，非玩东玩西，灵无由施也。"（《四书正误》）这是说，离开了客观的对象，就不可能有认识。

颜元说明了行动对于认识的意义。他认为只有通过实际活动，才能得到真正的认识。他说："今言致知者，不过读书、讲问、思辨已耳。不知致吾知者皆不在此也。譬如欲知礼，任读几百遍礼书，讲问几十次，思辨几十层，总不算知；直须跪拜周旋，捧玉爵、执币帛，亲下手一番，方知礼是如此。知礼者斯至矣。譬如欲知乐，任读乐谱几百遍，讲问、思辨几十层，总不能知；直须搏拊击吹，口歌身舞，亲下手一番，方知乐是如此。知乐者斯至矣。"（《四书正误》）这是说，只有"亲下手"，才能得到知识。颜元对"格物"作了新的解释："此格字乃手格猛兽之格，格物谓犯手实做其事，即孔门六艺之学是也。"（《言行录》）格物即用手实作其事。他又以尝菜为例加以说明："如此菔蔬，虽上智老圃不知为可食之物也，虽从形色料为可食之物，亦不知味之如何辛也。必箸取而纳之口，乃知如此味辛。故曰手格其物而后知至。"（《四书正误》）颜元所谓"手格其物"很接近于今日所谓实践。他看到了实践对于认识的作用。他强调"犯手实做其事"是达到认识的道路，这是唯物主义的认识论。

李塨宣扬了颜元的格物新说,他的认识论是与颜元一致的。

(4)"习动"与"功利" 在伦理学方面,颜元也批判了程、朱的学说。首先,他反对程、朱学派所谓天命之性与气质之性的分别,认为性即是气质之性。"更不必分何者是天命之性,何者是气质之性。"(《存性编》)

颜元否定了程、朱所讲气质之性有善有恶的说法。他说:"理、气俱是天道,性、形俱是天命。人之性命、气质,虽各有差等,而俱是此善。气质正性命之作用,而不可谓有恶。其所谓恶者,乃由引蔽习染四字为之祟也。"(《存学编》)认为人的气质完全是善的,而其所以产生恶,则是由于环境的引诱与不良习惯的熏染。这就是说,人的身体及其所具有的机能都是善的,不应该加以鄙视。颜元又说:"为丝毫之恶,皆自玷其光莹之本体;极神圣之善,始自充其固有之形骸。"(同上)认为一切"重性轻形"的思想都是不对的。

颜元批判了宋儒的"主静"学说,提出"习动"的主张。他强调动的重要性:"三皇、五帝、三王、周、孔,皆教天下以动之圣人也,皆以动造成世道之圣人也。五霸之假,正假其动也。汉、唐袭其动之一二以造其世也。晋、宋之苟安,佛之空,老之无,周、程、朱、邵之静坐,徒事口笔,总之皆不动也,而人才尽矣,圣道亡矣,乾坤降矣。吾尝言:一身动则一身强,一家动则一家强,一国动则一国强,天下动则天下强。益自信其考前圣而不谬,俟后圣而不惑矣。"(《言行录》)这是说,动则强,不动则弱。动是健身强国的基础。颜元主张以"习动"代替"习静"。他说:"宋人好言习静,吾以为今日正当习动耳。"(《习斋年谱》)主"动"的思想是一种积极进取的人生观。

颜元对宋儒的"义利之辨"也进行批判。他认为义、利是统一的,宋儒的重义轻利的思想是错误的。他说:"以义为利,圣贤平正道理也。……后儒乃云正其谊不谋其利,过矣。宋人喜道之,以文其空疏无用之学。予尝矫其偏,改云'正其谊以谋其利,明其道而计其功'。"(《四书正误》)"世有耕种而不谋收获者乎? 世有荷网持钩而不计得鱼者乎? 抑将恭而不望其不侮,宽而不计其得众乎? ……盖正谊便谋利,明道便计功,是欲速,是助长;全不谋利计功,是空寂,是腐儒。"(《言行录》)颜元认为道义固然重要,功利也应该考虑。他重视功利,也就是重视行为的效果,重视物质生活。这种学说与宋代的叶适是一致的。

李塨对义利问题,也提出了这样的看法:"董仲舒曰:'正其道不谋其利,修其理不急其功。'语具《春秋繁露》,本自可通。班史误易'急'为'计',宋儒遂酷遵此一语为学术,以为事求可,功求成,则取必于智谋之末,而非天理之正。请问行天理以孝亲,而不思得亲之欢,事上而不欲求上之获,有是理乎? 事不求可,将任其不可乎? 功不求成,将任其不成乎?"(《论语传注问》)这是说,有所行动,一定要考虑行动的效果。虽然不应该急于求功,但也要考虑久远的功效。

(5)"井田"问题　颜元提出恢复井田的主张。他对"井田不宜于世"的说法不赞同,他说:"夫言不宜者(指某些人说的恢复井田不宜——引者),类谓巫夺富民田,或谓人众而地寡耳。岂不思天地间田,宜天地间人共享之! 若顺彼富民之心,即尽万人之产而给一人,所不厌也。王道之顺人情,固如是乎?况一人而数十百顷,或数十百人而不一顷,为父母者,使一子富而诸子贫,可乎?"(《存治编》)这段话里,包含着平均土地的思想,表示了对土地兼并之坚决抗议。颜元认为田地应该人人有份,贫富不均的情况必须改变。他主张依照人口数目来分配田地:"虽使人馀于田,即减顷而十,减十而亩,吾知其上粪倍精,用自饶也。……吾每取一县约其田丁,知相称也。"(同上)这种学说,反映了农民对土地的要求,表面上虽好像是复古,实际上蕴藏着现实的内容,是有进步意义的。

颜元的政治思想也有其固陋迂阔的方面。他主张恢复"封建",还有反对过分集权的意义,至于主张恢复"宫刑",就完全是迂腐之谈了。

李塨修正了颜元关于"井田""封建"的主张。他认为实行井田,须看实际情况:"井田则开创后土旷人稀之地招流区画为易,而人安口繁各有定业时行之难,意可井者井,难则均田,又难则限田。"(《存治编》书后)至于古代的"封建"制,他认为不应恢复,因为这是有害于人民的。"今时纨袴,易骄、易淫、易残忍,而使世居民上,民必殃。""封建之残民,则恐不下流寇。……唐之藩镇为五季,金之河北九公,日寻干戈,人烟断绝,可寒心也。"(同上)李塨这些分析,比较合乎实际。

颜李学说的最重要的贡献,在于教育学说方面。颜元、李塨反对以"静坐读书"为学,主张"习行",要求在实际活动中认识真理。颜元说过:"孔子则只教人习事,迨见理于事,则已彻上彻下矣。"(《存学编》)这种关于教育方法的学说是很有价值的。

第五节　戴震的唯物主义

戴震(1723—1777)字东原。十岁诵《大学章句》，即对于朱熹所谓"右经一章，盖孔子之言，而曾子述之"提出疑问。他刻苦学习，淹贯群籍。家贫，尝从事于负贩。他在三十余岁时至北京，与钱大昕、朱筠等交游，声望日著。乾隆皇帝修《四库全书》，他以举人身份而被特召为纂修官，校订天算、地理书籍，积劳致疾而卒。

戴震是乾嘉时期最大的汉学家，对于训诂、考据有重要的贡献，对于天文、算学、地理等自然科学，也有深刻的研究。同时，他针对着当时占统治地位的程朱理学，提出了自己的推故致新的哲学学说。他的主要哲学著作是《绪言》、《原善》、《孟子字义疏证》。

戴震从事学术研究的时代，正是雍正、乾隆文化统制加甚的时代，清统治者用残酷的手段，镇压人民的反抗，实行文字狱，企图消灭汉族知识分子的民族意识，用"名教"、"义理"作为招牌，来掩饰自己的残暴行径。在这样的历史条件下，戴震提出了反理学的唯物主义学说，揭露了理学家"以理杀人"的罪恶。他的哲学是有意地反对当时官学的。他反对"以理杀人"，是对当时残暴的文化统制之严正抗议。他的思想代表当时地主中的一些先进人物的思想，但也在一定程度上反映了市民的要求。

（1）气化　戴震提出了一个简明完整的唯物主义宇宙观。首先，他认为所谓道就是物质变化过程。道字的本义即变化的过程。"道，言乎化之不已也。"(《原善》上)而这个变化过程乃是气的变化过程。"道,犹行也;气化流行,生生不息,是故谓之道。《易》曰:'一阴一阳之谓道。'《洪范》:'五行:一曰水,二曰火,三曰木,四曰金,五曰土。'行亦道之通称。举阴、阳则赅五行,阴、阳各具五行也;举五行即赅阴、阳,五行各有阴、阳也。"(《孟子字义疏证》中)气即是阴阳、五行之气,所以道的内容就是阴阳、五行。"阴阳、五行,道之实体也。"(同上)这样,他肯定道即是气化,也就是肯定道是物质变化的过程。这就是说,物质是最根本的,没有比物质更根本的东西。

戴震批判了程、朱关于"形而上"、"形而下"的说法。他认为气化的过程即是"形而上者",不应该以"形而上"为理。他说:"气化之于品物,则形而上下之分也。形乃品物之谓,非气化之谓。《易》又有之:'立天之道,曰阴与阳。'直举阴阳,不闻辨别所以阴、阳而始可当道之称,岂圣人立言皆辞不备哉?一阴一阳,流行不已,夫是之谓道而已。"(《孟子字义疏证》中)气化是形而上的,具体的物件才是形而下的。他给予《易传》所谓"形而上"、"形而下"以明确的解释:"形谓已成形质,形而上犹曰形以前,形而下犹曰形以后。阴阳之未成形质,是谓形而上者也,非形而下明矣。器言乎一成而不变,道言乎体物而不可遗。不徒阴阳非形而下,如五行水、火、木、金、土,有质可见,固形而下也,器也;其五行之气,人物咸禀受于此,则形而上者也。"(同上)这对形而上下的解释是接近《易传》的原意的。

(2)生生与条理　戴震指出,气化的过程中的根本事实就是生生。他说:"《易》曰:'天地之大德曰生。'气化之于品物,可以一言尽也,生生之谓欤!"(《原善》上)气化的过程即是生生不已的过程。

戴震指出,这生生不已的过程不是紊乱的,而是有规律的。这规律叫做条理,也叫做理。他说:"由其生生,有自然之条理。观于条理之秩然有序,可以知礼矣;观于条理之截然不可乱,可以知义矣。……惟条理,是以生生;条理苟失,则生生之道绝。"(《孟子字义疏证》下)因为生生是有规律的,所以生生的过程才连续不已。

戴震对"理"作了新的解释,批判了程、朱关于理的学说。他谈理注意二点:一是"区分",二是"不易"。他认为,理就在于事物之间的区别。"理者,察之而几微必区以别之名也,是故谓之分理。……得其分则有条而不紊,谓之条理。"(《孟子字义疏证》上)"是故明理者,明其区分也。"(同上)这是说,事物之间的细微的区别就是理。事物之间何以有区别?这是由于每一类事物各有其固定的特点。这种特点是不可改变的:"分之各有其不易之则,名曰理。"(同上)可见,所谓理就是一类事物所固有的不易的规律。戴震又说:"气化生人生物以后,各以类滋生久矣;然类之区别,千古如是也,循其故而已矣。"(同书中)这是肯定每一类事物各有其永恒的特点。

戴震谈理,注重"区分",也就是注重"分殊",于是,他对程、朱所谓"万物一理"的说法进行批判。他认为程朱断定理是普遍的超越事物的,那是荒谬的看法。他说:"举凡天地、人物、事为,求其必然不可易,理至明显也。从而尊大之,不徒曰天地、人物、事为之理,而转其语曰'理无不在',视之'如有物焉',将使学者皓首茫然,求其物不得。"(《孟子字义疏证》上)这是说,程朱以理为独立的实体,其实是谬妄的。

戴震又分析了"生生"与"条理"二者的关系。他认为,条理乃是生生所有的条理,生生是更根本的事实。"生生者,化之原;生生而条理者,化之流。"(《原善》上)生生是原,条理是流。就是说,有生生,然后有条理。离开了生生,就无所谓条理了。

戴震认为,在生生不已的过程中,也有相对的静止,叫做"息"。从生而息,从息而生,连续不已。他说:"生则有息,息则有生,天地所以成化也。"(《原善》上)他又举例解释道:"生者,至动而条理也;息者,至静而用神也。卉木之枝叶华实,可以观夫生;果实之白,全其生之性,可以观夫息。"(同上)息是运动的潜伏状态,其中包含了生的潜能。生生的过程不可能是没有间歇的,暂时的潜伏乃是永恒的运动借以延续不绝的条件。

(3)"心知"与事物   在认识论方面,戴震也比较彻底地贯彻了唯物主义观点。他首先肯定人的认识作用是以人的生理机构为基础的。他认为,人是天地所生成的:"有天地,然后有人物。"(《原善》上)人类是天地之间最高等的生物:"人也者,天地至盛之征也。"(同书中)而人的血气是人的心知的根本:"有血气,夫然后有心知。"(同上)人的心知的发展可以达到"神明"的境界:"人之神明出于心。"(同上)"心之精爽以知,知由是进于神明。"(同上)心知与神明都以血气为基础。

戴震对感觉的来源,提出了自己的看法。他认为感觉与物质世界是相联系的,人的感觉器官以物质世界的实际情况为根据。他说:"人物受形于天地,故恒与之相通。盈天地之间,有声也,有色也,有臭也,有味也。举声、色、臭、味,则盈天地间者无或遗矣。外内相通,其开窍也,是为耳、目、鼻、口。"(《孟子字义疏证》上)这是说,声、色、臭、味都是物质世界的内容。因为世界有声、色、臭、味,所以人类才有耳、目、鼻、口等感官。戴震认为,人的感觉乃是外物的作用所引起的。"耳之能听也,目之能视也,鼻之能臭也,口之知味也,物至而迎而受之者也。"(《原善》中)这是说,外物作用于我们的感官,然后发生感觉。物质世界是人的感觉的来源。

戴震更提出了关于"心"的新学说,批判了程朱学派的"理具于心"的唯心主义观念。程、朱学派认为,心中有理,理是"得之天而具于心者"。戴震指出,所谓理是客观的,存在于客观事物之中,而不是存在于人的心中,人心所具有的只是认识作用;由于有这认识作用,人心就能辨别客观事物中的理。他说:"味也、声也、色也在物,而接于我之血气;理义在事,而接于我之心知。血气心知,有自具之能:口能辨味,耳能辨声,目能辨色,心能辨夫理义。味与声色,在物不在我,接于我之血气,能辨之而悦之;其悦者,必其尤美者也。理义在事情之条分缕析,接于我之心知,能辨之而悦之;其悦者,必其至是者也。"(《孟子字义疏证》上)这是说,色、声、味是客观的,理也是客观的,是在心以外的,而心能辨认它。心的独特作用,就在于能辨别事物的理。戴震又说:"故理义非他,所照所察者之不谬也。……理义岂别若一物,求之所照所察之外?"(同上)理乃是心所照所察的对象。"就事物言,非事物之外别有理义也;'有物必有则',以其则正其物,如是而已矣。就人心言,非别有理以予之而具于心也;心之神明,于事物咸足以知其不易之则,譬有光皆能照,而中理者,乃其光盛,其照不谬也。"(同上)理不在心内,而心有辨认客观事物中的理的能力。戴震这种学说,否定了程、朱学派的"理具于心"和陆、王学派的"心即理"的学说,具有显明的唯物主义性质。戴震肯定理在心外而为心所辨别的对象,就反驳了一切关于天赋观念的唯心主义思想,这是他的一项重大贡献。

戴震指出,心认识事物的理,必须通过对事物的分析。"事物之理,必就事物剖析至微,而后理得。"(《孟子字义疏证》下)只有对事物进行细致的分析,才能得到事物之理。"心之明之所止,于事情区以别焉,无几微爽失,则理义以名。"(《原善》中)戴震有力地阐明了分析的重要性。

(4)理与意见 戴震区别了"理"与"意见"。他认为理是客观真理,只有对事物进行细微的分析,才能得到。如果不分析事物而有所主张,那就只能是主观的意见。而把主观的意见认作客观的真理,则是严重的错误。心辨义理,必须通过对客观事物的分析,而不能凭主观臆想,所以理是人人所共同承认的。至于意见,它是主观的,不是人人所共同承认的。他说:"心之所同然,始谓之理,谓之义;则未至于同然,存乎其人之意见,非理也,非义也。凡一人以为然,天下万世皆曰'是不可易也',此之谓同然。……人莫患乎蔽而自智,任其意见,执之为理义;吾惧求理义者以意见当之,孰知民受其祸之所终极也哉!"(《疏证》上)戴震指出,宋儒所讲的理,其实只是意见而已。他认为以意见为理,是有严重危害的。"凡以为'理宅于心'、'不出于欲则出于理'者,未有不以意见为理而祸天下者也。"(《疏证》下)戴震区别主观意见与客观的理,这也是他的一个贡献。

程朱学派与陆王学派都断定"私欲"有"昏蔽"人心的作用，认为人心本来有理，但为私欲所蔽塞，所以不能认识真理。戴震反驳了这种说法。他认为私与蔽是两事：私是欲望方面的问题，蔽是知识方面的问题，欲望不会有蔽塞的作用。他说："凡出于欲，无非以生以养之事。欲之失为私，不为蔽。自以为得理，而所执之实谬，乃蔽而不明。天下古今之人，其大患，私与蔽二端而已。私生于欲之失，蔽生于知之失。"（《疏证》上）这是说，蔽是认识上的偏差，固执己见，不顾事实，才是蔽而不明，这与私欲无关。这样，就批判了理学家把一切错误的原因归之于欲望昏蔽的说法。但戴震完全否认感情欲望与认识之间的相互作用，也不完全合乎事实。

（5）个性　在伦理学说方面，戴震提出了反映人民要求的光辉理论。首先，他反对程、朱学派把人性分为义理之性与气质之性的说法。他认为性的内容就是血气心知。"性者，分于阴阳、五行以为血气、心知，品物区以别焉。举凡既生以后所有之事、所具之能、所全之德，咸以是为其本。"（《疏证》中）这是戴震所提出的性的定义。这个定义中包含三个要点：其一，性是血气、心知，即情感欲望以及认识作用等。其二，性是一类物与别类物相互区别的特点。每一类生物各有其特殊的血气、心知，即是这类生物的性。其三，性是生来即有的特点，而为既生以后一切活动的基础。

戴震认为人性包含欲、情、知三方面："人生而后有欲、有情、有知，三者，血气心知之自然也。给于欲者，声、色、臭、味也，而因有爱、畏；发乎情者，喜、怒、哀、乐也，而因有惨、舒；辨于知者，美、丑、是、非也,而因有好、恶。"(《疏证》下)他所谓知包括了价值判断。

戴震认为人性是善的,他主要从人的知觉高出于别类动物来讲性善。他说:"自古及今,统人与百物之性以为言,气类各殊是也。专言乎血气之伦,不独气类各殊,而知觉亦殊。人以有礼义异于禽兽,实人之知觉大远乎物则然,此孟子所谓性善。"(《疏证》中)这是说,人的知觉(心知)高出于其他物类之上,所以人性可以说是善的。

戴震所讲的性,仍然是抽象的人性,但他的人性论比以前的人性学说明确清晰多了。

(6)"自然"与"必然"　戴震提出"必然"的观念。他既把"自然"与"必然"区别开来,又强调二者的联系。他所谓"必然",不同于现在所谓必然,而接近于普通所谓当然。他所谓"自然",即是客观的实际情况。他所谓"必然",也有规律的意义,但主要是标准的意义。"必然"是必须如此、应该如此,而实际上不一定如此。他认为,人类生活中的道德标准都是"必然",人类生活中所有的行为应该合乎这标准,但又不一定合乎这标准。这标准是以人类生活的本来趋向为依据的。他又认为,人类行为有"必然"的标准,乃是人类与别的生物不同的特点。

戴震论"自然"与"必然"道:"实体实事,罔非自然,而归于必然,天地、人物、事为之理得矣。夫天地之大,人物之蕃,事为之委曲条分,苟得其理矣,如直者之中悬,平者之中水,圆者之中规,方者之中矩,然后推诸天下万世而准。"(《疏证》上)这里似乎认为物质世界也有必然,但戴震主要是运用这个范畴来说明人生。他说:"欲者,血气之自然;其好是懿德也,心知之自然,此孟子所以言性善。心知之自然,未有不悦理义者,未能尽得理合义耳。由血气之自然,而审察之以知其必然,是之谓理义。自然之与必然,非二事也。就其自然,明之尽而无几微之失焉,是其必然也。如是而后无憾,如是而后安,是乃自然之极则。若任其自然而流于失,转丧其自然,而非自然也,故归于必然,适完其自然。"(同上)这里说明了"自然"与"必然"的分别与联系。欲望感情是自然,道德是必然。"自然"是本来趋向于"必然"的,而又不完全合乎"必然";"必然"乃是对"自然"的调整,也就是"自然"的完成。"必然"不是脱离"自然"的。

戴震认为人的特点在于了解"必然"。他说:"夫人之异于物者,人能明于必然,百物之生,各遂其自然也。"(同上)了解"必然",主动地使自己的行为合乎"必然",这是人类的特点。

戴震的自然与必然的学说,讨论了实际与理想,本来的趋向与理想的标准之间的关联的问题,其中含有深刻的思想,他主要是强调理想不应该脱离实际。

(7)"理存于欲"　戴震对宋、明理学家的理、欲之辨进行了尖锐的批判。他认为欲是自然,理是必然。必然不可能脱离自然,理不是脱离欲望的。他说:"理也者,情之不爽失也。未有情不得而理得者也。"(《疏证》上)"今以情之不爽失为理,是理者存乎欲者也。"(同上)在他看来,情的正当运用就是理,所以理是在欲中的。要求满足自己的欲望,同时也协助别人满足别人的欲望,就是理。他说:"孟子言'养心莫善于寡欲',明乎欲不可无也,寡之而已。人之生也,莫病于无以遂其生。欲遂其生,亦遂人之生,仁也;欲遂其生,至于戕人之生而不顾者,不仁也。不仁,实始于欲遂其生之心;使其无此欲,必无不仁矣。然使其无此欲,则于天下之人,生道穷促,亦将漠然视之。己不必遂其生,而遂人之生,无是情也。"(同上)理义即在于人我之欲都得到适当的满足。"惟有欲有情而又有知,然后欲得遂也,情得达也。天下之事,使欲之得遂,情之得达,斯已矣。惟人之知,小之能尽美丑之极致,大之能尽是非之极致。然后遂己之欲者,广之能遂人之欲;达己之情者,广之能达人之情。道德之盛,使人之欲无不遂,人之情无不达,斯已矣。"(《疏证》下)戴震这样把理与欲统一起来。

戴震痛切地指陈了理、欲之辨的危害:"理、欲之分,人人能言之。故今之治人者,视古贤圣体民之情,遂民之欲,多出于鄙细隐曲,不措诸意,不足为怪。而及其责以理也,不难举旷世之高节,著于义而罪之。尊者以理责卑,长者以理责幼,贵者以理责贱,虽失,谓之顺;卑者、幼者、贱者以理争之,虽得,谓之逆。于是下之人不能以天下之同情、天下所同欲达之于上;上以理责其下,而在下之罪,人人不胜指数。人死于法,犹有怜之者;死于理,其谁怜之! 呜呼,杂乎老、释之言以为言,其祸甚于申、韩如是也!"(《疏证》上)所谓理竟成为统治者压制人民杀害反抗者的工具:"此理、欲之辨,适成忍而残杀之具。"(《疏证》下)戴震这种学说,反映了人民反抗封建压迫的情绪。

戴震的理欲学说,表达了人民反对封建压迫的呼声,揭露了当时统治者以"名教"、"义理"为借口来杀人的残暴罪行,这在当时具有重大的进步意义。

戴震是中国古典唯物主义的最后的重要代表。他在自然观方面对理作了新的解释；在认识论方面，给予宋明唯心主义"理具于心"的观念以决定性的反驳；在伦理学说上，又给予宋明唯心主义的"理欲之辨"以严厉的批判。这都是重大的贡献。

戴震以后，清代学者走入考据的道路。清代初期的汉学本来是反官学的，有进步的意义，但在乾、嘉时期，所谓考据之学，逐渐代替了宋学的地位，而成为麻痹人民意识的更有效的工具。清廷大力提倡考据，考据盛行起来，思想的发展失去明、清之际的生动、活泼的风气。所以，应该说，戴震是中国古典唯物主义的最后的大师。

后　记

　　这个提纲,原发表于 1957 年至 1958 年的《新建设》杂志上。原作中认为周敦颐的宇宙观属于唯物主义,将周氏所谓太极解释为混然的"一气",实无确据,今略加修改。提纲对于唯物主义与唯心主义的对立斗争注意较多,对于二者的相互影响、相互联系则注意较少;又对于元代哲学论述过简,对于清代汉、宋之争也无所论列。这些都是显著的缺点。总之,这仅仅是一个简略的提纲而已。

1984 年 5 月重阅后识

张载——十一世纪中国唯物主义哲学家

目　录

一、张载的生平和他的时代

张载,字子厚,宋朝长安人。因为家住在陕西郿县的横渠镇,学者称为横渠先生。生于宋天禧四年(公元 1020),死于宋熙宁十年(公元 1077)。

张载是宋代伟大的唯物论哲学家、无神论者,他的哲学思想在中国古典唯物论的发展史上占有重要的地位,同时他对于中国的古典哲学中辩证观念的发展,也有卓越的贡献。他的学说中,自然而不可免地,也包含了许多落后性的糟粕。但是值得我们注意的是,他提出了许多有创造性的有科学性的见解,从而把中国古典唯物论推进了一步。他的丰富的哲学学说是值得我们细心钻研的。

张载的哲学思想是北宋时代社会经济情况下的产物,同时与他个人的生活经历也有不可分离的联系。因而,我们在分析他的哲学思想以前,要先叙述一下他的生平和他的时代。

张载的时代是怎样的时代呢?那正是北宋中期以后阶级矛

盾逐渐深刻化,种族矛盾也逐渐尖锐化的时代。

北宋时代封建社会的特点是:中央集权的加强,工商业的繁荣与发展,魏晋以来的门阀世族大地主已经消灭与非门阀的大地主的继起,中小地主阶级借科举制度而广泛地参加政权,兼并风气的逐渐盛行,地主阶级与农民的矛盾的逐渐深刻化,大地主阶级与中小地主阶级的矛盾斗争的逐渐复杂化,宋朝朝廷对北方西方落后部族的消极应付政策,种族矛盾之逐渐激化。

北宋建国于黄巢农民大起义失败及五代十国混乱纷争的局面之后,魏晋以来的门阀世族大地主,经黄巢农民起义军的扫荡,已经完全消灭了。经过了频繁的战争,全国范围的经济联系较前得到了进一步的发展。北宋开国的君主,在全国经济联系进一步发展的基础之上,建立起进一步强化的中央集权制度。但北宋朝廷的中央集权的巩固乃是以允许高级将士官吏可以随意进行土地兼并为代价而取得的。土地兼并之风日益盛行,大地主享有种种特权。这些大地主当时被称为"形势之家",不服徭役,不出赋税。于是政府的财政支出的全部负担都落在农民及中小地主阶级的身上。

北宋朝廷为了防止门阀世族的再起,借科举制度,吸引中小地主阶级的知识分子参加政权,从而扩大其封建统治的基础。中小地主阶级政治权力的提高,是北宋时代文化思想的高度发展的条件之一。北宋朝廷为了敷衍各层地主阶级出身的知识分子的要求,设立了庞大的官僚机构,豢养了大批的寄食的冗员。这样更增加了农民的负担。同时,在当时形势之家不受限制的土地兼并之下,不仅农民常常破产,中小地主也成为兼并的对象,常常面临丧失土地的危险。因而中小地主和农民有一定程度的接近。

北宋朝廷对外采取了退守的政策,对北方的辽国与西方的夏国,每年都要付出大量的岁币。这种费用也是由农民和中小地主来负担的。

在北宋时代,工商业得到了空前的发展,大商人与官僚勾结,以高利贷等办法来剥削压榨农民与中小地主。小商人与手工业者则处在与农民类似的境遇之中。

这样,在北宋时代,封建地主阶级与农民的矛盾日益尖锐化,大地主阶级与中小地主阶级的矛盾也日益深刻化,种族矛盾更与阶级矛盾错综交织起来。北宋时代农民起义的事件是层出不穷的,而且规模也越来越大。当时人民生活的困苦,农民反抗的激烈,使得北宋的进步的知识分子思想家不得不认识到土地问题的严重性,认识到必须设法减轻农民的负担然后才能缓和社会的危机。

张载出生于一个不甚富裕的地主家庭里。他的父亲张迪,本来是大梁人,曾作涪州的知州,后来死在涪州任上。他父亲死后,他和他的弟弟张戬年岁都不大,没有力量回老家,就侨寓在凤翔郿县的横渠镇。

在张载十几岁的时候,西夏时常侵扰西边,宋廷派兵抵御,互有胜败。西北边区因常受敌人侵扰,民不聊生。内地人民的生活也受到影响。这种情况对于血气方刚的张载,是一个巨大的刺激。因而,张载在少年时代,很喜欢讨论兵法,甚至于想组织武装帮助宋朝将帅对西夏作战,来解除西夏对于边境的威胁。在他二十一岁的时候,范仲淹被任为陕西招讨副使兼知延州,张载写了书信去见范仲淹,对于边疆战事有所献议。但是范仲淹却不赞成张载研究兵法。当时对他说道:"儒者自有名教,何必去研究兵法呢?"并且劝他读《中庸》。

范仲淹的话对于张载有很大的影响,他从此走上了研究哲学的道路。他读了《中庸》,并不满意,他认为《中庸》的道理太浅近。于是又找了佛教及道家的许多书来看。但依然不满意。后来又回到儒家的经典。他追求真理的道路是曲折的。显而易见地,在他追求真理的过程中,唯物论的思想与唯心论的思想,在他的头脑中,曾经展开斗争。他终于达到了唯物论的观点。儒家经典中,给他以最大影响的是《易传》。《易传》中的朴素的唯物论与自发的辩证法,给他以很大的启发。

在张载钻研学问的时候,社会中的阶级斗争也常有显著的表现。庆历三年(1043)沂州军士王伦起义,庆历七年(1047)贝州军士王则据城起义,这些虽然都是短时间的兵变,但反映了阶级矛盾的发展,反映了民生疾苦的加深。皇祐五年(1053)西北地区岐山一带大旱,饿死的人很多。张载出门走路,时常看见饿莩,他悲伤感叹,回家后吃不下饭去。这事给予他的刺激很深,使他更深切地感到民间的疾苦。

嘉祐二年(1057),张载三十八岁,考中进士。他中进士后作过几任地方官吏:作过祁州的司法参军,又作过丹州云岩县的县令,后迁任著作佐郎,签书渭州军事判官公事。在渭州的时候,很受到环庆经略使蔡挺的尊敬,军府的事情,常常询问他。他努力替蔡挺筹划边事。对于边事,对于如何防御外来侵略的问题,张载是始终予以密切注意的。

　　他作云岩县令的时候,以改善风俗为首要事务。每月初都要预备酒食,邀请乡间老年人到县庭中聚会,他亲自劝酒酬酢,让人们知道养老事长的道理;同时他就向老年人们询问民间的疾苦,而且告诉他们训戒子弟的方法。他考虑到,对乡民有所教导指示,仅仅出布告发文件实际上不可能让所有人民全都知晓,于是常常把乡长们叫到县庭中来,他亲自谆谆告诉,然后让他们转告各闾里的人民。有的时候有人因为事情到县庭来,有时在路途中遇到,他一定询问那人:某日我教某人传达某一事,你已听见了么? 假若听见,就好;假如没有听说过,他就要责问受命传达的人。所以,他的每一句指示,县中一切人民,甚至乡里小儿,也都知晓。他的这些办法虽然也平淡无奇,但是他注意经常和人民保持联系,更密切注意人民的疾苦,应该说是有进步意义的作风。

　　宋神宗即位的次年(熙宁二年,1069),御史中丞吕公著荐举张载道:"张载学问很好,四方的学者都尊敬他,可以召对访问。"于是神宗召见他。神宗问政治的原理,张载答复说:"政治应该以三代为法。"神宗听了很高兴。张载见到王安石。王安石对他说:"现在开始行新政,请你帮忙。"张载对王安石说:"朝廷要大有为,天下人士都愿从命。如果与人为善,谁敢不尽心呢? 如果教导玉人琢玉,那末人们也有不愿受命的了。"意思是说,我对于政治也有一定见解,不能完全听从你的指示。这样,张载与王安石意见就不相合了。当时张载被任为崇文院校书,又被派往浙东审理苗振贪污案,回朝后他就辞职归陕西了。

　　张载与王安石在政治方面意见不合,这是怎样一回事呢? 在张载的著作及语录中,没有批评王安石与新法的话。张载的态度,与司马光、程颢、程颐那样再三抨击新法,是有区别的。张载在政治方面主张把土地收归国有,立即实行井田,以减轻贫富不均的现象。王安石也是以井田为理想的,曾写过一首《发廪》诗道:"后世不复古,贫穷主兼并;非民独如此,为国赖以成。我尝不忍此,愿见井地平。"但王安石更认为首先要实行一些富国强兵的办法。这应该是张载与王安石在政治方面的主要分歧之所在。王安石的新法主要是限制大地主、大商人的特权,在一定程度上对农民、手工业者让步的。张载主张土地国有然后按人口授田,基本上是要在一定程度上满足人民对于土地的要求。同时张载与王安石都没有消灭大地主阶级的意图,基本上都还是要求缓和封建统治阶级与农民的矛盾以解除当时的社会危机的。所以,张载与王安石政见不同,不是基本的阶级立场之不同,而是关于具体问题的意见不同。【注】

【注】关于张载与王安石政见的异同,记载缺乏。张载的著作和语录中没有批评新法的话。王安石所写的文章中也没有批评张载的话。试就两人的政治学说加以比较:张载推崇《周礼》,说《周礼》是"的当之书"(《理窟》),王安石也推崇《周礼》,曾说:"其人足以任官,其官足以行法,莫盛乎成周之时;其法可施于后世,其文有见于载籍,莫具乎周官之书。"(《周礼义序》)张载想望井田,王安石也想望井田。张载注重教化,王安石也强调学校教化与陶冶人才的重要(《上仁宗皇帝言事书》)。王安石主张利民,认为"因民之所利而利之,不得不然也"(《答曾公立书》),张载也主张利民,认为"利于民则可谓利,利于身、利于国皆非利也"(《语录》)。

这些都是基本上相同之点。张载、王安石都是在承认封建制度合理的前提之下，看到当时社会问题的严重性，因而主张补救弊病，提出改良方案。两人都是站在中小地主阶级的立场。但王安石又强调了理财的重要，认为"政事所以理财，理财乃所谓义也"（《答曾公立书》）。自谓是"举先王之政，以兴利除弊"，"为天下理财"（《答司马谏议书》）。张载却从来没有谈到理财问题，忽视了理财富国的重要性。这应该是两人的基本分歧之所在。张载的弟弟张戬反对新法很激烈，他和王安石有过激烈的争辩。张载与王安石不能合作，与张戬"以言得罪"（《张横渠行状》）也有关系。但张载对于新法的态度，却不是像他弟弟那样激烈反对，这是应该加以区别的。王安石的弟弟王安国也和王安石意见不同，可见当时的情况是很复杂的。

张载于嘉祐二年（1057）到开封考进士的时候，与程颢、程颐兄弟相见，后来被召入都，又和二程见面，讨论学术上的问题。关于张载与二程兄弟的关系，有许多传说，是需要加以考察分析的。张载和程颢、程颐的父亲是表兄弟，论亲戚关系他比二程长一辈，在年岁上比二程大十几岁。但在二程的弟子们的传说中却好像张载是晚辈。这是唯心论者门徒们对于唯物论者的诬蔑，这里表现了唯物论与唯心论的激烈斗争。吕大临本来是张载的弟子，张载死后，他又拜二程为师。他写张载的《行状》，说张载见到程颢、程颐之后，"尽弃其学而学焉"，就是说，张载作了二程的学生。这事引起了程颐本人的反对。程颐说："如果说表叔（指张载）的平生议论，有和我们兄弟相同的地方，是可以的。如果说他曾从我们兄弟学习,那是没有的事。我告诉吕与叔(吕大临字与叔)改正,不想他还没有改,这就太大胆了。"后来吕大临把行状中那几句改正为:"于是尽弃异学,淳如也。"意思是说,张载见二程兄弟以后,才去掉所有的和儒家学说不同的思想,变成为纯粹的儒家。

二程本人的态度倒是比较公平的,他们讲出了他们和张载意见不同的地方,以及意见相同的地方。二程反对张载的宇宙观,赞成他的伦理学说。这是因为,张载的宇宙观是唯物的,而他的伦理学说是唯心的。二程赞美张载所著讲伦理学说的《西铭》,用《西铭》作教学生的教科书。程颐说过:"横渠的话,不能没有错误。像《西铭》一篇,又有谁说到呢? 好比用管子窥测天象,看见了北斗,虽然看不见别处,但见北斗,还是应该承认的。"这表明了,二程对于张载的大部分学说是不以为然的,却赞成他的《西铭》。

二程弟子尹焞讲过张、程的一段故事,他说:"横渠从前在首都坐着虎皮椅子讲《周易》,听讲的人很多。一天晚上,二程先生到了,讨论《易经》的道理。第二天,横渠就撤去虎皮,对听讲的人说:'我平时对诸位讲的都是乱说,近来二程来到这里,对于《易经》的道理有深刻的了解,比我高明多了,你们可以听他们的讲解。'横渠就回陕西。"(《二程全书》卷三十七引祁宽所记尹和靖语)这段话也包含有尊程抑张的意思。假令这个故事是真实的,其中也表现出张、程之间的矛盾。假如张载全然佩服二程,自愧不如,那何必在停讲之后就离开开封回归陕西呢? 这一点也表现了张、程之间是存在着一定的矛盾的。

　　程颐本人虽然讲明白了他和张载的关系,但程颐死后,他的弟子们仍然要说张载的学问是从二程那里来的。二程弟子杨时说:"横渠之学,其源出于程氏。而关中诸生尊其书,欲自为一家。"(朱熹著《伊洛渊源录》卷六小注引)这段话表明了当时关、洛之间的斗争。(张载讲学于关中,称为关学。二程讲学于洛阳,称为洛学。)后来朱熹又修正杨时的说法,他说:"横渠之学实亦自成一家,但其源则自二先生发之耳。"(朱熹著《伊洛渊源录》卷六小注)还是认为张载是受了二程的启发的。但是,与朱熹同时的陈亮的说法就不同了,他说:"横渠张先生崛起关西,深思力行而自得之。视二程为外兄弟之子,而相与讲切,无所不尽。"(陈亮著《龙川文集》卷十四《伊洛正源书序》)陈亮承认张载的学问是自己得来的,而二程是张载的晚辈。陈亮是唯物论者,所以他能够客观地说明张、程的关系。我们从关于张、程关系的传说,可以深刻地了解到,唯物论者与唯心论者的斗争是怎样地剧烈。

　　张载与程颢、程颐常常见面讨论,彼此之间,在思想上互相影响,是必然的。张载是唯物论者,但他的学说中也有不少唯心论的成分,这也许是受二程的影响。二程是唯心论者,但他们反对一般人所有的关于鬼神的迷信,这也许是受张载的影响。在伦理学说方面,张载与二程很相接近,甚至于有许多观念是相同的,很难断定是谁受谁的影响。有时两家所用的名词虽然相同,但两家用同一名词所表示的意义却是不相同的。这也是研究张、程思想的时候应该特别注意的。

　　张载从开封回到陕西以后,住在横渠镇的旧居里,专以读书讲学为事。他的书房里摆了许多书籍,低头看书,仰首思考,思考有所得，就记下来。有时夜中也在思考学术上的问题，有了心得，起来燃烛写下来。他是这样下苦功来研究学术上的许多问题。熙宁九年（1076）他把平时所写的集成一书，叫做《正蒙》，告诉弟子们道："这书是我多年来思考的结果，内容大概是与前圣相合的。还不够详尽，开了一个端绪，给人以启发而已。好像一株老树，有干有枝，缺少的是叶子与花朵。希望你们加以扩充。"所谓"正蒙"就是订正蒙昧的意思。《正蒙》是张载的主要著作，是中国古典唯物论的一本重要典籍。

张载讲学的时候，还研究古礼，关于婚丧葬祭，他都斟酌古今，规定了仪式，率领弟子们实行。他强调了礼的重要性。这在一方面表现他注重实行的精神，另一方面也表现出了他对于封建制度的拥护。他虽然是唯物论者，但在当时条件下，他并没有超出封建社会的局限。

张载讲学的时候，还有一项计划，要作一次关于井田制度的试验。他对学生们说："仁政一定要从重划田界开始。贫富不均，教养无法，是根本问题。假如不解决这个问题，虽然谈政治，那不过是苟且罢了。人们都认为井田不能实行，都是以不应该剥夺富人的田地为借口。但实行起来，赞成的人多。如果处理得好，几年时间，不必杀一个人，就可以恢复井田了。问题是朝廷不肯实行罢了。"他又讲："虽然不能普遍实行，还可以在一乡中加以试验。"于是他想和弟子们共同买一大块田地，画成几个井，作一次试验，以证明井田可以实行。但这个计划并没有实现。虽然没有实现，这个计划的本身却还是值得注意的。井田是上古时代的一种土地制度，后来被破坏了。原是历史发展的必然结果。但后来土地兼并剧烈起来，形成为严重的问题。所以历来要求限制土地兼并的思想家大多数都主张恢复井田。恢复井田是一个复古口号，但其实际意义却是要求停止土地兼并，要求在一定程度上满足农民对于土地的渴望。张载的实行井田的主张，是应该这样来理解的。

熙宁十年（1077），张载五十八岁了，吕大防上奏章荐举他，他于是又被召入都，任知太常礼院。他和上级礼官意见不合，又遇疾病，就辞职西归。半路上病加甚了，竟死在临潼。【注】

【注】记载张载生平的原始资料是吕大临所作的《张子行状》，《宋史·张载列传》。

张载生存的时候，关学的兴盛不下于洛学。张载死后，他的一部分弟子又从二程学习，另一部分弟子也没有能力发挥他的学说，于是关学逐渐衰微了。

张载的主要著作是《正蒙》，其中包括了关于哲学问题的研究，关于天文与生物现象的讨论，还有关于《论语》、《孟子》、《周易》、《礼记》等书的文句的解释。当时曾从《正蒙·乾称》篇中提出二段写在书房的两牖上。东边称为"砭愚"，西边称为"订顽"。程颐提议改为"东铭"、"西铭"。《正蒙》以外，张载还著有《易说》、《礼乐说》、《论语说》、《孟子解》等。这些书中惟《易说》存在，其余久已散佚了。此外还有《文集》、《语录》。《文集》已经残缺不完，《语录》传本脱误甚多。又有《经学理窟》一书，据说也是张载的著作，但尚有一些疑问，至少其中一部分是别人写的。【注】明代人编有《张子全书》，收集了张载的大部分著作，并不是他的著作的全部。张载学说的精粹都在《正蒙》一书，《正蒙》一书最重要的部分是讨论哲学问题的几篇。其余著作都是比较不重要的了。

【注】朱熹、吕祖谦所编的《近思录》的引用书目中有张载著作及《语录》共七种，没有《理窟》。晁公武《郡斋读书志》卷三上有一条是："《理窟》二卷，右题曰金华先生，未详何人，为程、张氏之学者。"晁公武所见《理窟》没有写明张载著。赵希弁所著的《读书志》附志中却有"横渠先生《经学理窟》一卷"，他所见《理窟》是写明张横渠的。今本《理窟·学大原下》篇中有一段话提到"明道行状"，是程颐的话，显然是后人写的。大概《理窟》是张、程的后学编纂的，其中也包含了张载的学说，但不完全是张载的学说。

张载生存于北宋中期阶级矛盾与种族矛盾逐渐深刻化、复杂化的时代，他深深地感到西北边疆外族侵略势力的威胁，他更认识到贫富不均即阶级矛盾问题的严重，他"苦心极力"地研究学术上的各种问题，他的思想学说正是当时的社会存在的反映。他对于人民的疾苦是抱同情的。他要求统治集团注意土地问题的严重性，要求统治集团在一定程度上对农民让步，以缓和当时社会的危机。我们应该肯定：张载是北宋时代中小地主阶级的进步思想家。

二、张载反对佛教唯心论的斗争

张载的唯物论哲学体系是在与佛教唯心论进行斗争中建立起来的。

在南北朝、隋、唐时代,佛教思想是占统治地位的意识形态。佛教是代表世族大地主阶级的利益的,是世族大地主阶级维护自己的特权,奴役广大人民,消蚀人民的斗争情绪的精神工具。自从唐代中期以来,随着世族大地主阶级的逐渐衰微,佛教的势力也逐渐衰落。北宋时代,非世族的大地主阶级代替了过去的世族大地主的地位,也利用佛教来作为麻痹人民意识的工具。北宋时代,上自朝廷,下至农民,大多数人都信仰佛教,沉溺于宗教的迷信之中。但当时佛教僧徒的势力,比起隋、唐时代来,已经差得很远了。

佛教宣传灵魂不灭,生死轮回,因果报应,天堂地狱等等迷信,同时更建立了"一切惟心"、"万法唯识"的哲学唯心论体系,以为宗教迷信的理论基础。佛教唯心论认为,一切存在都是虚假的,一切事物都是人心所创造的。山河大地,一切物体,都没有实在性。惟一的实在是超乎一切现象的"真如","真如"也就是"真心"。佛教粗暴地否认了世界的物质性,否认了外在世界的客观实在性。它教导人民忽视现实世界中的事物,忍受现实生活中的一切苦难,去追求那实际并不存在的来世的快乐。

自从南北朝以来,中小地主阶级进步思想家是反对佛教的。南朝的唯物论者范缜提出了"神灭论",以科学的论证给佛教灵魂不灭的教条以沉重的打击。但是范缜没有注意到佛教的"一切惟心"的学说,因而没有加以反驳。唐代初年的傅奕,唐代中期的韩愈,都是猛烈地反对佛教的人物。但是他们只是从社会伦理方面来反对佛教,并没有接触到哲学的基本问题,不能够从唯物论的观点来反击佛教的唯心论哲学。北宋中期的学者中,比张载稍早的石介,也曾经激烈地攻击佛教,但是他也不能够从哲学基本问题方面来提出论证。

张载的特点是,他直接从唯物论与唯心论的基本对立来立论,指出佛家思想的最大谬误就在于其"一切惟心"、"万法唯识"的唯心论。

张载指出,佛家认为天地是人心所造,这是"以小缘大,以末缘本"(《正蒙·大心》篇),就是把小的东西当做大的东西的根源,把后来的东西当做根本的东西的原因。物质世界是大是本,人心是小是末,而佛家反认为天地由人心所创造,真是颠倒。张载指出,佛家把他所不能认识的就看做"幻妄"(即虚假的),这正像夏虫疑冰一样。夏天的虫子,没有见过冰,就怀疑冰的存在。唯心论者正是同样可笑。

　　张载严厉地驳斥了佛家认为世界事物都是假相的唯心论荒谬学说。他指出,佛家"诬天地日月为幻妄",只是由于"明不能尽"(《正蒙·大心》篇)。天、地、日、月,整个物质世界,都是实在的,都是离开人的意识而独立存在的。佛家反认为物质世界依靠人的感官知觉而存在,以天、地、日、月为虚假的,这都是由于不能认识真理的缘故。佛家更"梦幻人世",认为人的生活是像梦一样虚假无实的,这只是"明不能究所从",即不能够研究人世的真实来源罢了。

　　在这些批判佛家的言论中,张载明确地肯定了物质世界的独立存在,明确地肯定了物质的第一性与精神的第二性。

　　张载更反对佛教的生死轮回学说,他认为佛家讲"有识之死,受生循环"(《正蒙·乾称》篇),是不对的。他提出了对于有鬼论的反驳。他说:"天地的雷霆、草木其实是最奇怪的,因为有一定的形状,所以人们不以为怪。人的陶冶、舟车,也是最奇怪的,因为有一定的规律,所以人们不以为怪。至于所谓鬼是不可能看见他的形状的,有人说看见过,并且说形状不一定,这是鬼难信的第一个理由。又认为无形的鬼可以转移改变有形的物件,这是不可以理推的,这是鬼难信的第二个理由。"(今译)(《张子全书·性理拾遗》。原文是:"天地之雷霆、草木至怪也,以其有定形,故不怪。人之陶冶、舟车亦至怪也,以其有定理,故不怪。今言鬼者不可见其形,或云有见者且不定,一难信。又以无形而移变有形之物,此不可以理推,二难信。")他又说:"现在更就一般人信鬼的言论加以批评,假如人死是有知的,有些十分痛爱孩子的慈母,一旦死去了,为什么不天天凭人说话,给人托梦,来照顾她的孩子呢? 现在比较诚实的人也没有讲亲自见过鬼的。"（今译）（《张子全书·性理拾遗》。原文是："今更就世俗之言评之。如人死皆有知，则慈母有深爱其子者，一旦化去，独不日日凭人言语、托人梦寐，存恤之耶？……今世之稍信实亦未尝有言亲见者。"）这样，他反驳了承认人死有知的有鬼论。张载是一个无鬼论者，是一个无神论者。

张载反对佛教唯心论的斗争，在中国古典哲学的发展史上，是有重大意义的。他以承认物质世界是客观实在的唯物论原理与佛家以世界为假相的唯心论观点对立起来。宋代以后的崇信佛教的唯心论者都对于张载表示不满，他们作了许多无耻的诽谤。他们或者认为张载不理解佛家的深义，或者硬说张载窃取了佛家的绪余，把张载解释成为唯心论者。这些，正表现出唯物论与唯心论的斗争之紧张与激烈。

三、张载唯物论宇宙观的主要内容

张载的唯物论的宇宙观有极其丰富的内容,其中创造性的见解很多。在中国古典哲学史中,张载的创造力之巨大,对于自然界的观察的深刻,几乎可以说前无古人。明清之际的唯物论哲学家王夫之说过:"横渠学问思辨之功,古今无两。"(王夫之《读四书大全说》卷七)这话是有事实根据的。在张载的哲学体系中,未经前人道过的新观念是很多的,但也有许多讲得不够透彻的地方。这应该是由于创始者难为功,需要我们细心钻研。

张载唯物论的内容,可以说包含三个要点:第一,关于世界的物质性的论证;第二,关于物质的自己运动的说明;第三,关于物质变化的规律性的论证。现在分别加以叙述。

(一)关于世界的物质性的学说

张载的唯物论宇宙观的最基本的命题是:一切存在,一切现象都是气。所谓气即是流动性的、没有固定形状的、最细微的物质实体。认为一切存在都是气，就是认为一切存在都是物质，也就是认为世界是物质性的。

"气"是中国古代唯物论的基本范畴。先秦的道家就已经建立了气一元的唯物论学说，但是还没有关于气的详细理论。到张载，才提出了关于气的比较详细的学说。张载说道："凡可以形容的都是存在，凡存在都是现象，凡现象都是气。"（今译）（《正蒙·乾称》篇。原文是："凡可状皆有也。凡有皆象也。凡象皆气也。"）这样，整个世界都是气所构成的。张载解释所谓气道："所谓气，不一定是凝聚起来可以用眼睛看得见的，只要是可以说有动有静的，或可以说是广大渊深的，都是可以用名词来表示的现象。现象就是气。假如现象不是气，又是什么呢？"（今译）（《正蒙·神化》篇。原文是："所谓气也者，非待其蒸郁凝聚接于目而后知之，苟健顺动止浩然湛然之得言，皆可名之象尔。然则象若非气，指何为象？"）眼睛看得见的如云气之类，固然是气。眼睛看不见的，只要可以说是广大渊深的，也都是气。这也就是说，普通所谓天空，广大而渊深，虽然无形可见，也是气。于是张载提出了"虚空即气"（《正蒙·太和》篇）的学说。他认为普通所谓虚空其实并非空无所有，而乃是气散而未聚的状态。他写道："太虚无形，气之本体。其聚其散，变化之客形尔。"（同上）本体就是本来的实体，客体即是出入不定的形状。太虚即是普通所谓天空。天空无形无状，乃是气的本来状态。气集聚而成为具体的物。一切具体的东西都是气结合集聚而成的。气分散而为太虚。气的分散也就是具体的东西的毁灭。具体的东西有生成有毁灭，不是永恒的，因而可以叫作"变化之客形"。张载认为，太虚和气的关系，与水和冰的关系相仿佛。他说："气之聚散于太虚，犹冰凝释于水。"（同上）太虚凝而为气，气聚而为万物，万物散而为气，气又散而为太虚。"太虚不能无气，气不能不聚而为万物，万物不能不散而为太虚。"（同上）太虚，气，万物，乃是同一实体的不同状态。这也就是说，世界统一于气，有固定形状的万物，与看来似乎空虚无物的太虚，都是气的一种状态。

张载更进而指出，假如认为"虚能生气"，或者认为"万象为太虚中所见之物"（《正蒙·太和篇》），那都是错误的。这两种想法都是把虚与气看成两事。假如讲"虚能生气"，那就要认为"有生于无"，即认为物质存在还有非物质性的根源。假如讲"万象为太虚中所见之物"，那就要陷入于佛家的"以山、河、大地为见病之说"（同上）（即以为山、河、大地都是由于人的眼睛有病而看出来的现象），即认为物质世界是依赖于精神的。张载这样强调了太虚与气的统一性。所谓虚空也是物质性的，万物与太虚共同构成无限的物质世界。

张载肯定了虚空即气，于是否定所谓"无"的实在性。魏晋时代的唯心论者何晏、王弼等认为"无"是"有"的根本，也就是认为物质存在不是根本的，还有其非物质性的根源。张载彻底否定了这种唯心论。张载指出，实际中无所谓"无"，"无"不是实在世界的一个构成因素，物质存在更不是以"无"为基础的。他认为："气聚就看得见而有形，气不聚就看不见而无形。看不见并非不存在，哪能就叫做'无'？所以，只可以说有'幽'、'明'之别，不应说有'有'、'无'之分。"（今译）（《正蒙·太和》篇。原文是："气聚则离明得施而有形，气不聚则离明不得施而无形。……方其散也，安得遽谓之无？

故圣人仰观俯察,但云知幽、明之故,不云知有、无之故。")看得见的存在是明,看不见的存在是幽。只有看见、看不见的区别,没有存在、不存在的区别。张载得到一个结论说:"知太虚即气则无无。"(《正蒙·太和》篇)普通所谓虚空是看不见的气,更无所谓无。这也就是说,物质世界是以自己为基础的,没有非物质性的东西。

先秦哲学中有两个基本概念,一个是天,一个是道。后来的思想家差不多都要对于这两个基本概念提出自己的解释。张载从唯物的观点提出了对于这两个概念的比较明确的解释。他认为,所谓天就是太虚,所谓道就是气的运动变化的过程。他说:"由太虚有天之名,由气化有道之名。"(《正蒙·太和》篇)广大无限的太虚就是天。气的变化过程就是道。这也就是说,所谓天,所谓道,其实都是气。道也叫做"太和"。太和即是总括阴阳二气在内的统一的气。气的运动变化过程也就是阴阳二气交互作用交互推移的过程,其中既含有阳,也含有阴,所以叫做太和。太虚是天;而把无形的太虚,与有形的气与具体的万物加在一起,也叫做天。这所谓天就是整个的物质世界。张载说过"天大无外"(同上),就是总括一切在内的全宇宙。这全宇宙只是气的宇宙,即物质的宇宙。

张载又再三说明,天是无心的,是没有思虑的。他说过:"天惟运动一气鼓万物而生,无心以恤物"(《易说·系辞上》),"天本无心"(《理窟·气质》),"天无心,心都在人之心"(《理窟·诗书》),"天地固无思虑"(《易说·恒卦》)。这也就是说,所谓天不是精神性的,而是物质性的。

如上所述,张载认为具体的东西都是气所构成的,而看来似乎空虚无物的天空也是气,所谓道是气的变化的过程,所谓天是气的全体。总而言之,一切都是气。而气是不依赖于人的感觉而独立存在的客观实在。张载这样论证了世界的物质性。

(二)关于物质的自己运动的学说

张载肯定,气(物质)是经常在运动变化之中的。照他所讲,气的运动变化主要是:聚散往来,胜负屈伸,浮沉升降。聚是集合,散是分离。往是消逝,来是出现。气聚就形成具体的物,即物的出现,也就是来。气散就是具体的物的毁坏,即物的消逝,也就是往。气与气之间相互排斥相互吸引,因而有胜负屈伸。胜者伸,负者屈。浮升即是向上的移动,沉降即是向下的移动。气有时上升,有时下降。在张载看来,气有"动静"、"运行"、"变化",乃是最基本的最显著的事实。

张载不但认为气经常在"运行"、"变化"之中,而且认为,"运行""变化",有"动"有"静",乃是气的本性。张载写道:"太和所谓道,中涵浮沉、升降、动静相感之性,是生细缊相荡、胜负屈伸之始。"(《正蒙·太和》篇)就是说:太和的气中,包含有变化运动的本性,这就是一切变化运动的开始。这个本性也叫做"屈伸动静终始之能"(《正蒙·乾称》篇)。所谓"屈伸动静终始之能",用现在的话来说,就是运动变化的潜在能力。张载又尝讲所谓机,他说:"此虚实动静之机,阴阳刚柔之始。"(《正蒙·太和》篇)又尝说:"凡圜转之物,动必有机,既谓之机,则动非自外也。"(《正蒙·参两》篇)机就是物体运动的内在原因。"浮沉、升降、动静相感之性","屈伸动静终始之能","虚实动静之机",只是一回事,都是表示物质所固有的运动变化的内在本性。气具有运动变化的内在本性,也就是说,物质是自己运动自己变化的。

张载更用"神"字来表示这运动变化的本性。"神"的观念是从《易传》来的。《易传》说过:"要表示万物的妙处,就讲个神字。"(今译)(《易传·说卦》。原文是:"神也者,妙万物而为言者也。")又说:"阴阳相互作用,千变万化,不可预测,叫做神。"(今译)(《易传·系辞上》。原文是:"阴阳不测之谓神。")这神字是形容万物变化的微妙的,神的意思就是妙。张载继承了《易传》这个神的观念。他说:"惟有神能够变化,因为神统一了世界中的运动。"(今译)(《正蒙·神化》篇。原文是:"惟神为能变化,以其一天下之动也。")神就是运动变化的根源。他认为神是气所固有的,神不在气之外。他写道:"气之性本虚而神,则神与性乃气所固有。"(《正蒙·乾称》篇)气的性本来是无形而神妙的。这里虽然把神与性分开来说,其实神与性只是一回事。他明白解释道:"实际上只是一个屈伸、动静、终始之能,为了表示万物的妙处,叫它做神;为了表示万物是彼此贯通相互联系的,叫它做道;为了表示万物存在的根据,叫它做性。"(今译)(《正蒙·乾称》篇。原文是:"唯屈伸动静终始之能一也,故所以妙万物而谓之神,通万物而谓之道,体万物而谓之性。")从不同的角度来讲,采用不同的名词,其实只是一个。

张载认为神是气的本性,于是提出了"神天德"的命题。所谓天德即是世界的本性、宇宙的本性的意思。"神天德",就是说,神是宇宙的本性。张载写道:"神天德,化天道,德其体,道其用,一于气而已。"(《正蒙·神化》篇)体就是本原的意思,用就是从生的意思。神是变化的本原,变化是从神出来的。但不论是神或

是化,不论变化的本性或者变化的过程,都是统一于气的,即都是
物质世界所固有的。张载讲神、讲性的时候,特别强调了"气所
固有","一于气而已"。这就是表示,所谓神所谓性,绝不是超自
然超物质的,而是物质本身所具有的。所谓神不是别的,只是物
质自己运动自己变化的本性而已。

运动变化是气的本性。万物的变化是极其复杂的,是具有多
样性的,是不可以简单的公式来概括的。在这个意义上,张载认
为万物的变化是"不测"的。不测即是不可预测的意思,但不是
不可测知的意思。"不测"一词是用来表示变化的复杂性、灵活
性、非固定性的。张载认为,所谓神就是气所固有的变化不测的
本性。他写道:"天之不测谓神,神而有常谓天。"(《正蒙·天道》
篇)物质世界的变化不测的本性叫做神,但虽然变化不测,却仍有
必然的规律。物质世界就是一方面变化不测(有极其复杂的变
化),一方面又运行有常(有必然的规律)的。

张载提出了"性"、"能"、"机"、"神"等观念,其实只是表示
一个基本事实:物质是自己运动自己变化的,运动变化是物质的
内在的本性,一切物体的运动变化都有其内在的根源。

(三)关于物质运动变化的规律性的学说

张载常常谈"不测",他所谓不测,只是表示变化的复杂性多
样性,并不是表示变化没有规律。张载认为,气的运动变化,固然
有不可预测之处,但同时是有必然规律的。这规律叫做"理"。
张载写道:"天地之气,虽聚散攻取百涂,然其为理也,顺而不
妄。"(《正蒙·太和》篇)世界上的物质,虽然有时集合(聚),有时分

离(散),有时相互排斥(攻),有时相互吸引(取),种种不同,然而有必然的规律(理),物质的运动变化都是遵循(顺)规律的,不是紊乱荒谬(妄)的。张载肯定:万物都有其规律,"万物皆有理"(《语录》)。这所谓理即是"变化之理"。张载说:"变化之理,顺存乎辞。"(《易说·系辞上》)变化之理即是变化的规律。变化的规律是可以用命题(辞)来表示的。张载指出,变化之理即在变化之中,离开变化,就无所谓理。他说:"莫先乎要识造化。既识造化,然后其理可穷。"(同上)造化即是变化的根源。有了变化的根源,然后才有所谓理。研究学问,也要首先认识变化的根源,然后才可以钻研变化的规律。

张载又讲气、道、理的关系道:"阴阳是天的气。天生成万物,覆盖万物,是天的道。增益、减损、充满、亏缺的区别是天的理。道是同的,理是异的。"(今译)(《语录》。原文是:"阴阳者天之气也。……生成覆帱,天之道也。……损益盈虚,天之理也。……道得之同,理得之异。")道与理的区别即是同与异的区别。道是同,即是普遍的。理是异,即是特殊的。道是总过程,理是分别的条理。

理的表现之一是秩序,张载解释秩序道:"万物的生成有先后的不同,所以就形成天序。物体有小有大,有高有下,在一起存在,其间的差别是很显著的,这叫做天秩。万物的生成是有序的,万物形成以后是有秩的。"(《正蒙·动物》篇。原文是:"生有先后,所以为天序。小大高下,相并而相形焉,是谓天秩。天之生物也有序,物之既形也有秩。")序是时间上的次第,秩是空间中的形体上的等级。

张载关于理的学说与同时代的程颢、程颐关于理的学说有重大的区别。张载所谓理是气的聚散攻取的规律,是分殊的,是不能离开气而独立的。程颢、程颐却强调了万物之理的统一性，认为万物只是一理，更认为理是比气更根本的，是气的存在的根据。在张载看来，气是第一性的，理在气中；在程颢、程颐看来，理是第一性的，气是第二性的。这个区别就是唯物论与唯心论的区别。

（四）张载的唯物论学说的不彻底性

马克思主义出现以前的唯物论都是不彻底的。张载的唯物论学说，由于当时生产发展水平、科学发展水平，以及阶级立场的限制，也不可能是彻底的。张载的唯物论是在跟佛教唯心论进行斗争中建立起来的，也是在当时科学知识的基础上建立起来的。但当时的科学还很幼稚。张载虽很注意科学知识的钻研，他对天文现象、生物现象，都有所观察，有所猜测。但他所有的科学知识是很粗浅的。因而张载的唯物论有很多的缺陷。

张载的宇宙观中，夹杂着许多的唯心论残余。他的宇宙观中唯心论的残余主要表现在下列三点：1.他认为万物万象是"神化"的"糟粕"。2.他有时用"虚明照鉴"的词句来形容"神"。3.他给鬼神以新的解释，认为鬼神是自然现象，却保持了鬼神的名称。张载说道："凡天地法象，皆神化之糟粕尔。"（《正蒙·太和》篇）又说："万物形色，神之糟粕。"（同上）他的意思是认为物象都是神化的结果，却用了糟粕二字，糟粕二字是含有劣义的。张载又说："太虚为清，清则无碍，无碍故神。反清为浊，浊则碍，碍则形。"（同上）他以为神清而形浊，以其为浊，所以叫它做糟粕。但把神与形对立起来，认为有清浊之分，也是不适当的。照他的学说，应该说一切物都含有神性,形之中就包含神,不应该说形是糟粕。张载也说过"物性之神"(《正蒙·天道》篇),承认一切物都有神性,但他却还不能贯彻到底。其次,张载说:"虚明照鉴,神之明也。"(《正蒙·神化》篇)虚明照鉴四字是形容神的"清"的,其意义是光亮透明。但是这四个字不免有唯心论的意味,因为照一般的用法,虚明照鉴四字是形容精神作用的。又次,张载提出了一个关于鬼神的新解释:"鬼神者二气之良能也"(《正蒙·太和》篇),"鬼神往来屈伸之义"(《正蒙·神化》篇)。他以为鬼神不是灵魂等等,而只是阴阳二气的固有的能力。气的屈是鬼,气的伸是神。讲来讲去,还是漠忽不明。为什么不取消鬼神的名称呢? 在这一点,张载是受了儒家经典的束缚的。

张载所采用的名词中,有一些是容易引起误会的,使一部分人把他解释成为唯心论者。最突出的是"神"与"本体"二词。张载继承《易传》的用法,以神字来表示物体的运动变化的本性。有些人不肯细心钻研,就说张载是一个有神论者。例如清末民初的学者章炳麟就说过:"唯张氏尚亦淫于神教。"(章炳麟《检论》卷四《通程》篇)这其实完全是误解。其次,本体一词在中国古典哲学中有一定的意义,即本来的恒常的状态之意。西洋哲学输入以后,翻译名词中有本体、现象二词。所谓本体是现象背后的实在之意。有些人用西洋哲学中所谓本体来了解中国古典哲学中的本体这个名词,于是认为,张载既然讲"太虚无形,气之本体",就是认为太虚是唯一的实在,而气不过是不实在的现象罢了。再给"太虚"以唯心论的解释,于是张载又成为唯心论者了。这种解释也是不对的。

张载著作中有许多词句晦涩含混不易了解，但他的基本论旨是唯物论，是非常显明的。他的学说中，虽然有唯心论的杂质，他对于唯物论的贡献依然是非常巨大的。

四、张载的辩证观念

张载最注意于事物变化及其规律的研究。关于事物变化及其规律,他曾经进行深刻的观察与分析,从而得到许多极有价值的结论。他所得到的关于事物变化及其规律的结论,最重要的有四项:(1)事物没有孤立的。(2)变化有两种形式,有"著"有"渐"。(3)变化的根源是对立。(4)对立的东西必然相互斗争,但终归于"和解"。这些可以说是张载的辩证观念。现在分别叙述如下:

张载讲没有孤立的事物道:"物没有孤立的道理,假如不是它和别的物有同异、屈伸、终始的关系,从而显出它的意义来,那么虽物也不是物了。事有始有卒才成为事,假如没有同异有无互相作用的关系,也就不见其成。不见其成,虽物也不是物。"(今译)(《正蒙·动物》篇。原文是:"物无孤立之理,非同异、屈伸、终始以发明之,则虽物非物也。事有始卒乃成。非同异、有无相感,则不见其成。不见其成,则虽物非物。")同异即是相同不相同的关系。屈伸是彼此影响或屈或伸的关系。终始是时间上在前的东西与时间上在后的东西之间的关系。有无是时间上在前的事与时间上在后的事之间的关系。就物而言，一物与他物有同异的关系、屈伸的关系，有承前物之终开后物之始的关系。就事而言，一事与他事有同异的关系，一事必有始有卒，当其始，前一事由有转无，此事由无转有；当其终，此事由有转无，后一事由无转有。每一事、每一物必然与其前后四周的事物都有关联。否则物不成其为物，事不成其为事了。

其次，张载以为，变化有二种形式，他用"变"与"化"二字分别表示这两种形式。他写道："变言其著，化言其渐。"（《易说·乾卦》）"著"就是显著的变化，"渐"就是逐渐的变化。他这个分别是精确的，深刻的。张载又写道："变则化，由粗入精也。化而裁之谓之变，以著显微也。"（《正蒙·神化》篇）"著"变与"渐"化二者是相互关联的。著变能引起渐化，这是从粗大的进入于精细的。渐化的过程中的裁断就叫做著变。隐微的渐化由著变而显示出来。所谓"化而裁之"类似我们今日所谓"渐进性的中断"。张载更就特殊现象解释道："雷霆感动虽速，然其所由来亦渐尔。"（《正蒙·参两》篇）迅速的显著的变化是以逐渐的变化为基础的。张载关于变化二种形式的理论，虽然简单，却是很精辟。

张载讲气的变化运动，常常讲"聚散"、"屈伸"，很少讲到上升的变化。但他解释《易传》"生生之谓易"的时候，说道："生生犹言进进也。"（《易说·系辞上》）可见他是承认有进进不已的变化。他又说过："富有者大无外也。日新者久无穷也。"（《正蒙·大易》篇）他承认世界是巨大无外、悠久无穷的过程。应该承认，他已经有了初步的发展观念。

张载肯定物质是自己运动自己变化的。物质何以能够自己运动自己变化呢? 张载指出,气所以能够运动变化,就是因为气本身包含了内在的对立。统一物中对立的两方面相互作用是自己运动、自己变化的根源。张载写道:"一物两体,气也。一故神(自注:两在故不测),两故化(自注:推行于一)。此天之所以参也。"(《正蒙·参两》篇)一物两体就是统一物之中包含了对立的两部分。因统一物中包含对立,所以发生变化。因对立的两方面是统一的,即是彼此联结交相作用的,所以有变化不测的本性即所谓神。对立而又统一,叫做"参"。张载又说:"地所以两,分刚柔男女而效之,法也。天所以参,一太极两仪而象之,性也。"(同上)与参有别的两,指外在的对立而言。而参是指包含对立的统一物,也就是内在的对立。内在的对立就是性。性即是气的运动变化之本性,其实际内容就是内在的对立,就是统一物中包含对立。张载写道:"性其总,合两也。"(《正蒙·诚明》篇)性是万物之总性,就是对立的统一。

性是"合两"的,即内中包含对立。对立的两方面必然相互作用。张载用"感"字与"应"字来表示这相互作用。他说:"有两则须有感。然天之感有何思虑? 莫非自然。"(《易说·观卦》)又说:"天性乾坤阴阳也,二端故有感,本一故能合。天地生万物,所受虽不同,皆无须臾之不感。所谓性即天道也。"(《正蒙·乾称》篇)整个世界(天)包含阴阳二端,彼此相感。万物中的每一物也含有内在对立,也时时刻刻在相互作用之中。这二端相感,就是所谓性的内容。从主动方面说,叫做感;从被动方面说,叫做应。

张载常用"应"字来讲神。他说："神者太虚妙应之目。"(《正蒙·太和》篇)太虚之中包含了内在对立,对立的两方面此感彼应,有感必应,非常巧妙,所以叫做神。

张载又讲对立的统一关系道:"如果对立(两)不存在,那么统一(一)也就看不见了。如果统一看不见,对立的交互作用也就停止了。对立两方面,像虚实、动静、聚散、清浊,归根到底,都是统一的。"(今译)(《正蒙·太和》篇。原文是:"两不立则一不可见,一不可见则两之用息。两体者,虚实也,动静也,聚散也,清浊也,其究一而已。")这就是说,假如没有对立,也就无所谓统一。假如对立两方面没有统一的关系,那就彼此相分离而不相联系,也就不起作用了。张载又说:"有相互作用(感)然后才有相通(通),没有对立,也就没有统一了。所以孔子在《易传》中以刚柔为世界的基础,并且讲假如阴阳消灭了也就看不见变化。"(今译)(同上书。原文是:"感而后有通,不有两则无一。故圣人以刚柔立本,乾坤毁则无以见易。")惟其有对立两方面的交互作用,然后有统一可说。阴阳刚柔的对立,就是一切变化的根源。

张载关于对立的两方面交互作用是变化的根源的学说,应该说是他的一项巨大贡献。虽然讲得还很抽象,但在中国辩证学说的发展史上,实在是迈进了一大步。他的这项学说,从思想来源讲,是继承《易传》的,但张载所讲的比《易传》所说详细明确多了。

张载又见到对立物的斗争。他写道:"有象斯有对,对必反其为。有反斯有仇,仇必和而解。"(《正蒙·太和》篇)所有的现象都有对立两方面,对立两方面的作为必然相反,相反就相仇,相仇就是斗争。斗争的结果必然归于调和。张载认识到了对立的斗争,这是北宋中期以后阶级矛盾、种族矛盾,日益尖锐化、深刻化的反映。但是由于中小地主阶级立场的限制,他以为调和是斗争的必然结果。虽然如此,他能够认识到对立斗争,能够提出"有反斯有仇"的见解,这不能不说是他的一项重要贡献。

张载的辩证观念是很丰富的,但是也有不透彻的地方。在他看来,太虚或天是广大无限的,因而没有外在的移动,只有内在的变化;没有外在的相互作用,即没有外边的东西和它交互作用,只有内在的相互作用。于是他认为太虚是"至静无感"的。他说:"太虚无形,气之本体。……至静无感,性之渊源。"(《正蒙·太和》篇)他又说过:"至静之动,动而不穷。"(《正蒙·乾称》篇)他的意思是可以理解的,但把"天包载万物于内","无内外之合"(同上),没有外在的交互作用的情况叫做"至静无感",是很不适当的。

如上所述,张载对于中国古典哲学中辩证观念的发展有重要的贡献。他提出了变化两种形式的观点,他指出对立的相互作用是变化的根源,这些都是天才的推测。但他的辩证观念也有很多缺陷。他虽然讲运动、变化,但又认为有所谓至静的情况;他虽然看到斗争的事实,却认为一切斗争最后必归于调和。这是他的辩证观念不透彻不完备的地方。这些,一方面是由于当时科学发展水平的限制;一方面更是由于他的阶级立场的限制。他属于中小地主阶层,基本上还是要维持封建制度的。因而他不能认识到运动是绝对的,更不能认识到对立的斗争是绝对的了。

总起来讲,张载关于事物变化规律的学说是精湛的、深刻的,在中国古典哲学中辩证观念的发展史上放出灿烂的光辉,是中国古典哲学的优良传统中的珍贵遗产。

五、张载的认识论

     关于认识论的问题，张载也有许多的讨论。他的认识论学说中有唯物论的成分，也有唯心论的成分。他承认世界是可以认识的，人的知识以外在世界为基础，这是他的认识论学说中的唯物论部分。他又认为人的知识有两种，除了感性的"见闻之知"以外，还有不依赖于见闻的"德性所知"，这是他离开了唯物论的立场而陷入于唯心论的地方。此外，关于真理的标准，他也提出了自己的见解。

     在张载看来，世界可知是不成问题的。他强调了"穷理"的重要性与"穷神知化"的可能性。他说过："若不知穷理，如梦过一生。"（《语录》）穷理就是尽量认识事物的规律。他更认为，如果有高度的道德修养，就能够"穷神知化"。他说："穷神知化，乃养盛自致。"（《正蒙·神化》篇）穷神知化就是尽量了解宇宙的能变的本性以及变化的过程，他认为这是完全可以达到的。很显然的，张载肯定了世界的可知性。不过关于这个问题他没有提出详细的论证，因为在他看来这是不成问题的。

关于知识的来源,张载提出了知是"内外之合"的学说。他说:"人们说自己有知识,其实是由于耳目有所接受。人有所接受,是由于内外之合。"(今译)(《正蒙·大心》篇。原文是:"人谓己有知,由耳目有受也。人之有受,由内外之合也。")内外之合即是内界与外界的结合,也就是主体与客体的统一。是怎样的结合、怎样的统一呢?张载没有进一步的说明。我们可以断定的是,他肯定知识的来源是主体与客体之间发生一种密切关系,而且在这种关系中,主体是被动的(有受),就是说,客体作用于主体。这是一种唯物论的观点。

张载更指出,人的感觉是以外物的存在为条件的。他说:"感亦须待有物,有物则有感。无物则何所感?"(《语录》)假如没有外物,就不会有感觉了。他又指出,人的心也是以外物为依据。他说:"人本无心,因物为心。"(同上)物质世界是人心的基础。与唯心论者不同,他断言人的心是有所从来的。他说:"思尽其心者必知心所从来而后能。"(《正蒙·大心》篇)而这"心所从来"也就是"内外合"(《正蒙·乾称》篇:"有无一,内外合,此人心之所自来也。"),也就是客体对于主体的作用。

张载认为,人的感官和心的形成,都是以外在世界的实际情况为条件。他说:"宇宙中最明亮的是太阳,所以人有眼来看它,不知道它有几万里高。宇宙中声音最大的是雷霆,所以人有耳来听它,不知道它有几万里远。宇宙中广大无限的就算太虚了,所以人有心知来理解它,谁也不知道它的界限。"(今译)(《正蒙·大心》篇。原文是:"天之明莫大于日,故有目接之,不知其几万里之高也。天之声莫大于雷霆,故有耳属之,莫知其几万里之远也。天之不御莫大于太虚,故心知廓之,莫究其极也。")外界有光有声,所以人有目有耳。外界有无限广大的太虚,不是耳目所能完全接触到的,于是有由近推远由此推彼的心知。总之,外在世界是人的知识所从发生的基础。

张载的知为内外之合的学说,应该说是一种唯物论的见解,是接近于反映论的。

张载提出了两种知识的学说,他认为知识有二种,一是"见闻之知",一是"德性所知"。见闻之知即是感性的认识,"乃物交而知"(《正蒙·大心》篇),即起于感官与外物的交接,也就是起于外物对于感官的作用。它是"耳目内外之合"(同上),即通过感官的主体客体之统一。至于德性所知,则是"合内外于耳目之外"(同上),也是一种内外之合,不过是在耳目以外的内外之合,即不通过感官的主体客体之统一。它也是人对于外在世界的认识,其特点是不依赖于感官。张载说:"德性所知不萌于见闻。"(同上)他认为德性所知是不以感性认识为依据的。

德性所知是关于神化的知识。张载说:"《易》谓穷神知化,乃德盛仁熟之致,非智力能强也。"(《正蒙·神化》篇)他以为关于神化的知识以道德实践(当然是封建道德的实践)为基础,所以叫做德性所知。张载力陈"穷神知化"之道德修养的基础:"穷神知化,乃养盛自致,非思勉之能强。故崇德而外,君子未或致知也。"(同上)达到穷神知化的道路是从事于道德修养,凭思考是不能认识所谓神化的。这样,德性所知不但是超感觉的,而且是超思辨的。他又说:"神不可致思,存焉可也。"(同上)存是存心,也就是今天所谓直觉。所谓德性所知是一种直觉的认识。

德性所知是关于神化的认识,也可以说是关于世界的本质与基本规律的认识。从这个意义上说,德性所知可以说在一定程度上接近于今天所谓理性认识。张载的知有二种的学说,在断言知识不限于见闻这一点上是正确的,他看到了有比见闻高一级的知识。但他把这比见闻高一级的知识神秘化了,把它说成为超智力超思惟的,同时又割裂了见闻之知与比见闻高一级的知识之间的联系,错误地认为这种知识"不萌于见闻"。这是张载陷入唯心论的地方。

张载提出了关于真理标准的简单见解。他认为见闻之知的真实性的标准是公共。他说:"一个人的独见独闻,虽然有小的不同,也是怪,是出于疾病与幻觉。大家的共见共闻,虽然有大的不同,也是真实的,是出于自然变化的正常状态。"(今译)(《正蒙·动物》篇。原文是:"独见独闻,虽小异,怪也,出于疾与妄也。共见共闻,虽大异,诚也,出阴阳之正也。")独见独闻是不可信的。大多数人的共见共闻才是客观现实的正确反映。

张载更以"断事无失"为学说的真确性的标准。他曾经叙述自己的治学方法道:"吾的学问既然得之于心,就选择命题来表示它,命题选得不差,然后用它来断事,断事没有错误,吾就满意了。"(今译)(见《张横渠行状》。原文是:"吾学既得于心,则修其辞命,辞无差,然后断事。断事无失,吾乃沛然。")断事就是对于将要发生的事情进行预断。断事无失就是预断证实。张载以断事无失为验证自己的学说的正确与否的方法,这是有进步意义的。可惜没有作出详细的理论。

六、张载的伦理学说

在伦理学方面,张载完全走入于唯心论。首先,他提出了一种神秘的人性论学说。中国古代哲学中所讲的人性都是抽象的人性,即专讲人类的生来的于阶级地位无关的所谓本性。但宋代的思想家,在周、秦、汉、唐的学者们所讲的抽象人性之外,更提出一种尤其抽象的人性。他们认为人性有两层,在普通所讲的性之上,还有一种更根本更玄妙的性。这种学说开始于张载。张载以为人有两层的性,一是"天地之性",一是"气质之性"。气质之性即是普通所谓人性,天地之性是更根本的普遍的性。张载在宇宙观方面曾提出"气之性"的理论,即万物的本性的理论。这种理论,如本书第三节所解释,是关于物质世界的一种相当深刻的学说,有其一定的科学性。但是张载认为这"气之性"也就是人的最根本的性。从一方面讲,这种说法也有其理由。因为人是物质世界的一部分,物质世界的普遍的本性也是人所具有的最根本的性质。但从另一方面讲,把这种万物本性认为即是人的性,其实是混淆了问题。因为普通所讲的抽象人性之主要意义是人类区别于其它物类之特异的性质。人的特异性质不可能就是万物之共同的本性。

张载讲性的两层道:"人有了形体以后才有气质之性,如果善于反省,就知道还有天地之性存在。"(今译)(《正蒙·诚明》篇。原文是:"形而后有气质之性,善反之则天地之性存焉。")气质之性是人有身体以后因其特殊的体质而有的性。天地之性是世界中本来就有的,乃是万物的根本。他说:"性是万物的总的根源,不是我个人所能私有的。"(今译)(同上书。原文是:"性者万物之一源,非有我之得私也。")这性是天的性,也是人的性。他举譬喻来解释道:"天性在人,正如水性在冰一样。虽然有凝结与融解的不同,实际是一个东西。"(今译)(同上书。原文是:"天性在人,正犹水性之在冰。凝释虽异,为物一也。")万物都有这性,但各物具有这性的情况不同。物虽有这性,但是"蔽""塞"不通,"牢不可开",就是说,不可能达到自我认识。人也有"蔽",但是可以"开",开就自己了解自己的本性了。(《张子全书·拾遗》:"凡物莫不有是性。由通蔽开塞,所以有人物之别。由蔽有厚薄,故有智愚之别。塞者牢不可开。厚者可以开而开之也难,薄者开之也易。开则达于天道,与圣人一。")

张载讲性有二层,程颢、程颐也讲性有二层,表面看来,似乎他们的人性论是一致的,其实,还有一点重要的区别,这也是应该注意的。二程讲有"天命"之性,有"气禀"之性。天命之性就是理,气禀之性出于气。天命之性与气禀之性的区别也就是理与气的区别。但张载所谓天地之性与气质之性的区别却不是理与气的区别。天地之性并不是理,而是"气之性",即是"浮沉、升降、动静相感之性",也就是"神"。天地之性与气质之性的区别乃是气的普遍的性与人因特殊形体而有的特殊的性之间的区别,这与二程所讲理气的区别是不相同的。

张载提出这抽象而又抽象的性,其意义何在?他讲所谓天地之性的目的,在于借此来解决所谓生死问题,而对抗佛家的生死轮回的说法。他认为人的性即是天的性,天的性是永恒的,所以人的性也是永恒的。每一人都有天地之性,那么每一人都有无穷的永生,而不必贪生怕死了。所以他说:"尽性然后知生无所得,则死无所丧。"(《正蒙·诚明》篇)又说:"知死之不亡者可与言性矣。"(《正蒙·太和》篇)这样,他否定佛家的轮回迷信,却陷入于关于永恒的性的形而上学幻想中。他意图证明人性永恒,实际上却否认了生命的价值。这种神秘的人性论,虽然是反对佛教的,却只能有保守的意义。

张载认为人的气质之性是不一律的,有的人气质好,有的人气质不好。于是他提出了"变化气质"的学说。他说:"为学大益,在自求变化气质。"(《语录》。又见《理窟·义理》篇)又说:"如气质恶者,学即能移。"(《理窟·气质》篇)人生来的偏向是可以由学习而加以克服的。修养就是要克服气质中的缺点。张载以为,变化气质的道路主要是实行"礼"。他说:"但拂去旧日所为,使动作皆中礼,则气质自然全好。"(同上)这样,他强调了礼的重要性。应当指出,每一时代的礼都有其每一时代的具体内容。封建时代的礼乃是封建制度的重要构成部分,是为了巩固封建的经济关系而设立的。张载强调礼的重要性,在实际上起了巩固封建制度的作用。在这里,表现了他的阶级局限性。

张载的伦理学说中也有比较进步的方面,就是他鼓吹封建时代所可能有的平等博爱的思想,提出了"人民都是同胞"(《西铭》:"民吾同胞。"),"应该兼爱一切人"(《正蒙·诚明》篇:"爱必兼爱。")的主张。他在所作的《西铭》(原名《订顽》,本系《正蒙》中一段)中讲道:"天可以叫父,地可以叫母。我是很藐小的,就生存在中间。所以,充满了天地之间的气就是构成我的和他们的身体的东西,气的本性即天地之间的领导因素就是我的和他们的性。人民是我的同胞,万物都是我的朋友。君主是我的父母的长子,他的大臣们就是长子的管事人。尊敬老人就是尊敬长兄,慈爱小孩和孤儿就是慈爱幼弟。圣人是在道德上与天地一致的人,贤人就是天地的优秀儿子。所有世界上一切衰疲老病的人,残废的人,无依无靠的孤老寡妇们,都是我的受苦受难无可告诉的兄弟们。"(今译)(原文是:"乾称父,坤称母。予兹藐焉,乃混然中处。故天地之塞吾其体,天地之帅吾其性。民吾同胞,物吾与也。大君者吾父母宗子,其大臣宗子之家相也。尊高年所以长其长,慈孤弱所以幼其幼。圣其合德,贤其秀也。凡天下疲癃残疾,茕独鳏寡,皆吾兄弟之颠连而无告者也。")在这里,张载认为应该把一切人,自君主以至穷苦无告的人,都看做兄弟。人们生存在天地中间,天地就好似父母一样。自君主以至最穷苦的人都是天地之子,在这个意义上,都是平等的。将天地分为父母,乃是比喻之词。张载曾解释道:"《订顽》的写作,只是为学者们讲的,其用意是订正顽固。天地更分什么父母呢?只是希望学者们注意宇宙观。如果讲真理,就不须这样说了。"(今译)(《语录》。原文是:"《订顽》之作,只为学者而言,是所以订顽。天地更分甚父母?只欲学者心于天道。若语道则不须如是言。")天地就是指大自然而言,认为人是天地之子也就是认为人是大自然的产物。张载的意思是,一切人都是生存于一个世界上,本来都是兄弟,应该以对待兄弟的态度对待一切人。

张载更讲人道的基本原则道:"性者万物之一源,非有我之得私也,惟大人为能尽其道。是故立必俱立,知必周知,爱必兼爱,成不独成。"(《正蒙·诚明》篇)不但自己要站起来,必须和别人一齐站起来;不但要有所知,而且要周知一切物;不但要有所爱,而且要兼爱一切人;不应该独自成功,要和大家一齐成功。惟有伟大的人才能如此。这里所谓大人并不是指在位者而言,而是指有高度的道德修养的人。张载说过:"无我而后大。"(《正蒙·神化》篇)他以为大人就是大公无私忘了自己的人。所谓兼爱是什么意思呢? 张载说过:"以爱己之心爱人则尽仁。"(《正蒙·中正》篇)兼爱就是以爱己之心爱人,也就是视人如己。总之,张载是宣扬泛爱一切人的。

这种"民吾同胞"的博爱学说有两方面的意义。其积极的一面是要求统治集团照顾人民的生活,要求对农民让步。其消极的一面是麻痹了人民的反抗意识,减弱了农民的斗争情绪。在当时的条件下,积极的一面还是主要的。在不同的条件下,博爱的思想具有不同的意义。在社会危机极端尖锐、革命条件已经接近成熟的情况之下,宣传博爱就是消蚀人民的革命斗争的情绪,那是反动的,是完全于反动的阶级有利的。在另一种情形之下,如果新的生产力所借以存在的条件还没有成熟,因而当时的任务不是推翻现存的生产关系,而是加以调整来放宽其中生产力充分发展的余地。在这种条件之下,宣传对于一切人民的博爱,就是要求减轻农民的负担,改善农民的生活情况,因而,是有进步意义的。北宋中期,社会矛盾虽然已很深刻,然而当时的问题基本上还是减轻农民的负担的问题。张载宣扬"民吾同胞"的博爱学说,应该说是有进步性的。

但张载的《西铭》也包含了许多保守性的思想。它宣扬了儒家传统的"乐天"、"顺命"的观念。《西铭》认为人们应该以孝敬父母的态度对待天地,应该"乐且不忧","勇于从而顺令"。(《西铭》:"乐且不忧,纯乎孝者也。""体其受而归全者参乎!勇于从而顺令者伯奇也。")就是说,一个人被安排在什么地位,就应该满意,不应该怀怨恨之心。《西铭》的这一方面完全是为封建秩序作辩护了。在《西铭》中,在张载的全部伦理学说中,进步的因素与保守的因素是夹杂在一起的。

张载还讨论到"天理、人欲"的问题。天理、人欲是汉儒的观念(见《礼记·乐记》篇)。在北宋时代,张载与程颢、程颐同时提出了关于天理、人欲的学说。程颢曾经讲过,天理二字是他自己体会出来的(《语录》。程颢说:"吾学虽有所授受,天理二字却是自家体贴出来。"),似乎在北宋时代天理的问题是程颢首先提出的。也许张载讲天理是受了程颢的影响。但张载与二程虽然都谈天理、人欲的区别,而张载关于天理的学说与二程还是有所不同。张载也强调了天理、人欲的区别,他说:"向上走是回到天理,向下走是顺从人欲。"(今译)(《正蒙·诚明》篇。原文是:"上达反天理,下达徇人欲者与!")但是他解释所谓天理的意义道:"所谓天理也者,能悦诸心,能通天下之志之理也。"(同上书)天理就是人心所喜悦而贯通大多数人的意志的道理。他又说:"人心至公也,至众也。民虽至愚无知,惟于私己,然后昏而不明,至于事不干碍处,则自是公明。大抵众所向者必是理也。"(《理窟·诗书》篇)大多数人民的共同趋向就是理之所在。这样,天理是代表大多数人的要求、大多数人的共同意志的。人们的意志常常彼此冲突相互矛盾,但大多数人的意志也有彼此一致之点,这就是天理。在阶级对抗的社会中,统治阶级的意志常常冒充为社会的公共意志。所谓公共意志常常就是统治阶级的意志的变形而已。但张载提出了"天下之志"、"众所向",主要却是强调大多数人的要求,强调人民的愿望。程颢从道心人心的区别来讲天理人欲,认为道心就是天理,人心就是人欲(程颢说:"人心惟危,人欲也。道心惟微,天理也。"《语录》)。张载没有提出道心人心的分别,他是从人心的共同趋向来讲天理的。这是张、程的天理学说的主要区别。我们可以说:二程讲道心,讲天理,是强调封建统治阶级的根本利益;张载讲"天下之志",讲"众所向",是强调各阶层的大多数人的共同要求。实际上张载是要求统治阶级照顾人民的愿望以缓和各阶级之间的矛盾冲突的。到了南宋以后,二程的学说经过朱熹及其弟子们的发挥鼓吹,所谓"天理人欲之辨"成为吃人的礼教中一个重要教条,那距离张载的思想就更远了。

张载区别了天理、人欲,同时强调了"义"与"利"的统一。这一点与程颢、程颐强调"义利之辨",是大不相同的。张载指出:"义公天下之利。"(《正蒙·大易》篇)天下的公利就是义之所在。他又指出:"利,利于民则可谓利。利于身,利于国,皆非利也。利之言利,犹言美之为美。利诚难言,不可以概而言。"(《语录》)利于民才是利,利于身利于国都不是利。所谓国指君主的政权而言。在这里,张载指出民和国的分别而特别强调了民。这明显地表现了他是重视人民的物质利益的。

七、张载的政治思想

　　张载发展了唯物论哲学,并不是偶然的,这主要是由于他站在当时统治阶级中的进步阶层的立场。一方面,他不是站在农民的立场,他不想推翻封建制度;另一方面,他也不是站在贵族大地主的立场,他反对贵族大地主对于农民的漫无限制的剥削。他要求统治集团对于农民有所让步,以缓和当时的社会危机。这是中小地主阶级的立场。这一点,在张载的政治观点上也表现得很明显。

　　在《西铭》中,张载认为人人都是天地之子,君主是长子,即一切人的大哥。这种思想,看来也平淡无奇,但是和以前儒家对于君主的观念比较起来,便显出了特异性。在以前,惟有君主被认为"天之子",同时被认为"民之父母"。人民是不配作为天之子的,君主与人民不是平辈的兄弟关系。张载却把人民都讲成天之子,把君主讲成人民的大哥。这是对于传统观念的一个大胆的改造。我们可以从宋代反对张载的人对于《西铭》的攻击,看出

《西铭》中政治观点的真正价值。南宋初年有一个反对所谓道学的人叫林栗，他批评《西铭》道："如果说大君是我父母的长子，那是以大君为父母呢？为长子呢？《尚书》说：'天地是万物的父母，人是万物之灵。诚然聪明就作元首，元首作人民的父母。'这是《西铭》立说的根据。但是，一个是以为父母，一个是以为长子，在亲疏、厚薄、尊卑上相差太远了。也太不考虑了！父母可以降低为长子吗？长子可以上升为父母吗？真是颠倒了位置，紊乱了人伦，是名教之大贼！学者们哪里可以赞许它呢？又说大臣是长子家中的管事人。那末，长子有管事人，父母反而没有，不但父母没有管事人，也没有父母了。这岂不可以悲痛吗？孟子说：'杨氏为我就是无君，墨氏兼爱就是无父，无父无君就是禽兽。如果邪说迷惑人民，阻塞了仁义的道路，就会有率领野兽吃人的事。'我对于《西铭》也是这样说。"（今译）（林栗《西铭说》，朱熹《记林黄中辨〈易〉、〈西铭〉》，《朱子大全集》卷七十一引。原文是："若言大君者吾父母宗子也，其以大君为父母乎？为宗子乎？《书》曰：'惟天地万物父母，惟人万物之灵。亶聪明作元后，元后作民父母。'兹固《西铭》所本以立其说者也。然一以为父母，一以为宗子，何其亲疏厚薄尊卑之不伦也！其亦不思甚矣！父母可降而为宗子乎？宗子可升而为父母乎？是以易位乱伦，名教之大贼也，学者将何取焉？又言其大臣宗子之家相也，则宗子之有相，而父母无之；非特无相，亦无父母矣！可不悲哉？孟子曰：'杨氏为我是无君也；墨氏兼爱是无父也。无父无君是禽兽也。若邪说诬民，充塞仁义，将有率兽食人之事。'予于《西铭》亦云。"）这个反对者的批评指出了一件事实，就是，张载的君主是长子的说法是与儒家传统的君主观念不相合的。《西铭》中以君主为长子的思想，在反对者的心目中，被看成"名教之大贼"，这也就表明，《西铭》中所包含的初步的平等观念对于所谓名教是起了一定程度的破坏作用的。

其次,张载看出,当时社会的基本问题是"贫富不均"的问题,于是提出了实行井田的主张。张载是以"法三代"为标榜的。但我们能不能从这里得出结论说张载在政治方面完全是一个复古论者,是主张开倒车的呢? 显然是不能的。应当了解,以前的思想家,不满意于当时的社会现状,常常借用古代的口号来表示其改变现实的意图。他们没有力量来提出崭新的口号,却向过去的时代寻求帮助,穿上了往古的服装,借用往古的语言,实际上他们是以过去作为将来的倒影。这种情况是屡见不鲜的,我们不能一律把他们都看成开倒车的人。

张载认为实行井田是达到"均平"的道路。他说:"治天下不由井地,终无由得平。周道止是均平。"(《理窟·周礼》篇)他讲实行井田的办法是:"先以天下之地棋布画定,使人受一方。"(同上)将所有的土地像棋盘一样画成方块,每人给一块。这样,"以田授民"(同上),满足农民对于土地的要求。同时却又要保持大地主们的利益,"其多有田者使不失其为富","随土多少与一官使有租税","使之为田官以掌其民"(同上)。就是把大地主的土地收归国有以后,却任命大地主为田官以补偿其损失,使他们仍能享受富足的生活。但这任命大地主为田官的办法乃是暂时的,"始则因命为田官,自后则是择贤"(同上)。以后还是要选择贤才来作官吏的。张载认为,实行井田,必须"使民悦从"。虽然有少数人不愿意,但喜悦的人多,不喜悦的人少。(同上书。原文是:"使人既喻此意,人亦自从,虽少不愿,然悦者众,而不悦者寡矣。")所以他认为井田是很容易实行的。在张载的意想中,这样实行井田,既使人民得到土地，又可以不使富豪受到损失。实际上这当然是不能实现的空想，是一种空想的调和阶级矛盾的办法。

上古时代实际存在过的井田制度是怎样一种制度，现在学者们还没有一致的结论。在这里，我们所要注意的是张载所提出的井田方案的本质。他所讲的井田的原则是"以田授民"、"人受一方"，也就是将土地收归国有，然后分给人民耕种。却又任命大量土地所有者为"田官"，以保证他们的收入。然而给大地主们官做又只是暂时的，他们的特权并不能长久保持。在当时现存的制度下，大地主占有大量土地，同时当然还可以做官。按照张载的方案，大地主只能做官，却不能直接占有土地。这不能不说是对于大地主的特权的一种限制。所以，这个方案，在本质上是限制大地主阶级特权的，是反对大地主对于农民的过分的剥削的。在这个意义上，张载的政治观点有一定的进步性。

张载的空想的井田方案，在一定程度上反映了人民对于土地的要求。但由于时代的和阶级的限制，他不可能认识到统治阶级与人民的对抗矛盾是不可调和的，他也不可能设想真正解决土地问题的根本方案。

张载也提到变法，他说："凡变法须是通。通其变使民不倦。岂有圣人变法而不通也？"（《易说·系辞上》）变法须是通，就是说，要照顾到各方面的要求。这依然是调和阶级矛盾的想法。

张载所提议的政治措施虽然是空想的，不可能实施的，但是他的解决当时社会问题的意愿却是真诚的。他曾经企图试验他的井田主张。他想和他的学生们"共买田一方，画为数井"（《张横渠行状》）。对政府照旧供赋役，以私人资格来改正田界，"分宅

里,立敛法,广储蓄,兴学校,成礼俗"(同上),以证明井田在当时
可以实行。他的试验计划虽然没有实现,但他的意图与愿望还是
非常可贵的。

八、张载哲学对于后来思想的影响

张载是宋代最伟大的唯物论者,他对于唯物论的发展作出了巨大的贡献。

张载哲学的历史意义就在于,他与佛教唯心论进行了坚决的斗争,从唯物论的观点揭发了佛家唯心论的根本荒谬。和别人不同,他直接从哲学的基本问题方面来展开反对佛教的斗争。

张载哲学的历史意义就在于,他在中国哲学史中第一次提出了关于中国唯物论基本范畴"气"的比较详细的理论。他论证了虚空即气,证明了没有任何超乎气的东西,从而明确地论证了世界的物质性。

张载哲学的历史意义就在于,他提出了关于事物变化的基本规律的精湛学说,在中国古典哲学中的辩证法发展史上构成光辉的一页。

张载哲学的历史意义还在于,他提出"民吾同胞"的在一定程度上反映人民观点的博爱学说。他认为君主与人民应该是平

等兄弟的关系,并且指出贫富悬殊是不合理的。他要求统治集团
注意土地问题的严重性。

张载生存的时候讲学关中,在当时有相当的声势。但在他死
后不久,程颢、程颐就取得了学术界的领导地位,于是唯心论哲学
就占了上风。二程对于张载的伦理学说表示赞许,对于张载的唯
物论学说,则进行攻击。程颢说:"无形无象的是道,有形有象的
是器。如像某人认为清虚一大是天道,那还是从器来讲,而不是
道。"(今译)(《语录》。原文是:"形而上者谓之道,形而下者谓之器。若
如或者以清虚一大为天道,则乃以器言,而非道也。")所谓清虚一大就是
太虚,程颢指出太虚还是器,即还是物质性的。他认为这种物质
性的东西够不上叫做道。程颢又说:"如像某人别立一天,说人
不可以包天,那是二元了。"(今译)(《语录》。原文是:"若如或者别立
一天,谓人不可以包天。……是二本也。")他认为承认有离开人的意
识而独立存在的客观世界就是二元论,而他自己是唯心的一元
论,断言心即是天。程颐也曾经批评太虚观念道:"也没有太虚。
都是理,哪能叫它作虚? 天下没有比理更实在的。"(今译)(《语
录》。原文是:"又语及太虚,曰亦无太虚。遂指虚曰:皆是理,安得谓之虚?
天下无实于理者。")这样,程颐把他所讲的作为绝对观念的理与张
载所讲的太虚对立起来。从二程对于张载的批评看来,张、程之
间的区别,唯物论与唯心论两条路线的斗争,是非常明显的。程
颢也承认张载讲气是张载的特点,他说:"横渠言气,自是横渠作
用,立标以明道。"(《语录》)张载以气为基本观念,二程以理为基
本观念,这就是唯物论与客观唯心论的区别之所在。

二程赞许《西铭》一篇。程颢说:"仁孝之理备于此。"程颐

说："横渠之言不能无失。若《西铭》一篇,谁说得到此?"(参看《张子全书·西铭》附录)这是因为,张载在伦理学说方面也是唯心论者,他的伦理学说虽然有进步的因素,但基本上还是起巩固封建秩序的作用的。张、程之间,在伦理学方面,有其共同之点。所以二程很称道《西铭》。二程弟子杨时却不满意《西铭》,他认为《西铭》的学说恐怕会发生类似墨子兼爱的流弊。(杨时《上程伊川书》:"恐其流遂至于兼爱。")程颐提出了对于杨时的看法的更正,他说:"《西铭》明理一而分殊,墨氏则二本而无分。"(程颐《答杨时论西铭书》)他认为两者是有重大差别的。实际上,程颐与杨时各看到一方面。张载讲博爱并没有消除差等,这是与墨家不同的,但张载所强调的是博爱而不是差等,这正是他的伦理学说的进步方面。杨时的批评不是没有根据的。程颐认为:"《西铭》明理一而分殊",这其实是用他自己的观念来对于《西铭》进行解释。假如用张载自己的范畴来讲,应该说"道一分殊",或"性一分殊",而不应该说"理一分殊"。因为张载曾讲"理得之异"。在程颐的学说中,性就是理;在张载的学说中,性与理是有区别的。所以,说《西铭》"明理一而分殊",这只是程颐的一种解释。经过这番解释,于是张载的哲学学说就显得接近于唯心论了。到南宋初年,朱熹更对于《西铭》作了一番系统的解释,他以为《西铭》中所谓性就是指"天地之常理"(朱熹《西铭解》),这样,张载被解释成为接近唯心论的二元论者了。总之,程朱学派对于张载的态度是:一方面反对他的宇宙观中的唯物论,一方面又赞许他的伦理学说中的唯心论,同时更对于他的一部分学说进行唯心论的曲解。这也是唯物论与唯心论两条路线斗争的反映。至于主观唯心论者陆九渊和王守仁等等,他们对于张载是从来不提一字的,采取了轻视的态度。他们以忽视代替批评,这就是他们反对唯物论的可鄙的手段。

张载的唯物论学说在宋代没有得到进一步的发展,但他的影响还是很大的。明、清时代的唯物论大体上是在张载的影响之下孕育并发展起来的。明代最显明的唯物论者是王廷相(1474—1544),他的思想是以张载学说为根据的。他提出了对于程朱学派客观唯心论的明确的反驳,肯定"理载于气,非能始气"(王廷相《慎言》),理是包含于气之内的,理不能离气而存在,更不能在气之先。这样论证了物质的第一性,否认了客观唯心论者绝对理念的谬论。王廷相的学说是张载哲学的发展。

明、清之际最伟大的唯物论者是王夫之。他的学说是中国古典唯物论发展的最高峰,他明白宣布他自己是继承张载的(王夫之自作《墓铭》说:"抱刘越石之孤忠,而命无从致。希张横渠之正学,而力不能企。")他以为惟有阐明张载的学说才能救正陆九渊、王守仁主观唯心论的谬妄。(王夫之《张子正蒙注序论》:"张子之学,上承孔孟之志,下救来兹之失。如皎日丽天,无幽不烛。"其中"来兹之失"指陆王学派而言。)王夫之提出了"天下惟器"(王夫之《周易外传》卷五)的理论,即更明确地肯定世界是物质的世界。他的学说是张载哲学的进一步的发展。

清代中期的唯物论者戴震的宇宙观也是以张载的道是"气化"的命题为出发点的。〔戴震讲道,认为道就是"气化流行"(《孟子字义疏证》),这显然是从张载"由气化有道之名"的思想来的。〕

　　我们可以说,张载的唯物论学说,在一定程度上,决定了明、清时代的唯物论发展的方向。宋、元、明、清时代唯物论与唯心论的斗争所环绕的中心问题就是气、理、心三者哪个是第一性的问题(气、理、心三者哪个是第一的问题就是物质与精神,或存在与思惟哪个是第一的问题。气是客观实在,理是绝对观念,心是个人精神)。肯定气第一的是唯物论,认为理第一气第二的是客观唯心论,主张心是第一的是主观唯心论。张载、王廷相、王夫之、戴震都是光辉地论证了气是第一性的哲学家,他们的思想形成了唯物论的潮流与传统。在这个唯物论的传统中,张载居于奠基者的地位。

后　记

　　这本介绍张横渠的生平及其主要思想的小册子是应湖北人民出版社之约而写的。为了通俗易懂起见，书中所有的大段引证文句都翻译成语体，另在小注中写明原文。也有许多地方，有必要写出原来的文句，俾使读者能够更直接更亲切地认识张横渠思想学说的特点，就直接引用原文，但这些都是比较简短的句子，而且也尽可能地作了简单明了的解释。

　　今年一月我曾经写过一篇《张横渠的哲学》，曾在《哲学研究》季刊一九五五年第一期上发表。那一篇和这本书内容是一致的，但写法不尽相同，详略互有出入。那篇没有叙述张横渠的生平及其思想的影响，本书都讲得相当详细。关于张横渠学说中的一些比较重要的问题，本书也解释得稍多一些，但也有一些比较细节的问题，本书为通俗起见略而不谈，那一篇讲得全面些。读者可以参看。

　　我诚恳地希望能够得到读者们的批评指正。

张岱年

1955 年 11 月 2 日

人名索引

说　明

一、索引收录本书正文中出现的全部人名。

二、以本书中出现的正式或通用人名为主词条，其他称谓如字号、敬称、简称等，括注于主词条后，各异称不再单列词条，如张载在书中又称"张子"、"横渠"等，则以"张载"为主词条，将其余称谓括注于后。对于书中仅出现字号、敬称、简称等的人物，为便于读者辨识，仍以正式或通用的名字为主词条，而将书中称谓括注于后，如书中"刘越石"为刘琨之字，则以"刘琨"为主词条，将"刘越石"括注于后。外文人名，出现中文译名者以中文译名为主词条，未出现译名者则依原文编录。限于编者学力，个别无法考证出正式或通用名字的人物，径照原文编录。

三、索引按人名首字音序排列。

书篇名索引

说　明

一、索引收录本书正文中出现的全部书名、篇名。

二、以本书中出现的书名、篇名通用全称为主词条，其他简称、别
称等括注于主词条后，不再单列。如《程氏外书》在书中又简
称为《外书》，则以"《程氏外书》"为主词条，"《外书》"括注于
其后；《庄子·大宗师》与《大宗师》均在书中出现，则以"《庄
子·大宗师》"为主词条，"《大宗师》"括注其后。若仅出现书
名、篇名的简称、别称，为便于读者辨识，仍以其通用全称为主
词条，将书中称谓括注于后，如书中"《易说》"指《横渠易说》，
则以"《横渠易说》"为主词条，"《易说》"括注于后。同名书、
篇将作者名以小字标注于后以示区分。限于编者学力，个别
条目编排或有可商榷之处，敬请读者指正。

三、索引按书名、篇名首字音序排列。

张岱年全集(增订版)总书目